JN312369

社会リハビリテーションの
理論と実際

奥野英子 著
Eiko Okuno

誠信書房

まえがき

　総合的なリハビリテーションを構成する医学的リハビリテーション，教育リハビリテーション，職業リハビリテーションの分野と比較し，「社会リハビリテーション」は，「障害者福祉」と同じである，概念がはっきりしない，プログラムがない，方法・技術がない等と批判されてきました。

　しかし，1986年に国際リハビリテーション協会（RI）社会委員会が「社会リハビリテーションとは社会生活力を高めるプロセスである」と定義したことに伴い，社会リハビリテーションの目的概念である「社会生活力」を高めるための方法とプログラムがなければ，社会リハビリテーションの分野の存在を主張できないと私は考えました。そのころから，社会リハビリテーション研究会の同志とともに，「社会生活力」を高めるための方法とプログラムの検討・開発に取り組んできました。

　本書は，リハビリテーションの国際的な発展のなかで社会リハビリテーションがどのように捉えられてきたのか，その定義と概念の歴史的変遷，その対象範囲などを明らかにするとともに，わが国における社会生活力プログラムの開発の過程，同プログラム普及の取り組み，および，全国における最近の実践活動等を中心にまとめました。

　わが国の文化や生活習慣を基底とし，生活全体を視野に入れた社会リハビリテーションの体系的なプログラムとして，主に運動機能障害者を対象に「社会生活力プログラム・マニュアル」（1999），および知的障害・発達障害・高次脳機能障害のある人にも利用しやすい「自立を支援する社会生活力プログラム」（2006）が作成されました。これらのプログラムは，一人ひとりの利用者のニーズに合わせて，利用者とのパートナーシップにより，創造的な工夫をしながら実施することが期待されています。

2006（平成18）年度から「障害者自立支援法」が施行され，わが国の障害者福祉は1981年の国際障害者年以降，最も厳しい状況に置かれています。同法における「自立訓練」（生活訓練）が，社会生活力を高める事業に相当しますが，「社会生活力」を高める着実な取り組みにより，障害のある方々の主体的でQOLの高い生活を実現しなければなりません。

　わが国にリハビリテーションが導入されてからの約40年間にわたる，社会リハビリテーションの国際的および国内の取り組みを集大成するために本書をまとめましたが，社会リハビリテーションは「社会生活力」を高める取り組みさえすればいいものではないことも明らかです。

　障害のある方々が，地域社会において普通に生活できるようになるためには，さまざまな課題が横たわっています。自主的・主体的に生きていく力であり，福祉サービス等を権利として活用し，自己実現をして豊かに生活していく力である「社会生活力」を高める支援をしていくことが社会リハビリテーションの重要な柱ですが，それと同時に，保健・医療・福祉サービスの充実，「機会均等化」を実現するための取り組み，国民・市民の障害理解の促進等，制度的・物理的・情報・文化面でのバリアフリー化やユニバーサル社会の実現なども非常に重要な課題です。

　2006（平成18）年12月に国連において「障害者の権利条約」が政府，民間機関，専門職，障害当事者とのパートナーシップのもとで採択されたことは，画期的なことです。この権利条約を追い風として，今後，さまざまな分野の専門職や障害当事者との連携を図り，マスコミの協力も得て，障害のある人びととの「完全参加と平等」を実現するためのマクロな取り組みが必要とされます。

　本書は，社会リハビリテーションの正しい理解の促進と，社会生活力を高める支援の普及を目的にまとめましたが，これまでの約40年間の海外および国内の取り組みから，多くのことを学ぶことができます。このような視点から，本書をお読みいただければ幸いです。

目　次

まえがき　*i*

第1章　リハビリテーションと社会リハビリテーション ── *1*
第1節　リハビリテーションの概念と定義　*1*
第2節　リハビリテーションの主要4分野　*5*
第3節　わが国におけるリハビリテーションの展開と
　　　　社会リハビリテーション　*11*

第2章　社会リハビリテーションの成立過程と諸定義 ── *24*
第1節　社会リハビリテーション成立の背景　*24*
第2節　社会リハビリテーション分野の成立　*29*
第3節　社会リハビリテーションの諸定義　*46*

第3章　海外における社会リハビリテーションの
　　　　概念とプログラム ────────── *56*
第1節　海外における社会リハビリテーションの
　　　　概念とプログラム　*56*
第2節　各国における社会リハビリテーションの
　　　　概念・定義とプログラム　*62*
第3節　社会リハビリテーションの訓練プログラム事例　*72*

第4章　わが国における社会リハビリテーションに
　　　　関わる規定と事業 ——————————— 79
　第1節　身体障害者福祉審議会答申，障害者基本計画，
　　　　障害者プランにおける社会リハビリテーション　80
　第2節　障害関係諸法律における社会リハビリテーションに
　　　　関わる規定　91
　第3節　まとめ　105

第5章　社会リハビリテーションの基本理念と実際 ——— 112
　第1節　社会リハビリテーションの基本理念　112
　第2節　社会リハビリテーションの実施方法　117
　第3節　社会リハビリテーションの関係機関と関連事業　129
　第4節　障害者ケアマネジメント　134

第6章　「社会生活力プログラム」の体系化 ——————— 142
　第1節　地域で生活する重度肢体不自由者の社会的自立を
　　　　実現するための条件　142
　第2節　社会的自立生活を実現するための「社会生活力」
　　　　の構成要素　150
　第3節　身体障害者更生施設における社会生活訓練プログラム
　　　　の実施状況　154
　第4節　「社会生活力プログラム」の開発　157

第 7 章　社会生活力プログラムの実践 —————— 179
　第 1 節　日本リハビリテーション連携科学学会と
　　　　　社会生活力支援研究会の発足　*179*
　第 2 節　障害者施設における「社会生活力プログラム」の
　　　　　実践事例　*182*

第 8 章　社会リハビリテーションの課題と展望 —————— 205
　第 1 節　「社会リハビリテーション」を表題とする著書　*205*
　第 2 節　社会リハビリテーションの現在の到達点　*210*
　第 3 節　リハビリテーションの最新の国際的動向をふまえて　*215*

あとがき　*235*
文　　献　*239*
索　　引　*245*

第1章　リハビリテーションと
　　　　社会リハビリテーション

第1節　リハビリテーションの概念と定義

　英語の"rehabilitation"は，re-（再び）という接頭語と，ラテン語の形容詞であるhabilis（適した，ふさわしい）と，-ation（〜にすること）から構成されている。これらを直訳すると，「再び（何々に）適した（状態）にすること」になる。つまり，人間が何らかの原因でそれまでの状態を喪失した場合に，再びそれを回復することという意味である。

　中世のヨーロッパでは，この用語は「身分・地位・資格の回復」という意味や，「破門の取り消し」という宗教的な意味で用いられた。キリスト教の支配する中世のヨーロッパでは，「破門」は人間関係の断絶を意味していた。破門が取り消されるということは，再び元の人間関係のなかでの生活ができることを意味したのである（砂原，1980）。そのような典型的な例の一つとして，「ジャンヌ・ダルクのリハビリテーション」を挙げることができる。

　ジャンヌ・ダルク（Jeanne d'Arc, 1412-31）は，15世紀前半のイギリスとフランスの百年戦争において「神の啓示」を受け，オルレアンの戦いで戦闘の指揮をとりフランスを救ったとされる。しかし彼女は「教会の聖職者を通さずに神の啓示を受けた」という理由で宗教裁判にかけられ，火刑に処され，19歳の短い悲劇的な生涯を終えた。しかし，1456年に25年前の宗教裁判は無効であるとされた。これらの経過を指して，「ジャンヌ・ダルクのリハビリテーション」といわれるのである。

　このように，広く人間の基本的権利・資格・名誉・宗教上の破門を復元す

る意味をもっていたリハビリテーションの用語が，障害のある人との関係で用いられるようになったのは，第一次世界大戦による戦傷者のリハビリテーション活動が行われたことによる（上田，1987）。21世紀を迎えた現在までに，リハビリテーションの定義はたくさん出されてきたが，国際的に代表的な定義は，以下の三つのものといえるであろう。

　第一番目は1942年に，アメリカにおいてリハビリテーションに関係している全国の代表者が参加して，全米リハビリテーション協議会（National Council of Rehabilitation：NCR）が開催され，1943年にその結果がまとめられた。これが最初の国際的なリハビリテーションの定義である（上田，1994）。リハビリテーションは，障害のある人がさまざまな側面の能力を最高限度にまで回復することとされ，能力を総合的に伸ばすことを意味したのである。

　二番目の定義は，世界保健機関（WHO）によるものである。1968年にスイスのジュネーブにおいて「医学的リハビリテーション専門家委員会」（WHO Expert Committee on Medical Rehabilitation）が開催され，翌年にその報告書（WHO Technical Report Series No.41969）が発表された。そのなかで，リハビリテーション全体の定義とともに，医学的リハビリテーション，社会リハビリテーション，職業リハビリテーションの各分野の定義が発表された（WHO, 1969）。

　1968年のWHOによるリハビリテーションの定義は，障害のある人の失われた機能を可能な限り最高レベルまで回復させることを目的とし，医学分野，社会分野，教育分野，職業分野の専門家の評価に基づき，訓練あるいは再訓練をするものとされた。この定義によって，リハビリテーションの主要4分野として，①医学的リハビリテーション，②社会リハビリテーション，③教育リハビリテーション，④職業リハビリテーション，が明確化されたと理解することができる。

　三番目の定義は，国連（UN）によるもので，1981年に国際障害者年を実施し，その翌年に「障害者に関する世界行動計画」（World Programme of

表1-1 リハビリテーションの国際的に代表的な定義

1.	全米リハビリテーション協議会による定義(1942) 　リハビリテーションとは,障害者が可能な限り,身体的,精神的,社会的および経済的に最高限度の有用性を獲得するように回復させることである。
2.	世界保健機関(WHO)による定義(1968) 　リハビリテーションとは,医学的,社会的,教育的,職業的手段を組み合わせ,かつ,相互に調整して,訓練あるいは再訓練することによって,障害者の機能的能力を可能な最高レベルに達せしめることである。
3.	「国連・障害者に関する世界行動計画」による定義(1982) 　リハビリテーションとは,身体的,精神的,かつまた社会的に最も適した機能水準の達成を可能とすることによって,各個人が自らの人生を変革していくための手段を提供していくことをめざし,かつ,時間を限定したプロセスである。

Action Concering Disabled Persons)が発表され,このなかでリハビリテーションが定義されている(日本障害者リハビリテーション協会,1993)。さらに,このリハビリテーションの定義には,「機能の喪失や機能の制限を補償するための措置(具体的には福祉用具など)等とともに,障害のある者の社会的適応や再適応を促進するための措置も含まれる」と付記された。

この「社会的適応」の用語に,社会リハビリテーションの意義と役割が示唆されている。また本定義では,リハビリテーションを受ける障害当事者の主体性を尊重している点とともに,リハビリテーションの期間を限定して実施するとしている点において,それまでの二つの定義とは異なっており,リハビリテーションのパラダイムに変化がみられる。

以上のような国際的に代表的な三つの定義をまとめると,表1-1のとおりである。

また,リハビリテーションに関する三つの代表的な国際的定義における,「社会的」(social)の用語の使われ方については,次のとおりである。

1942年の全米リハビリテーション協議会による定義では,「社会的存在」としての人間の有用性(能力)を最高レベルにするという意味で使用されている。

1968年のWHOによる定義では，障害のある人の失われた機能を可能な限りの最高レベルまで回復させるための，「社会的な手段」として使用されている。

　一方，1982年の国連による定義では，本人に最も適した「社会的機能水準」（social functional level）を達成することにより，本人が望む生活を実現するとされているように，自己実現のために社会的機能水準を高めるとされているのである（Japanese Society for Rehabilitation of Disabled Persons, 1994）。

　以上のように，「社会的」という用語の使い方にも変遷がみられ，国連による1982年の「障害者に関する世界行動計画」におけるリハビリテーションの定義では，障害のある人がリハビリテーションにより，自分が望む身体的機能水準や精神的機能水準を高めるとともに，社会の一員として生きていくための社会的能力を伸ばすことを意味しており，「社会的」の用語は，人間としての最も適した社会的機能水準の状態を示すものとして使用されるようになってきたのである。

　リハビリテーションの定義は，上述のように国際的に幾多の変遷を経てきたが，1993年の第48回国連総会において採択された「障害者の機会均等化に関する標準規則」（Standard Rules on the Equalization of Opportunities of Persons with Disabilities）（UN, 1993）においても，国連の「障害者に関する世界行動計画」のなかで示された1982年の定義が使われており，その後，リハビリテーションの新たな定義は国際的には発表されていないことから，現在も，世界的に共通認識されているリハビリテーションの定義は，国連のこの定義であるといえるであろう。

　したがって，現在，リハビリテーションや社会リハビリテーションのあり方を考えるときには，1982年に国連が「障害者に関する世界行動計画」において定義した「リハビリテーション」（表1-2）を基本とすべきであり，社会リハビリテーションの概念や定義も，国連の1982年のリハビリテーションの定義との関連で捉えなければならないと考える。

表1-2 現在,最も標準的なリハビリテーションの定義

リハビリテーションとは,身体的,精神的,かつまた社会的に最も適した機能水準の達成を可能とすることによって,各個人が自らの人生を変革していくための手段を提供していくことをめざし,かつ,時間を限定したプロセスである。機能の喪失や機能の制限を補償するための措置（具体的には福祉用具など）等とともに,障害のある者の社会的適応や再適応を促進するための措置も含まれる。

(国連「障害者に関する世界行動計画」,1982)

Rehabilitation means a goal-oriented and time-limited process aimed at enabling an impaired person to reach an optimum mental, physical and/or social functional level, thus providing her or him with the tools to change her or his own life. It can involve measures intended to compensate for a loss of function or a functional limitation (for example by technical aids) and other measures intended to facilitate social　adjustment or readjustment.

(UN:World Programme of Action Concerning Disabled Persons, 1982)

第2節　リハビリテーションの主要4分野

　前述のように,1960年代にWHOが出したリハビリテーションの定義によってリハビリテーションの4分野が区分され,引き続いて,リハビリテーションの世界的な機関である「国際リハビリテーション協会」（Rehabilitation International：RI）において,1960年代に,医学委員会（Medical Commission）,職業委員会（Vocational Commission）,社会委員会（Social Commission）,教育委員会（Educational Commission）が常設委員会として設置されていた（小島,1985）ことからも,①医学的リハビリテーション,②職業リハビリテーション,③教育リハビリテーション,④社会リハビリテーションの主要4分野は,1960年代に確立していたといえる。これらの4分野*は以下のとおりである。

1. 医学的リハビリテーション（Medical Rehabilitation）

　1969年にWHOが発表した医学的リハビリテーションの定義は,「個人の

身体的機能と心理的能力，また必要な場合には補償的な機能を伸ばすことを目的にし，自立を獲得し，積極的に人生を営むことができるようにする医学的ケアのプロセスである」とされた（WHO, 1969）。

一方，わが国では，砂原（1980）は「医学的リハビリテーションはリハビリテーションの一つの分野で，運動機能の障害のほか精神病，結核その他の呼吸器病，心臓病などの慢性病や視覚障害や聴覚障害などあらゆる障害に関係し，眼科医も耳鼻科医も精神科医もそれぞれの専門分野の中で医学的リハビリテーションを行う」としている。

2. 職業リハビリテーション（Vocational Rehabilitation）

1955年に世界労働機関（ILO）は，ILO勧告第99号「障害者の職業リハビリテーションに関する勧告」（Recommendation 99: Recommendation Concerning Vocational Rehabilitation of the Disabled）を採択した。同勧告において，「職業リハビリテーションは，障害者が適切な職業に就きそれを維持することができるように計画された職業的なサービス（例えば，職業指導，職業訓練及び選択方式による職業紹介）の提供を含む，継続的で調整されたリハビリテーションプロセスの一部である」（松井, 1997）と定義された。

前述の，1968年のWHO医学的リハビリテーション専門家委員会報告書における職業リハビリテーションの定義は，「職業指導，訓練，適職への就

---

*　リハビリテーションの4分野は英語では，medical rehabilitation, vocational rehabilitation, educational rehabilitation, social rehabilitation と表現されている。これらの用語を，わが国では，1970年代前半までは医学的リハビリテーション，職業的リハビリテーション，教育的リハビリテーション，社会的リハビリテーションと翻訳して使用していた。しかし，1970年代後半から，わが国においてもリハビリテーションの分野が確立されてくるにともない，「的」を削除して，職業リハビリテーション，教育リハビリテーション，社会リハビリテーションの用語が使われるようになった。しかし，医学分野においては，専門医科学分野としての「リハビリテーション医学」との使い分けもあるようで，「医学的リハビリテーション」の用語が現在も使われている。したがって本書では，リハビリテーションの医学分野については，「医学的リハビリテーション」の用語を使用している。

職など，障害者がふさわしい雇用を獲得し，または職場に復帰することができるように計画された職業的サービスの提供である」（WHO, 1969）とされている。

したがって，1955年のILOによる職業リハビリテーションの定義と，1968年のWHOによる職業リハビリテーションの定義は，内容的に一貫したものであるといえる。

3. 教育リハビリテーション（Educational Rehabilitation）

教育リハビリテーションは，障害児・者の能力を向上させ潜在能力を開発し，自己実現を図れるように支援することを目的にしている。しかし，「教育リハビリテーション」と「特殊教育」（special education）や「障害児教育」との区別が明確でなく，これまでほとんど同義に使われてきた。

1979年にユネスコによって開催された「特殊教育に関する専門家会議」において，特殊教育に関する政策，計画，機構，職員の訓練等がまとめられ，「障害児の教育権の保障，障害児の義務教育の法制化，特殊教育プログラムの策定，障害児が普通の学校に行けるようにするための施策の必要性」などが指摘された。ユネスコによる1983年改訂版『特殊教育用語辞典』において，特殊教育とは，「通常の教育の方策だけでは年齢相応の教育的，社会的，その他の水準の目標到達ができないか，もしくは難しい人々に用意される教育の形態を意味する」（奥野，1997a）とされている。

1982年の国連の「障害者に関する世界行動計画」では，リハビリテーションのプロセスの一つとして「専門的な教育サービス（第15項）」を挙げ，障害者に対するサービスは可能な限り，保健，教育，労働など現存の普通の社会システムのなかで行うべきである（第18項）としている。さらに，教育サービスは個別のニーズに対応すること，地元で受けられること，統合教育であること（第122項），統合教育が不可能な場合の特殊教育は，普通教育に匹敵する内容であること（第124項），障害者が生涯学習プログラムに参加できること（第126項），障害者が大学レベルの教育を受けられ

ること（第127項）等が挙げられた（日本障害者リハビリテーション協会，1993）。

一方，わが国では，2002（平成14）年12月に閣議決定された「障害者基本計画」（計画期間：2003～12年）における分野別施策「教育・育成」において，障害児・者に関わる教育の画期的な方向が出された。具体的には，個別の支援計画を策定すること，盲・聾・養護学校が地域のセンター的な役割を果たすこと，高等教育への就学支援，関係機関と連携して生涯学習を支援する等が挙げられている（内閣府，2002 a）。

また，平成15（2003）年3月に「特別支援教育のあり方に関する調査研究協力者会議」から出された「今後の特別支援教育のあり方について（最終報告）」において，「特別支援教育とは，従来の特殊教育の対象の障害だけでなく，LD，AD/HD，高機能自閉症を含めて障害のある児童生徒の自立や社会参加に向けて，その一人ひとりの教育的ニーズを把握して，持てる力を高め，生活や学習上の困難を改善又は克服するために，適切な教育や指導を通じて必要な支援を行うものである」（文部科学省，2003）と定義された。

4. 社会リハビリテーション（Social Rehabilitation）

社会リハビリテーションについては，1968年にWHOが社会リハビリテーションを「障害者が家庭，地域社会，職業上の要求に適応できるように援助したり，全体的リハビリテーションの過程を妨げる経済的・社会的な負担を軽減し，障害者を社会に統合または再統合することを目的としたリハビリテーション過程の一つである」（WHO, 1969）と定義した。WHOによるこの定義が国際的に初めての社会リハビリテーションの定義であったが，この定義は医学モデルに準拠したものであり，社会リハビリテーションは専門職主体で実施され，障害当事者は援助の対象として位置づけられているといえる。障害当事者の能力を高めるという視点が弱く，社会リハビリテーションは，福祉サービスを提供する障害者福祉の実践であるかのように理解されてしまった。

その後，1970年代にアメリカにおいて，障害当事者によって取り組まれた自立生活（Independent Living：IL）運動により，従来からの専門職主導による「医学モデル」のリハビリテーションが否定され，リハビリテーションはその実施方法に見直しが求められた。そのような経過を経て，前述の1982年のリハビリテーションの定義（前掲表1-2）が国連によって採択されたのである。また，「障害者に関する世界行動計画」において，障害に関する主要分野として，①予防，②リハビリテーション，③機会均等化，の三つの概念が整理され，従来，社会リハビリテーションの課題とされていた，障害者にとって暮らしやすい環境に改善する取り組みは，「機会均等化」の概念に含まれるようになったため，社会リハビリテーションの概念の見直しが必要になった。

このため，国際リハビリテーション協会社会委員会（RI Social Commission）は，1980年代初頭から「社会リハビリテーション」の定義の検討に取り組んだ。広範にわたる討議を経て，1986年に「社会リハビリテーションとは，社会生活力（social functioning ability：SFA）を高めることを目的としたプロセスである。社会生活力とは，さまざまな社会的な状況のなかで，自分のニーズを満たし，一人ひとりに可能な最も豊かな社会参加を実現する権利を行使する力を意味する」（Gardeström, 1988）と定義された。

つまり，社会リハビリテーションは，障害のある人が自分の障害を適切に理解し，社会のなかで活用できる諸サービスを自ら活用して社会参加し，自らの人生を自立的・主体的に自己選択して生きていくための，「社会生活力」を高めることをめざすプロセスであると位置づけられたのである。この定義は，1968年のWHOの定義に比べ，社会リハビリテーションが明確化・焦点化されたといえる。

以上のような歴史的な経過を経て，現在理解されているリハビリテーション4分野を整理すると，表1-3のとおりである。

表1-3　リハビリテーションの主要4分野

医学的 リハビリテーション	各種医療専門職による疾患の治療・管理，障害の除去，合併症の予防，機能回復と再開発訓練，代償機能訓練，補装具や福祉機器の活用，二次障害の発生予防などを通して，障害をもつ人びとの活動を高め，参加の阻害要因の除去・軽減を図る（黒田，2003）。
職業 リハビリテーション	障害者が適切な職業に就きそれを維持することができるように計画された職業的なサービス（職業指導，職業訓練，職業紹介等）の提供を含む，継続的で調整されたリハビリテーションのプロセスである（松井，1997）。
教育 リハビリテーション	障害をもつ児童や成人の全面的な発達を目的としてなされる教育的アプローチの総称であり，障害児教育，特別支援教育等，学齢前，学齢期，大学，大学院，社会教育，生涯教育等を含む取り組みである（奥野，1997a）。
社会 リハビリテーション	障害のある人が自分の障害を適切に理解し，社会のなかで活用できる諸サービスを自ら活用して社会参加し，自らの人生を主体的に生きていくための，「社会生活力」を高めることをめざすプロセスである（奥野，1997b）。

　このように，リハビリテーションは医学的リハビリテーション，職業リハビリテーション，教育リハビリテーション，社会リハビリテーションの主要4分野から構成され，障害の発生後の医療や機能回復訓練から，職業復帰や社会におけるQOLの高い生活の実現に至るまでのさまざまなプロセスから構成される。障害のある人は多岐にわたるリハビリテーションのサービスを必要とするが，総合的なリハビリテーションにおいて，社会生活力を伸ばすことを目的とした社会リハビリテーションが適切に実施されなければ，それまで実施された他分野のリハビリテーションの成果が生かされず，場合によってはその努力が無に帰してしまうため，社会リハビリテーションの果たすべき役割は非常に大きいと考える。

第3節 わが国におけるリハビリテーションの展開と社会リハビリテーション

1. わが国におけるリハビリテーションの展開

　わが国におけるリハビリテーションの開始は，1942（昭和17）年に東京帝国大学整形外科の教授であった高木憲次が，東京に肢体不自由児施設「整肢療護園」を創立し，肢体不自由児に対して治療と教育（職業教育も含む）を行ったことにある（日本肢体不自由児協会，2002）。高木はリハビリテーションに該当する内容を「療育」と命名し，その概念は「肢体不自由児が人間らしく成長し，社会の一員となるためには，単に医療だけでは不十分であり，また教育だけでも不十分であり，その両者を統合した療育こそが必要である」であった。高木はドイツの肢体不自由児施設「クリュッペルハイム」を視察し，これを範としてわが国に肢体不自由児のリハビリテーションを導入した。高木の「療育」の概念にはすでに，医学的リハビリテーション，教育リハビリテーション，職業リハビリテーション，および社会リハビリテーションを含む，総合的なリハビリテーションの必要性が認識されていたといえる。

　戦後のわが国のリハビリテーションは，1949（昭和24）年に制定された「身体障害者福祉法」に始まる。それ以前は，戦傷者を中心に保護・福祉施策が実施されていたが，リハビリテーションという概念はみられなかったのに対し，身体障害者福祉法は，障害の原因を問わず，肢体不自由，視覚障害，聴覚障害のある人びとを対象としたもので，「福祉法」と命名されてはいるが「職業能力の損傷された身体障害者の職業復帰」をめざしていたため，「福祉法」というよりは「リハビリテーション法」であったと解釈される（松本，1954；板山，1980）。

　当時は，rehabilitationの訳語として「更生」が充てられ（奥野，2001），

この法律を「保護」の法律とするか「更生」(リハビリテーション) の法律とするかで議論が行われたが，更生法を基本的性格とし，その更生に必要な限度において保護を行うとされた (松本, 1954; 板山, 1980)。同法では, 労働年齢にあるが障害のためにその能力を発揮できない者に，必要な補装具 (義足, 義手, 車いす等) を交付し, 機能回復訓練や職業訓練等を実施することにより, 身体の欠陥部分を補充し職業に就くことををめざしたのである。

このようなリハビリテーションを実施する場として, 1950 (昭和25) 年に身体障害者更生指導所等が設置されたが, これらの施設は, 現在の身体障害者更生施設の前身である。これらの更生施設におけるリハビリテーションとして中心的に実施されていたのは, 医学的リハビリテーションと職業リハビリテーションであった。

身体障害者福祉法は制定から今日に至るまで, 十数回の改正を経ている。身体障害者福祉法の目的は現在,「この法律は, 障害者自立支援法と相まって, 身体障害者の自立と社会経済活動への参加を促進するため, 身体障害者を援助し, 及び必要に応じて保護し, もって身体障害者の福祉の増進を図ることを目的とする」(第1条) とされ, 同法の制定以来, その理念および具体的施策が拡大されてきた。現在は, 自立と社会参加を促進するための施策の必要性が強く打ち出されている。

1964 (昭和39) 年に, 東京オリンピックに引き続き, 国際身体障害者スポーツ大会「東京パラリンピック」が開催された (日本身体障害者スポーツ協会, 1991)。また, 翌年の1965 (昭和40) 年に東京において,「第3回汎太平洋リハビリテーション会議」(The Third Pan-pacific Conference on Rehabilitation) が開催され, 本会議は, わが国において初めて開催されたリハビリテーションに関する国際会議であった (日本障害者リハビリテーション協会, 1994)。

本会議のテーマは「リハビリテーションの具体的実施」(Practical Implementation of Rehabilitation) であり, 全体会のほか, 11の分科会

(関節炎,脳性まひ,高齢者リハビリテーション,らい更生,義肢,社会更生,特殊教育,言語聴覚障害,脊髄損傷,職業更生,ボランティアサービス)が開かれ,23カ国から1,000人近くの専門家が参加した(日本障害者リハビリテーション協会,1994)。本会議において,分科会の一つとして企画された「社会更生」(Social Rehabilitation)により,わが国においても1965年には,職業リハビリテーション,教育リハビリテーションとともに,社会リハビリテーションがリハビリテーションの一分野として認識されていたことがわかる。

その24年後の1988(昭和63)年には,アジア地域で初めて開催された世界的規模のリハビリテーション会議として,「第16回リハビリテーション世界会議」(The 16 th World Congress of Rehabilitation International)が,「総合リハビリテーション——その現実的展開と将来展望」(Realistic Approaches Looking Ahead Towards Comprehensive Rehabilitation)のテーマのもとで,東京で開催された(第16回リハビリテーション世界会議組織委員会,1989)。本会議に93カ国から2,800人以上の参加者があり,この世界会議前後には,リハビリテーションに関わるさまざまなテーマを掲げた14のセミナーが,全国各都市で開催された。

それらの一つとして,社会リハビリテーションセミナー(RI Post Congress Seminar on Social Rehabilitation)が,第16回リハビリテーション世界会議後に浜松市において開催された。現在に至るまで,わが国において「社会リハビリテーション」をテーマに掲げた国際会議や国際セミナーが開催されたのは,このセミナーのみである。本セミナーのテーマは「参加と平等」(Particitation and Equality)であり,取り上げられた課題は,①専門家と利用者間のコミュニケーション,②リハビリテーションに対する当事者からの提言,③障害者の自立,④自立生活等であった(RIポストコングレス社会リハビリテーションセミナー国内組織委員会,1988)。

わが国においてリハビリテーションの取り組みが開始された1940年代前半から,第16回RIリハビリテーション世界会議や,RI社会リハビリテー

表1-4 わが国におけるリハビリテーションに関わる主要な経過(1940〜80年代)

【リハビリテーション草創期】

1942(昭和17)年		肢体不自由児施設「整肢療護園」創立
1948(昭和23)年		国立光明寮設置
	同	「日本肢体不自由児協会」結成
1949(昭和24)年		「厚生省設置法」制定
	同	「職業安定法」改正
	同	「身体障害者福祉法」制定
1950(昭和25)年		国立身体障害者更生指導所設置
1951(昭和26)年		第1回身体障害者実態調査の実施
1954(昭和29)年		「盲学校聾学校及び養護学校への就学奨励に関する法律」制定
1958(昭和33)年		国立聴覚言語障害センター設置
	同	「職業訓練法」制定
1960(昭和35)年		「精神薄弱者福祉法(現・知的障害者福祉法)」制定
	同	「身体障害者雇用促進法」制定
1963(昭和38)年		理学療法士,作業療法士養成校の開校
	同	「日本リハビリテーション医学会」創立
1964(昭和39)年		「日本肢体不自由者リハビリテーション協会」設立
	同	「東京パラリンピック」開催
1965(昭和40)年		第3回汎太平洋リハビリテーション会議の開催(東京)
	同	「理学療法士及び作業療法士法」制定

【リハビリテーション確立期】

1967(昭和42)年		『リハビリテーション講座』発行
1968(昭和43)年		『国際リハビリテーションニュース』発刊
1970(昭和45)年		「心身障害者対策基本法」制定
1971(昭和46)年		『リハビリテーション研究』発刊
	同	「視能訓練士法」制定
	同	汎太平洋職業リハビリテーション会議の開催(東京)
1973(昭和48)年		『総合リハビリテーション』発刊
	同	身体障害者福祉モデル都市を指定
1975(昭和50)年		『国際リハビリテーションニュース』廃刊
1979(昭和54)年		国立身体障害者リハビリテーションセンター,国立職業リハビリテーションセンター設置

表1-4 つづき

【リハビリテーション発展期】		
1981(昭和56)年	「国際障害者年」の実施	
1986(昭和61)年	国立精神・神経センター設置	
1987(昭和62)年	「社会福祉士及び介護福祉士法」制定	
同	「義肢装具士法」制定	
1988(昭和63)年	第16回リハビリテーション世界会議の開催(東京)	
同	RI社会リハビリテーションセミナーの開催(静岡県浜松市)	

ションセミナーが開かれた1980年代後半までの約半世紀にわたる，わが国におけるリハビリテーションに関わる主要な経過をまとめると，表1-4のとおりである．

表1-4に整理したとおり，1940年代前半から1965年までは，高木憲次らによって，肢体不自由児施設「整肢療護園」や身体障害者のリハビリテーション施設（身体障害者更生指導所）が開設され，東京パラリンピックの開催により，リハビリテーションサービスが実施されている先進諸国から参加した障害のある選手と日本の選手の歴然とした違いが，リハビリテーションによるものであることが示されたこと，また，理学療法士や作業療法士など医学的リハビリテーションに関わる専門職の養成が開始された時期であるので，「リハビリテーション草創期」とした．

その後から1970年代は，「心身障害者対策基本法」が制定され，リハビリテーションに関する専門定期刊行物である『リハビリテーション研究』や『総合リハビリテーション』が発刊され，総合的なリハビリテーションセンターが開設された時期であるので，「リハビリテーション確立期」とした．

1980年以降は，国連による国際障害者年等によって障害者施策への取り組みが推進され，リハビリテーションに関わる各種専門職の資格が制度化され，わが国において総合的なリハビリテーションの国際会議が初めて開催された時期であるので，「リハビリテーション発展期」と区分した．

2. わが国におけるリハビリテーション各分野の現状と課題

　医学的リハビリテーションが対象とする障害は，当初は切断，小児まひ（ポリオ）などであったが，脳卒中，脊髄損傷，脳性まひ，進行性筋ジストロフィー，慢性関節リウマチ，内部障害などと，対象疾患・障害が拡大されてきた。さらに各種の難病も対象となり，対象者の高齢化，重度・重症化，重複化に対応するリハビリテーション技術やプログラムが求められるようになってきた。

　職業リハビリテーションは，1960（昭和35）年に制定された「身体障害者雇用促進法」によって推進され，障害のある人の雇用を促進するために職業リハビリテーションの諸方法が開発されてきた。同法はこれまでに数回の改正を経て，対象とする障害も拡大されてきた。しかし，身体障害者や知的障害者と比べて，対策が立ち遅れている精神障害者や高次脳機能障害者への職業リハビリテーションの取り組みが，今後の課題となっている（松為，2003）。

　教育リハビリテーションの中核である特殊教育は，従来からの「特殊教育体制」から「特別支援教育体制」への大きな制度転換の方針（文部科学省，2003）が提示され，新しい対象となる通常の学級で学ぶ軽度発達障害児（LD，ADHD，高機能自閉症等）への支援システムの構築，障害のある子どもの乳幼児期から学校卒業後までの一貫した相談支援体制の整備（斎藤，2003）や，教育分野と保健・医療・福祉分野との連携などが今後の課題となっている。なお，特別支援教育は2007（平成19）年度より開始される。

　一方，社会リハビリテーションについては，わが国の医学的リハビリテーションの専門職者に1968年のWHOによる社会リハビリテーションの定義が定着したためか，社会リハビリテーションは「障害者福祉」と同じであるかのように理解されてきた。障害者福祉の制度があるため，社会リハビリテーションはその重要性が十分に認識されず，リハビリテーションの他の分野のような発展をしてこなかったと考えられる。1986年の社会リハビリ

テーションの定義の意義と，障害者の社会生活力を高めるための取り組みの重要性を広めるとともに，2005（平成17）年に制定された「障害者自立支援法」に規定されている「自立訓練」を適切に実施するためには，社会リハビリテーションのプログラムが必須であることから，具体的なプログラムを開発し，その実施方法等を示す必要性が高いと考える。

3. 社会リハビリテーションと障害者福祉・障害者施策

わが国においては，社会リハビリテーションは障害者福祉と同じであるかのように誤解されてきた。その原因は，1968年のWHOによる社会リハビリテーションの定義による影響が大きいと考える。社会リハビリテーションと障害者福祉は重なる部分もあるが，社会リハビリテーションと障害者福祉は概念上，レベルの異なるものであり，同一視することはできない。「社会リハビリテーション」，「障害者福祉」および「障害者施策」の違いを整理すると，以下のとおりである。

1）社会リハビリテーション

社会リハビリテーションは，障害のある人が社会のなかで活用できる諸サービスを自ら活用して社会参加し，自らの人生を主体的に生きていくための「社会生活力」を高めることをめざす援助技術の体系と方法である。社会生活力を身につけることが目的であるが，そのために，社会生活力を高めるための支援プログラムを実施するとともに，福祉サービスの活用支援，対象者と環境との調整，サービス間の調整等も行う。これらの調整を行う場合にも，対象者の「社会生活力」を高める視点から支援することが重要である。

2）障害者福祉

リハビリテーションのさまざまな分野の取り組みによって，障害のある人の身体的，精神的，職業的，社会的な能力が高められるが，それでもなお残された活動の制限と社会参加の制約をカバーするための社会福祉の一分野としてのアプローチが「障害者福祉」であり，各種の福祉立法を基底に，障害のある人のさまざまなニーズを充足するための各種福祉サービス（医療，

```
┌─ 予 防 ────────────┐
│                          │
├─ リハビリテーション ──┐     │
│   ┌─ 医学的リハビリテーション │     │
│   │  社会リハビリテーション  │障害者福祉│ 障害者施策
│   ├─ 職業リハビリテーション ──┘     │
│   └─ 教育リハビリテーション       │
│                          │
└─ 機会均等化 ──────────┘
```

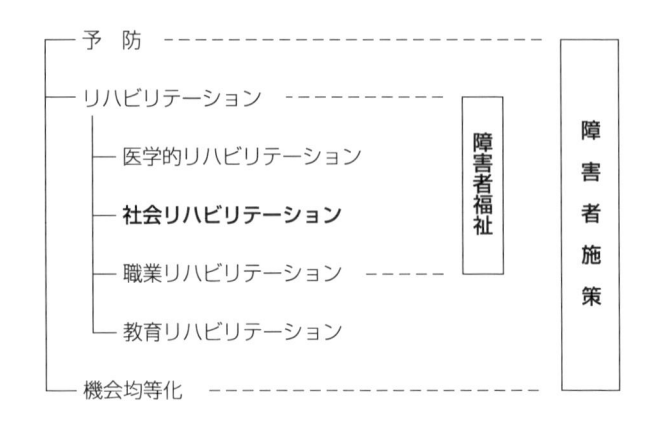

図1-1　社会リハビリテーションと関連諸概念との関係

保健，補装具，日常生活用具，施設福祉，在宅福祉，所得保障など）を提供する制度・施策である。

3) 障害者施策

「障害者施策」は，行政上の概念からみれば，障害者福祉より広い概念である。障害者福祉だけでは，障害のある人の「完全参加と平等」を可能とする「機会均等」な社会を実現することはできない。障害者施策には，障害の原因の予防とリハビリテーション，さらに「完全参加と平等」および「機会均等化」を実現するために，一般市民の障害者への理解の促進，建築物・住宅・交通機関のバリアフリー化，コミュニケーションや情報の保障，雇用の促進，就労の場の確保，教育の保障等が含まれる。すなわち「障害者施策」は，全省庁にわたる取り組みでなければならない。

このように，「社会リハビリテーション」は，「障害者福祉」や「障害者施策」とは対象とする範囲，目的，活動内容に違いがある。障害者施策が最も大きな概念であり，そのなかには，障害の予防，さまざまな分野のリハビリテーション，機会均等化への取り組みが含まれ，わが国においては内閣府を中心とし，あらゆる省庁によって取り組まれている。一方，障害者福祉は

厚生労働省を中心とした取り組みであり，障害の予防，医学的リハビリテーション，社会リハビリテーション，在宅福祉サービス，施設福祉サービス，所得保障などがある。

したがって，社会リハビリテーションは，総合的なリハビリテーションの一分野であるとともに，障害者福祉における一つの自立支援実践活動として「社会生活力」を高めるための取り組みでもある。このように，「社会リハビリテーション」「障害者福祉」「障害者施策」の三つには違いがあり，これらの三つの概念とリハビリテーションとの関係を図示すると，図1-1のとおりである。

4. 国際生活機能分類（ICF）と社会リハビリテーション

1980年にWHOは「国際障害分類試案」（International Classification of Impairments, Disabilities and Handicaps：ICIDH）を発表し，障害の分類の定義と細目についての考え方を示した。障害を三つのレベル，すなわち，機能障害（impairment），能力障害（disability），社会的不利（handicap）に分けて階層的にとらえることの意義は大きく，それぞれの段階における問題の所在を専門技術の立場から，または施策実施の立場から明らかにし，適切な対応をできるようにすることを目的としてまとめられた（厚生省，1984）。

機能障害に対しては，その軽減・除去の余地のある状態に対して，主として医学的立場から治療的な対応を適切に行うことが求められた。能力障害に対しては，教育的，職業的立場からの能力開発や，福祉用具等による代償的方法に専門技術が期待された。社会的不利の状況に対しては，住宅や交通手段等の物理的制約の解消をはじめ，教育や就職の機会の確保，社会参加の促進の事業のほか制度政策的な解決策と合わせ，社会意識の改善も必要とされた。

しかし，1980年に発表されたICIDHからほぼ20年近く経過し，ICIDHが各国で利用されるにつれて問題点も指摘されるようになり，改正への要望

国際障害分類：International Classification of Impairment, Disability and Handicap：ICIDH(1980)

病気 → 機能障害 → 能力障害 → 社会的不利
　　　　(Impairment)　(Disability)　　(Handicap)

国際生活機能分類：International Classification of Functioning, Disability and Health：ICF(2001)

健康状態 (Health)

心身機能・身体構造 ←→ 活　動 ←→ 参　加
(Body Functions & Structure)　(Activity)　(Participation)

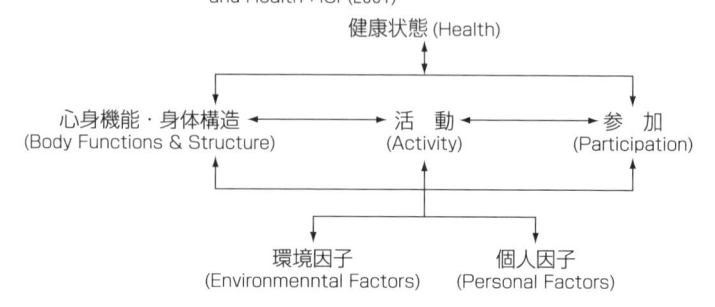

環境因子　　　　　　個人因子
(Environmenntal Factors)　(Personal Factors)

図1-2　ICIDHとICFのモデルの比較

も高まり，国際的な検討作業の結果，2001（平成13）年5月に新たな国際生活機能分類（International Classification of Functioning, Disability and Health：ICF）が採択された（世界保健機関，2002）。

ICFは，障害を三つのレベルでとらえることではICIDHと大きな違いはない。これまでのICIDHが病気や変調の帰結として，機能障害，能力障害，社会的不利と一方向の流れのように整理されていたが，ICFは健康状態，心身機能・身体構造，活動，参加，背景因子（環境因子と個人因子）のように，より複雑な双方向の関係概念として整理された。これまでの否定的，マイナスイメージの表現から，中立的，肯定的，プラスイメージの表現に変更され，「機能障害」は「心身機能・身体構造」（body functions and structure）に，「能力障害」は「活動」（activity）に，「社会的不利」は「参加」（participation）に置き換えられた。ICIDHとICFのモデルの違いは，図1-2のとおりである。

ICFは，従来からの「医学モデル」の問題点を認識し，「社会モデル」にも立脚したものである。医学モデルでは，障害という現象を個人の問題とし

てとらえ，病気・外傷やその他の健康状態から直接的に生じるものとするが，社会モデルは，障害を主として社会によってつくられた問題とみなす。ICFは，この医学モデルと社会モデルの統合化の理念のうえに成り立っているといえる（世界保健機関，2002）。

ICFにおける生活機能（functioning）は，心身機能・身体構造，活動，参加のすべてを含む包括用語である。参加（participation）とは，生活・人生場面への関わりのことであり，ICFは障害のある人の生活機能や社会参加を重視した分類である。したがって，障害のある人が自分の障害を正しく理解し，できることとできないことが区別でき，自分ができることを増やすためにリハビリテーションサービスを活用し，できない部分については，福祉サービスを権利として活用することできるようになることが重要である。

ICFの普及とともに，足りない社会資源についてはその創出を権利として要求する一方，社会参加の重要な一要素として，「社会生活力」を高めるためのプログラムの重要性も認識されてきた。このような意味において，障害のある人の「社会生活力」を高め，社会参加を促進していく役割をもつ社会リハビリテーションの重要性は，ICFが採択されてからますます大きくなっているといえるであろう。

5. 社会リハビリテーションにおける「社会生活力」

リハビリテーションは，すでに述べたように，医学的リハビリテーション，職業リハビリテーション，教育リハビリテーション，社会リハビリテーションの四つの主要分野から構成される。1969（昭和44）年のWHOの定義からすでに35年が経過し，その間に，医学，職業，教育の分野における発展はめざましい。

前述のように1986（昭和61）年には，国際リハビリテーション協会社会委員会によって社会リハビリテーションが定義され，「社会リハビリテーションとは社会生活力（social functioning ability：SFA）を高めることを

目的としたプロセスである。社会生活力とは，さまざまな社会的な状況のなかで自分のニーズを満たし，一人ひとりに可能な豊かな社会参加を実現する権利を行使する力を意味する」と定義されたが，社会リハビリテーションについての理解や認識は，国際的にもわが国においても，まだまだ低い状態にある。

　リハビリテーションの一分野としての社会リハビリテーションが正しく認識され，「社会生活力」を高めるための支援が具体的に実施されなければ，障害のある人びとが施設を出て地域生活に移行することや，社会参加し，QOL の高い生活を営むことは難しい。自分の障害を正しく理解し，自分のできることとできないことを的確に把握し，自分でできることを増やし，自立的に生活するとともに，自分ではできない部分については権利として福祉サービスを利用する。また，公的なサービスで足りない部分について，社会の人びとによるインフォーマルサポートや支援を受けるために，どのような人間関係を築き，どのように行動したらよいかを学ぶ必要がある。さらに，障害をもちながら健康な生活を送る方法や，医療機関や福祉サービスなどの活用方法を学び，社会の構成員として自信をもって生きていくためには，「社会生活力」を高めるための具体的・体系的なプログラムを通して，その力を身につけることが必須であろう。

　従来，わが国では，リハビリテーション分野のさまざまな専門職においても，社会リハビリテーションについての正しい認識がなされておらず，①「社会リハビリテーション」は「障害者福祉」と同じである，②リハビリテーションとはそもそも社会的なものであるので，あえて社会リハビリテーションの分野の必要性はない，③社会リハビリテーションはそのプログラムもなければ方法もないので，その存在を主張することはできない，などという批判があった。

　ようやく，1986 年に国際リハビリテーション協会社会委員会によって社会リハビリテーションの定義が提示され，社会リハビリテーションの重要性が認識されはじめた。このような背景のなかで，国際的にも国内において

も，社会リハビリテーションがリハビリテーション全体のなかでどのように位置づけられ，どのように理解されているかを明らかにしなければならないと考える。社会リハビリテーションの概念の歴史的な変遷と，理解の現状を明らかにすることにより，社会リハビリテーションについての正しい認識を広めるとともに，社会リハビリテーションの目的である「社会生活力」を高めるための，さまざまな具体的なプログラムが開発・実施されることが必要であると考える。

第2章　社会リハビリテーションの成立過程と諸定義

　社会リハビリテーションがリハビリテーションの一分野として国際的に位置づけられたのは1960年代であり，1986年には「社会リハビリテーションは社会生活力を高めるプロセスである」との定義が出されて，リハビリテーションの一分野として確立した。本章ではその過程を，「社会リハビリテーション」の発展の経過と，「社会リハビリテーション」の定義の変遷の視点から整理したい。

第1節　社会リハビリテーション成立の背景

1.　1960年代

　アメリカにおいて，第一次世界大戦により多数発生した戦傷者に対処するために，「職業リハビリテーション法」が1920年に制定され，職業に復帰できるようにするための，医学的リハビリテーションと職業リハビリテーションが取り組まれた（小島，1987）。しかし1960年代には，同国において黒人等を中心とする公民権運動が行われるなかで，障害のある市民の人権の主張も始まった。そのころは，「職業リハビリテーションの目的である収入のある仕事に就くことが，障害者に役割と尊厳を与える。これは，社会リハビリテーションでもある」といわれ，社会リハビリテーションと職業リハビリテーションとの違いが明白ではない主張もあった。
　職業に就けない重度障害のある人が増えるなかで，「就職を唯一の目的と

しないリハビリテーションもある。リハビリテーションはゴールではなく，障害者一人ひとりの発達のプロセスである」（Talbot, 1961）というように，リハビリテーション全体の目的概念が広がった。就職を目的とするリハビリテーションは，分野としては職業リハビリテーションであるが，障害のある人一人ひとりの社会人としての発達を保障するリハビリテーションの一分野として，「社会リハビリテーション」の萌芽がここにあると考えられる。

1960年代には北欧を中心に「ノーマライゼーション」（normalization）の理念が広まり，施設のなかでの生活はノーマルではないと，「脱施設化」（de-institutionalization）の方向に進み，障害のある人も地域社会のなかで普通に生活できるような体制づくりの重要性が指摘された（江草，1982）。

このような状況のなかで，1968年にWHOが開催した「医学的リハビリテーション専門家委員会」（WHO Expert Committee on Medical Rehabilitation）において，リハビリテーション全体やリハビリテーション各分野の定義が採択された（WHO, 1969）。その翌年の1969年にアイルランドで開催された第11回リハビリテーション世界会議のテーマは，「リハビリテーションのための地域社会の責任」であり（日本障害者リハビリテーション協会，1970），障害のある人を受け入れる器としての地域社会（community）にも焦点が当てられ，リハビリテーションと地域社会の関係がテーマに挙げられたのである。このように，地域社会との関連において，社会リハビリテーションの果たすべき役割が認識されたのである。

2. 1970年代

1970年代には，世界の主要諸国において重度障害者対策が重要な課題となり，1970年にイギリスで「慢性病者・障害者法」，同年にアメリカで「発達障害者援助・権利法」が制定された。一方，1973年にアメリカでは，1920年に制定された「職業リハビリテーション法」から「職業」の用語が削除され，「リハビリテーション法」に改正された。さらに1974年には，西ドイツにおいて「重度障害者法」が制定された。以上のように，1970年代

前半は，先進諸国がこぞって，リハビリテーションによっても就職に導くことが困難な重度障害者に焦点を当て，重度障害のある人を対象とする法律が制定されたのである。

これらにより，従来から力が入れられてきた医学的リハビリテーションや職業リハビリテーションによっても職業に就くことが困難な，重度障害のある人に対する新たな視点のリハビリテーションの必要性が出されたのである。このような重度障害のある人に対して，職業に就いたり経済的な自立ができなくても，人生を主体的に生き，自分の生活について自己決定し，地域社会のなかでQOLの高い充実した生活を営み，社会参加を通して望ましい人間関係を築くことができるようになるために，「社会リハビリテーション」はなくてはならない分野であると理解されるようになり，社会リハビリテーションの果たすべき役割が，クローズアップされてきたといえる（奥野，1996 a；1996 b）。

このような状況のなかで，国連は1975年に「障害者の権利宣言」（Declaration of the Rights of Disabled Persons）を採択した（国連，1976）。同宣言により，障害のある人はこの宣言において掲げられるすべての権利を享受するとされ，具体的には，「人間として尊重される権利」「同年齢の市民と同等であることの基本的権利」「市民権」「政治的権利」「医療，教育，リハビリテーションなどの各種サービスを受ける権利」「相当の生活水準を保つ権利」「職業に従事する権利」等が明記された。

また1978年には，1973年に改正されたアメリカの「リハビリテーション法」（Rehabilitation Act）がさらに改正され，同法第7章に，障害当事者がサービス提供主体者となることを裏づけた「自立生活のための総合的サービス」が規定された。それまでの専門職主導による「医学モデル」に立つリハビリテーションから，障害当事者主体の「生活モデル」や「社会モデル」に立つリハビリテーションへと転換されたのである。従来のリハビリテーションは，専門職が高度な評価方法によって対象者の弱い面，悪い面，欠点などを明らかにし，問題点を改善しようとする視点で介入する「医学モデル」に

準拠して実施されがちであったといえる。専門職がすべての決定権をもっているかのようなリハビリテーションの提供方法を拒否して，1970年代からアメリカにおいて展開されたのが，自立生活運動（Independent Living Movement）であった（定藤，1990）。

3. 1980年代

1980年代は，1980年にカナダのウニペグで開催された第14回リハビリテーション世界会議との関連において，リハビリテーションの専門家に対抗する障害当事者集団として「障害者インターナショナル」（Disabled People's International：DPI）が結成された。翌年の1981年は「完全参加と平等」（Full Participation and Equality）をテーマに掲げて，国連による「国際障害者年」（International Year of Disabeld Persons：IYDP）が世界的に展開された（国際障害者年推進会議，1983）。

このように，障害当事者自身の声がクローズアップされた歴史的な変化を背景にして，1982年に国連が採択した「障害者に関する世界行動計画」において，リハビリテーションの新たな定義が出された。その4年後の1986年に，国際リハビリテーション協会社会委員会によって初めて，「社会生活

表2-1　モデルの違いよるリハビリテーションの要素の比較

要素	医学モデル	生活モデル・社会モデル
問題	身体的欠陥や職業能力	専門家の対応方法，障害の捉え方
問題の所在	個人	社会環境，リハビリテーションの内容
解決方法	医師，PT，OT，ST，SW，職業リハの専門職等による訓練・指導	リハビリテーション専門職が障害当事者と対等な関係に立ち，パートナーとしての協力関係による援助・支援
対象の捉え方	患者・障害者	障害をもつ市民，サービス利用者
実施主体	専門職	障害当事者が主体で，専門職は支援者
望ましい結果	最大限のADLの自立，経済的自立	主体的，自主的，選択的に自分の人生を実現し，QOLの高い生活

表 2-2　社会リハビリテーションの国際的動向（1920〜1986年）

年　代	社会リハビリテーションの国際的動向
1920年	アメリカ：「職業リハビリテーション法」（スミス・フェス法）の制定 その後，1950年代までは職業リハビリテーション，医学的リハビリテーションが中心
1950年代	アメリカ：障害者の人権主張が始まる 「収入のある仕事に就くことが，障害者に役割と尊厳を与える。これは社会リハビリテーションでもある」
1960年代	アメリカ：「就職を唯一の目的としないリハビリテーションもある。リハビリテーションはゴールではなく，障害者一人ひとりの発達のプロセスである」 北欧：「ノーマライゼーション」の理念が導入される スウェーデン：「フォーカス協会」の設立。施設生活でなく，地域生活の実現
1964年	イギリス：「シーボーム報告」。施設主義でなく，在宅ケア，地域ケアを重視
1968年	WHO，リハビリテーションおよび社会リハビリテーションの定義
1969年	第11回リハビリテーション世界会議（アイルランド） テーマ「リハビリテーションのための地域社会の責任」 ・国際シンボルマークの採択 ・社会リハビリテーションの将来のための指針の検討
1970年	日本：在宅障害者対策への要求運動，車いす街づくり運動 イギリス：「慢性病者・障害者法」制定 アメリカ：「発達障害者援助・権利法」制定
1972年	第12回リハビリテーション世界会議（オーストラリア） テーマ「リハビリテーションの企画：環境・刺激・自助の精神」 ・「社会リハビリテーションの将来のための指針」採択。（障害者を取り巻く諸環境の整備を重視）
1973年	アメリカ：「リハビリテーション法」改正（法律名から「職業」を削除）
1974年	西ドイツ：「重度障害者法」制定
1975年	国連：「障害者の権利宣言」採択 アメリカ：「リハビリテーション法」改正
1978年	第7章「自立生活のための総合的サービス」追加
1980年	第14回リハビリテーション世界会議（カナダ） テーマ「予防と統合」 ・DPI（障害者インターナショナル）結成
1981年	国際障害者年：テーマ「完全参加と平等」
1982年	国連：「障害者に関する世界行動計画」採択 ・障害に関する3主要分野の概念整理 　①予防，②リハビリテーション，③機会均等化
1986年	国際リハビリテーション協会社会委員会（RI Social Commission） ・社会リハビリテーションの定義を採択（「社会生活力」を高めるプロセス）

力」(social functioning ability：SFA)をキーワードとする「社会リハビリテーション」の定義が採択されたのである（奥野，1998）。

　従来からの「医学モデル」によるリハビリテーションと，「生活モデル」「社会モデル」に依拠するリハビリテーションの要素の違いは，表2-1のように整理することができる。1986年以降の社会リハビリテーションは，専門職主導によって障害者を患者としてみる「医学モデル」に基づくリハビリテーションとは異なり，障害のある者を生活主体者としてとらえ，障害当事者の主体性，自主性，自己選択性を尊重し，それらを伸ばすこと，すなわち「社会生活力を高めることを目的とする社会リハビリテーション」という枠組みの必要性が認識されるようになったといえるであろう。1920～80年代の社会リハビリテーションに関する国際的動向は，表2-2のとおりである。

第2節　社会リハビリテーション分野の成立

1. 国際リハビリテーション協会（RI）と『国際リハビリテーションニュース』

　ニューヨークに本部を置く国際リハビリテーション協会（Rehabilitation International：RI）*は，2006年12月現在，世界93カ国における700以上の加盟団体を擁する，リハビリテーション全分野を代表する唯一の国際

＊　国際リハビリテーション協会は，創設以来その名称を4回変更した。1922年に設立された当時はInternational Society for Crippled Children（国際肢体不自由児協会）であり，1939年には対象を成人にも拡げたことにともない，International Society for the Welfare of Cripples（国際肢体不自由児・者福祉協会）に改称された。さらに，1960年には，肢体不自由のみでなく，あらゆる障害のある児・者を対象とするために，Internationl Society for the Rehabilitation of the Disabled（国際障害者リハビリテーション協会）となった。また，1972年にはその略称としてRehabilitation Internationalが使われるようになり，さらに，現在はそれが協会の正式名称として使われ，その略称としてはRIと標記されている。わが国においては，片仮名で「リハビリテーション・インターナショナル」と表記すると長いので，「国際リハビリテーション協会」と標記することが多い。

機関である。国際リハビリテーション協会の目的は，障害の予防とリハビリテーションの推進，国際的および各国の関連団体育成の援助，調査の実施，国際的情報交換などである。同協会は，国連等の国際諸機関における障害者およびリハビリテーション関係の，代表機関・諮問機関としての役割を果たしている（www.riglobal.org）。

　1960 年代から，国際リハビリテーション協会の季刊誌として *International Rehabilitation Review* が英語で，さらにフランスではフランス語，スペインではスペイン語に翻訳されて発行された。同誌は，1960～70 年代に障害者リハビリテーションの全分野を網羅する唯一の国際的出版物であった（『国際リハビリテーションニュース』No. 3）。同協会事務総長であり，同誌編集長であったノーマン・アクトン（Acton, N.）(1973) は，「*International Rehabilitation Review* は，障害という諸問題に関係しているすべての人々，すなわち，リハビリテーションのプロセスに従事している全ての専門職，ボランティア，障害者，その家族，社会政策等に責任ある行政官などの興味を反映すべく意図された唯一の国際的な定期刊行物であり，貴重な情報交換の源である」と『国際リハビリテーションニュース』No.19（日本障害者リハビリテーション協会，1973）に記述している。

　このような *International Rehabilitation Review* の日本語版が，1968（昭和 43）年 2 月に，日本肢体不自由者リハビリテーション協会（現・日本障害者リハビリテーション協会）から，『国際リハビリテーションニュース』の誌名で発刊された。*International Rehabilitation Review* は，1970 年代当時は各国語版を合計すると約 2 万部発行され，世界 129 カ国に送付されており，国際的なリハビリテーション領域における唯一の定期刊行物として，世界各国のリハビリテーションのあらゆる分野を牽引・推進する重要な役割を果たしていた。しかし，1975 年になると，国際リハビリテーション協会の財政的事情により廃刊され，それに伴い日本でも『国際リハビリテーションニュース』は，1975（昭和 50）年 12 月発行の No.25 で廃刊となった。

2. リハビリテーションの一分野としての「社会リハビリテーション」

『国際リハビリテーションニュース』創刊号から最終号までの文献に基づいて、リハビリテーションの一分野としての社会リハビリテーション分野の確立時期について検討した結果、創刊号が発刊された1968（昭和43）年2月には、すでに国際リハビリテーション協会内において、社会リハビリテーションを担当する委員会が設置されていた。1968～75年の『国際リハビリテーションニュース』の論文・記事に基づき、①社会リハビリテーションを担当する委員会の設置、②社会福祉・社会保障との関連における社会リハビリテーション、③総合リハビリテーションとの関連における社会リハビリテーション、④地域社会との関連における社会リハビリテーション、の四つの視点から、リハビリテーションの一分野としての「社会リハビリテーション」の確立についてまとめる。

1） 社会リハビリテーションを担当する委員会の設置

『国際リハビリテーションニュース』創刊号（日本障害者リハビリテーション協会，1968）には、国際リハビリテーション協会の組織についての解説があり、国際リハビリテーション協会の活動範囲が広がったために、各種の専門委員会が設立されたことが記述されている。専門委員会（Technical Committee）として、「関節炎委員会」「脳性マヒ委員会」「ライ更生委員会」「義肢補装具委員会」「研究調査委員会」「技術援助委員会」「社会更生委員会」「特殊教育委員会」「言語聴覚障害委員会」「脊髄損傷委員会」「職業更生委員会」「ボランティア委員会」等が挙げられている。これらの委員会の一つとして、社会リハビリテーションを担当する委員会である「社会更生委員会」が設置されていた。

その後、1969（昭和44）年にダブリンで開催された第11回リハビリテーション世界会議において、国際リハビリテーション協会の組織再編成が行われ、それまで専門委員会と位置づけられていた、「職業更生委員会」「特殊教育委員会」「社会更生委員会」「医学更生委員会」が常設委員会（Standing

Commission）となり，各委員会の名称は，「職業委員会」（Vocational Commission），「教育委員会」（Educational Commission），「社会委員会」（Social Commission），「医学委員会」（Medical Commission）へと変更された。これらの4委員会が常設委員会と位置づけられた事実によって，1969年にすでにリハビリテーションは四つの分野から構成され，「社会リハビリテーション」の分野がその一つとして位置づけられていたことが明らかである。

2） 社会福祉・社会保障との関連における社会リハビリテーション

1960年代後半まで，社会リハビリテーション分野の国際会議はまったく開催されていないが，社会福祉の領域として，1968（昭和43）年にフィンランドにおいて，第14回国際社会福祉会議と国際社会事業学校連盟会議が開催された記事が掲載されている。

1970（昭和45）年にはイランで国際リハビリテーション会議が開催され，その一環として，医学，社会，職業に関する各専門セミナーが開かれた。ここでの「社会リハビリテーションセミナー」は，社会リハビリテーションの分野では世界で初めて開催されたものである。

1971（昭和46）年には，「リハビリテーションと社会保障」のテーマのもとで，国際労働機関（ILO）と国際社会保障協会（ISSA）の二つの国際的機関の活動が紹介されている。両機関は効果的なリハビリテーションプログラムを推進するために，リハビリテーション関係諸機関を積極的に援助しており，ここでは，社会リハビリテーションは社会保障との関連で記述されている。

以上のような状況から，1960年代後半は，「社会リハビリテーション」は国際リハビリテーション協会の一つの委員会として設置されてはいたが，社会リハビリテーションの内容は「社会福祉」や「社会保障」の領域のなかで記述されており，「障害者への社会福祉や社会保障からのアプローチが社会リハビリテーションである」と理解されていたといえる。

3） 総合リハビリテーションとの関連における社会リハビリテーション

1969（昭和44）年にザンビアで開催された「第3回アフリカ身体障害者リハビリテーションシンポジウム」の決議において，「医学的，職業的，社会的，教育的リハビリテーションを行う職員の養成数を実質的に増加させることが不可欠である。職員養成の措置は優先されなければならない」とし，医学的，職業的，社会的，教育的に調整された事業を行うことにより，リハビリテーションを総合的に発展させることの重要性が提案された。

1972（昭和47）年にシドニーで開催された「第12回リハビリテーション世界会議」（The 12 th World Congress of Rehabilitation International）では，本会議前に行われたプレ・コングレスセミナーとして，「リハビリテーションの社会的側面」（Social Aspects of Rehabilitation）をテーマとするセミナーが開催された。このテーマから，リハビリテーションの一分野としての「社会リハビリテーション」というよりは，リハビリテーションの一つの側面としてとらえられていたといえる。「社会リハビリテーション」といわずに「リハビリテーションの社会的側面」という名称を使っているということは，リハビリテーションはそれぞれの分野に分断されるのではなく，社会リハビリテーションは，多面的な機能をもつ総合的なリハビリテーションの社会的な一側面としてとらえられ，リハビリテーションを総合的に実施することの重要性が示されていたといえる。

また，1972年にロンドンにおいて開催されたRI社会委員会において，「リハビリテーションの各分野で行われている主要研究事業と密接な連携を取ることとともに，国際リハビリテーション協会の他の三つの常設委員会（医学，教育，職業）との協力を進める」ことの重要性が決議されている。国際リハビリテーション協会にリハビリテーション4分野を担当する各委員会が置かれても，それぞれの委員会が連携しなければ，総合的なリハビリテーションの実施はできないことが指摘されているのである。したがって，社会リハビリテーションの分野は，1960年代後半から1970年代前半にその存在と必要性が認識されてはいるが，リハビリテーションのそれぞれの分野

が独立して存在するのではなく，他の分野と連携をとり，総合的なリハビリテーションを行うための社会的な一側面を担うものとして位置づけられていたのである。

4） 地域社会との関連における社会リハビリテーション

1969（昭和44）年にダブリンで開催された第11回リハビリテーション世界会議「リハビリテーションのための地域社会の役割」において，「地域社会」が初めてテーマに挙げられた。次いで1974（昭和49）年9月にリスボンで，ポルトガル医学会と国際リハビリテーション協会の共催により，「重度障害者の地域社会への統合」をテーマに掲げたヨーロッパ会議が開催された。同会議では「重度障害者」と「地域社会」がキーワードとなり，「障害者の心理的・社会的側面」（psycho-social aspects of disability）のほか，「余暇活動」「交通機関諸問題」などの分科会が企画されている。

これらの分科会のテーマにより，1974（昭和49）年に，すでにポルトガル医学会が重度障害者の社会リハビリテーションの重要性を認識していたことがわかる。社会リハビリテーションの分野の課題として，このようなテーマの分科会が取り上げられていることから，地域社会との関連で社会リハビリテーションが位置づけられ，余暇活動，交通機関へのアクセスの重要性などが，1970年代半ばにはすでに認識されていたと判断できる。

3. 1960〜70年代における社会リハビリテーションの概念

国連の障害者リハビリテーションユニットの責任者であった，ポーランドのアレクサンダー・ヒューレック（Hulek, A.）（1968）は，「国連の身体障害者計画」の内容を詳細に報告し，リハビリテーションが社会事業の一分野として認められることの重要性を指摘している。さらに，国連が1965（昭和40）年に18カ国を対象に実施した「各国のリハビリテーション法制・行政の最近の動向」についての調査結果の概要において，リハビリテーションの各分野における最近の進展の最も顕著な特徴の一つとして，「社会的，心理的，身体的側面を重要視したリハビリテーションを一つの総体とする」見

方が，ますます強くなってきたことが挙げられている。

　すなわち，総合的リハビリテーションにおける社会的側面の重要性が指摘され，さらに「リハビリテーションを受ける資格」として，①作業能力を欠いている者，②援護を受けることにより就業できるようになるか日常生活の能力が向上すること，の二つの条件が挙げられ，これらの2条件に該当しない人は，リハビリテーションの対象ではなく，「社会福祉法」の対象であるとされている。

　したがって1960年代は，リハビリテーションはあくまでも職業自立をめざし，職業自立が困難な重度障害者は，社会福祉の対象とされたのである。リハビリテーションは職業的自立を目的とし，社会福祉は職業的・経済的自立が難しい障害者の生活を保障する施策であるというように，「リハビリテーション」と「社会福祉」の役割が区別されている。

　また，1968（昭和43）年9月に国連本部において開催された「社会福祉関連大臣国際会議」(96カ国，350名参加)において，アームストロング(Armstrong, O.)カナダ障害者リハビリテーション協議会理事長は，国際リハビリテーション協会を代表して「国際協力のための専門委員会」に参加し，「社会福祉とリハビリテーションプログラムの密接な関係」の重要性について発表した。「身体障害そのものは大したハンディキャップではなく，むしろ，障害に伴って生まれる経済的・社会的・情緒的・教育面などにおけるハンディキャップが問題でなのである」と主張し，「機能障害」や「能力障害」ではなく，社会の側の問題としての「社会的不利」の問題が大きいことを指摘した。そこで，ソーシャルワーカーや社会福祉教育機関が，「リハビリテーション」に積極的に取り組むことを要請している。同会議において，ポーランド代表として参加したヒューレック国際リハビリテーション協会理事は，基調講演においてリハビリテーションに対する社会福祉の責任を指摘し，リハビリテーション事業がますます重要になってきていること，また，リハビリテーションは社会福祉サービスのニーズを解決することにもなることを指摘し，「国連主催の社会福祉関係の会議には，リハビリテーショ

ン専門家が必ず参加すべきである」と主張している。

さらに，1968（昭和43）年にヘルシンキで開催された第14回国際社会福祉会議のテーマは「社会福祉と人権」であり，同会議において「障害者の福祉とリハビリテーション」が討議された。同会議において，ソーシャルワーカーの任務として，「ソーシャルワーカーは各種リハビリテーション専門職と協力し，適切なサービスを開発して，障害者の人権を促進する責任をもつ」ことが確認され，障害のある人の人権の視点を重視しその役割を担うのは，社会リハビリテーション分野の主たる専門職であるソーシャルワーカーであるとしている。

以上のように，1960年代後半は「リハビリテーション」と「社会福祉」との関係や役割について議論され，「社会福祉」は「リハビリテーション」より大きな分野・概念として論じられ，リハビリテーションの先行分野として位置づけられていた。社会福祉教育機関やソーシャルワーカーに対して，後進的に確立されてきた「リハビリテーション」の分野に積極的に入ってくることを期待していたのである。

一方，1969（昭和44）年にダブリンで開催された第11回リハビリテーション世界会議のテーマは，「リハビリテーションにおける地域社会の責任」であったが，リハビリテーションと地域社会との関連が初めて正式に取り上げられ，障害者の諸問題は地域社会の努力によってはじめて解決されることが指摘された。また，同会議において，リハビリテーションを構成する主要4分野の役割が明らかではないので，それぞれの分野の役割や課題を明らかにするために，「リハビリテーションの4分野の将来のための指針」の草案が，医学委員会，職業委員会，教育委員会，社会委員会の各委員会において起草された。社会委員会において，「リハビリテーションの社会的要素とは，医療，教育，職業の各分野に関連したサービスである」と同意され，「障害者のための社会的サービスの最終目的は，障害者自身が環境に適応し，また可能であるならば，個々のニーズに合わせて環境を変えることである」とされたのである。

ここに，社会リハビリテーションにとって新たな概念が打ち出されたのであり，社会リハビリテーションの目的は，①障害のある人自身が環境に適応できるように援助すること，②障害のある人のニーズに合わせて環境を変えること，の二つの側面が挙げられたのである。それまでの「社会リハビリテーションは社会福祉の一分野である」という概念を脱皮し，障害者が環境に適応できるように援助するとともに，「社会リハビリテーションは環境を変えることである」という新たな局面が打ち出されたのである。

　以上のように，社会リハビリテーションの概念は，1960年代後半にその萌芽がみられる。1960年代半ばから1970年代半ばまで，社会リハビリテーションについて言及される場合には，「社会福祉」「社会事業」「社会保障」ないし，「ソーシャルワーク」の用語が使われている。したがって，社会リハビリテーションは，社会福祉やソーシャルワークを基盤として実施され，職業的自立をめざしてリハビリテーションを受けている期間の，障害者の生活を保障するものであるとされていたのである。しかし1970年代に入ると，「障害者の生活条件や生活環境を整え住みやすい社会を作っていくこと，さらに社会を変革していくことが社会リハビリテーションの役割である」という，新たな積極的な局面が，社会リハビリテーションの概念に加えられたのである。

4. 1960～70年代における社会リハビリテーションの対象範囲と課題

　社会リハビリテーションの対象範囲と課題を，マクロからミクロにわたるキーワードとして整理すると，「社会保障」「社会福祉」「社会事業」「社会計画」「環境」「地域社会」「コミュニティケア」「社会参加」「偏見・差別」「権利の保障」「社会適応訓練」等を挙げることができる。これらはさらに，①社会保障・社会福祉の制度とサービス，②環境改善への取り組み，③地域生活の実現と社会参加の促進，④生活を豊かにする取り組み，⑤社会生活力を高める取り組み，の五つの対象課題に分けることができる。

1）社会保障・社会福祉の制度とサービス

　前述のとおり，1960年代後半から1970年代前半にかけては，社会リハビリテーション分野の国際会議はほとんど開かれなかったが，社会福祉関係の会議が開かれていた。1970（昭和45）年9月にフィリピンのマニラで「アジア社会福祉関係大臣会議」が開催され，その一分科会「身体障害者のリハビリテーション」においてまとめられた勧告のなかで，「すべての国家はその経済・社会開発計画のなかにリハビリテーションプログラムを含めること，アジア社会福祉専門職養成機関のカリキュラムのなかにリハビリテーションに関する養成・訓練を含めること，今後の国際社会福祉会議のプログラムにはリハビリテーション分野の諸問題を検討するための機会を設けること」等が記述され，「社会リハビリテーション」より先行していた「社会福祉」の分野に，リハビリテーションの視点を入れることの重要性が強調された。

　また，1972（昭和47）年8月にハーグで開催された「ヨーロッパ地域社会福祉大臣会議」において，国際リハビリテーション協会が発表した公式声明には，「社会リハビリテーション」と命名されてはいないが，社会リハビリテーションに関わると考えられる重要な課題が含まれていた。これらを整理すると表2-3のとおりである。

　表2-3から，社会リハビリテーションの重要課題としてのキーワードを抽出すると，「社会への統合化」「人間としての基本的ニーズ」「ソーシャルワーカーやカウンセラーによる社会・心理的支援」「物理的バリアフリー化」「社会・文化的活動の場の保障」「障害当事者の努力」「社会参加」などが挙げられる。これらのキーワードは，「社会保障」「社会福祉」の対象範囲や課題ばかりでなく，「環境」「地域社会」「社会参加」「社会生活力を高める取り組み」とも関わる幅広い諸課題を示している。

　一方，1972（昭和47）年8月にブリスベンで開催されたRI社会リハビリテーションセミナーでは，「障害者のための社会計画」がテーマに挙げられ，障害者を対象とした社会計画を策定することが，社会リハビリテーションの

表2-3 社会リハビリテーションに関わる重要課題（1972，ハーグ）

1. ヨーロッパ諸国では障害者に関する事業は進んでいるが，障害者の社会への統合化は遅れている。
2. 障害者問題は医療面だけではなく，人間としての基本的ニーズを考えなければならない。
3. ソーシャルワーカーやリハビリテーションカウンセラー等の専門職の果たすべき役割を認識しなければならない。
4. 交通機関や建築物を利用可能にしなければならない。
5. 就労が不可能な重度障害者には，社会・文化的な活動の場を保障しなければならない。
6. 障害児をもつ親へのカウンセリングにより，障害児が価値ある存在であることを指導・支援しなければならない。
7. 障害者自身はリハビリテーションに励み，社会参加するように努力しなければならない。

課題とされた。さらに，国連社会課（Division of Social Affairs of the United Nations）が，1973（昭和48）年9月にワルシャワで主催した「障害者のリハビリテーションに貢献する社会保障・社会事業セミナー」の報告書において，障害のある人個人が自分の障害を最小限に抑え，能力を最大に生かせるような社会保障給付金とサービスを組み合わせた総合的サービスが必要であるとし，①疾病給付金・一時的社会保障給付金と障害者リハビリテーション，②長期所得保障と障害者リハビリテーション，③社会事業と障害者リハビリテーション，④社会保障，社会事業，リハビリテーションサービスと雇用・社会政策，等のテーマを掲げて議論が行われた。

以上のように，「リハビリテーション」は「社会保障」や「社会福祉」と車の両輪のようにお互いに補完する関係にあるが，リハビリテーションの分野のなかでは，「社会リハビリテーション」の分野が「社会保障」「社会福祉」と最も関係が深いことが分かる。この時代には，障害者を対象とする社会保障，社会福祉，社会事業，社会政策は，社会リハビリテーションの課題とかなり重なっていたことが確認できる。

2） 環境改善への取り組み

　身体障害者が利用できる建物・施設を示す国際シンボルマーク（International Symbol of Access）（図2-1）が，1969（昭和44）年に開催された第11回リハビリテーション世界会議（The 11 th World Congress, International Society for Rehabilitation of the Disabled）において採択された。

　このマークは，各国から応募されたさまざまなデザインが検討された結果，デザインが明確で意味がわかりやすく，簡単で形が美しく，遠くからも見分けられやすいとの理由により，デンマークのデザイン科の学生スーザン・コフォード（Koeford, S.）の作品が採択されたのである。この国際シンボルマークは，その採択以来現在に至るまで，身体障害者にとっての物理的環境の改善（バリアフリー化）と，一般市民に物理的障害の存在を認識させるために果たしてきた国際的貢献は，非常に大きい。

　さらに，2年後の1971（昭和46）年に，ローマで開催された第1回国際障害者関係法制会議では，ベルギー社会事業大臣が開会式において，「各国は，障害者が社会に完全参加することを妨げている偏見と差別を取り除くために，総合的な法律を制定しなければならない」と宣言し，ここでは，障害のある人の身体的障害よりも，コミュニティが作り出している物理的・社会的障害のほうが大きいことが指摘された。公共・民間建築物のバリアを取り除き，公共交通機関を障害のある人にも利用できるようにするための法律を制定する必要性が提言された。物理的バリアばかりでなく，差別・偏見等の社会的なバリアにも目が向けられ，これらを含むバリアフリー化の取り組みが社会リハビリテーションの対象範囲と課題であるとの，新たな方向性が出されたのである。

　また，アクトン国際リハビリテーション協会事務総長は，1972（昭和47）年6月にストックホルムで開催された国連人間環境会議の目的について，「社会において苦しめられている各種グループに注意を向け，欠陥のある社会と障害をもつ人びととの関係について緊急に認識する必要があり，すべての人びとにとって生活しやすい社会を作るために，地域社会計画も含めて議

図2-1 車いす使用者が利用できる建物・施設を示す
国際シンボルマーク

論する」とし,「障害者を含めたすべての人間が充実した生活を営むために必要な施設・資源がいつでも活用できるようになったとき,全世界の環境は完成されたといえる」と記述している。同氏は障害者に関わる問題は,社会との関係のなかで生まれるものであることを指摘し,同会議で議論された幅広い課題が,社会リハビリテーションの対象範囲と課題であるとしたのである。

さらに,『国際リハビリテーションニュース』No.21(日本障害者リハビリテーション協会,1974)は,「環境」を特集し,同号には,「すべての人びとに住みよい環境」「環境対策と障害者」「日本における公害(水俣病)と先天性障害の関連性」「障害者のための補助具と環境との相互作用」などの論文が掲載された。また,『国際リハビリテーションニュース』の最終号となったNo.25(日本障害者リハビリテーション協会,1975)は,1974(昭和49)年6月にニューヨークで開催された「国連・障害者生活環境会議」を特集し,公共建築物・施設における建築上の障壁およびその排除,住居における建築上の障壁,個々の障害グループにとっての建築上の障壁,交通機関における障壁,建築上・環境上の障壁等をなくすことが,社会リハビリテーションの課題であるとした。

以上のように,1960年代後半から1970年代半ばまでにリハビリテーションとの関連で,障害者をめぐる物理的・社会的バリアの問題に焦点が当てられ,当時は,これらが「社会リハビリテーション」の対象範囲と課題とされたのである。

3） 地域生活の実現と社会参加の促進

　1960年代後半には「脱施設化」「ノーマライゼーション」「アクセス」等のキーワードが登場し，障害のある人は施設のなかで保護されることが福祉であるという，従来からの施設主義（institutionalization）の福祉のあり方に疑問が投げかけられた。このようななかで，「地域社会」「コミュニティケア」「社会参加」のキーワードがクローズアップされた。

　1974（昭和49）年9月にリスボンで開催されたヨーロッパ会議「重度障害者の地域社会への統合」における「障害の心理・社会的側面」分科会では，重度障害者の地域生活を実現するための課題が挙げられた（表2-4）。これらは，地域生活との関連で社会リハビリテーション分野が取り組むべき重要な課題として指摘されている。重度障害者が「ノーマライゼーション」の理念のもとで地域生活を実現するためには，「障害の心理・社会的諸問題の解決」「親の努力と親への援助」「障害や価値観を理解するための障害当事者への支援」「障害者と非障害者が交流する機会」「障害者が選択できる機会」などが挙げられ，障害者を取り巻く良い人間関係が必須であり，両者が専門職による援助を必要としていること，障害当事者や障害児の親もリハビリテーションチームのメンバーであり，専門職とサービス利用者間の対等な関係（パートナーシップ）の重要性や，職業に就くことが困難な重度障害者の生活を豊かにするための福祉的な方策が必要とされていること，などがまとめられている。これらも，社会リハビリテーションとして取り組まなければならない重要な対象範囲と課題として，認識されていたといえる。

4） 人生を豊かにする取り組み

　全米イースターシール肢体不自由児・者協会（National Easter Seal Society for Crippled Children and Adults）の活動として，「レクリエーションセンター，キャンプ，就学前プログラム，ソーシャルワーク」等の事業が紹介されている。このような一例によっても明らかなように，障害児の精神的，情緒的発達を促進するために，また，障害児・者の社会性を伸ばすためにも，レクリエーションや余暇活動は重要な役割をもっている。また，職業

表2-4 地域生活を実現するための課題（1974，リスボン）

1. 障害の心理・社会的諸問題は，人間行動の幅広い局面と環境，経済・法的問題，建築上の障害物，家庭生活などを含む相互関係によるものである。
2. 問題分析よりも，解決策に力を入れなければならない。
3. 重度障害児を統合化（インテグレート）させようとする親の努力は，社会的状況や住んでいる社会にどの程度適応しているかによって左右される。
4. 親もリハビリテーションチームの一員であり，親への援助は継続的に必要である。
5. 障害者は，自分自身の価値観や生活様式を理解するためにも援助を必要とする。また，非障害者による障害者への態度，反応，行動の理由を理解するためにも援助を必要とする。
6. 非障害者も，障害者に対する自分たちの反応を理解するために，援助を必要としている。どのような態度をとったらよいかわからないために，障害者から遠ざかろうとする。障害者と非障害者がお互いに交流できる機会が必要である。
7. 障害者は企業への就職または保護雇用，独り暮らしまたは他人との同居生活，自宅での生活または施設生活などについて，選択できる機会をもつべきである。
8. 障害者が働ける場を作ると同時に，雇用不可能な障害者の生活を豊かにするための対策にも，力を入れなければならない。

に就くことが難しい重度の障害者にとっては，レクリエーションや余暇活動は社会参加の重要な手段であり，これらの活動を通して他の人びととの交流ができ，生き甲斐をもってQOLの高い生活を営むことができる。

障害の軽重や年齢に関係なく，同年齢の障害のない児・者と同等のレクリエーション・余暇活動・社会参加などの機会が保障されることが重要であり，一人ひとりの障害児・者がQOLの高い人生を豊かに生きていくために，社会リハビリテーションが担う重要な対象範囲と課題であることが明らかになってきたといえる。

5） 社会生活力を高める取り組み

1960年代後半にロンドン教育大学のデイル（Dale, 1967）は，著書『家庭と学校におけるろう児』（*Deaf Children at Home and at School*）を発行し，ろう児を対象とする社会適応訓練等をまとめた。「社会適応訓練」はsocial adaptation trainingの日本語訳であり，障害児・者の社会への適応

を促進するための訓練である。このような訓練は，障害児・者の社会的な能力を高める視点で実施されてきたものであり，社会リハビリテーションの中核となるべき課題であると考える。しかし「社会適応訓練」の用語には，障害児・者を取り巻く環境の問題が十分に認識されず，障害のない市民を中心に構成されている社会に適応するために，障害のある側だけに一方的に努力を求めているようなニュアンスを感じさせるものがあり，この用語を使うことがためらわれた時代もあった。

また，モニカ・エスナード（Esnard, M.）国際赤十字連盟保健社会サービス局次長は，「赤十字と身体障害者のリハビリテーション」において，国際赤十字連盟および各国の赤十字社が障害者のために実施している事業を挙げ，「社会リハビリテーションは，身体的・精神的リハビリテーションと並行して行われることが多いが，一人ひとりが自分に自信をもてるように特別の配慮が必要である」と記述し，障害者自身が自信をもって前向きに人生を歩むための支援の重要性を指摘している。

さらに，ボーイスカウト世界連盟訓練次長のニュービィ（Newby, G. R.）は，「ボーイスカウト活動をみんなに」とのテーマで，障害をもつ青少年の社会問題を解決するために実施しているボーイスカウト活動が果たしている役割をまとめ，「世界中の障害青少年のために，ボーイスカウト活動は冒険に富んだ力試しの機会を与えるプログラムを実施し，このようなプログラムにより，できる限り一般社会に彼らを受け入れ，彼らが同等の立場に立てるように援助してきた」と，障害をもつ青少年の年代に応じた具体的なプログラムを紹介している。以上のように扱われている内容は，「社会生活力」として規定される内容に対応しており，すでに1970年代に赤十字やボーイスカウトの活動として実施されており，そのような課題についての認識があったことは注目に値するといえる。

さらに，『国際リハビリテーションニュース』の最終号となったNo.25には，リハビリテーションの社会・心理的側面（socio‐psychological aspects）についての重要な記述がある。障害のある人に自己選択・自己決

定する機会が保障され，社会に正々堂々と参加できるようになるための支援の必要性が指摘されている。障害のある人の将来を決定づけるのは，その人のもつ障害ではなくその人のもつ能力であるとし，本人が自己決定し，社会参加していく力を習得するための支援の重要性が打ち出されている。ここに，新たな社会リハビリテーションとしての課題である「社会生活力を高めるための支援」の必要性が，すでに提起されていたといえる。

　また，障害者のためのサービスを提供している諸機関が，障害当事者自身の活動を促進するとともに，障害者に適切な訓練の機会が提供され適切な資格が与えられるならば，彼らが障害者を代表し自分たちの問題にもっと効果的に取り組めるようになるという，今日の「エンパワメント」の視点もすでに打ち出されている。ここにも，社会リハビリテーションとしての重要な対象範囲と課題が提起されるとともに，障害当事者参画の重要性と，障害当事者自身が専門職となることによるエンパワメントの実践理念の重要性が指摘されている。

　最終号にはさらに，「リスクを冒す権利」や「参加する権利」について，「一般社会へ障害者が参加する場合には多少の危険性を伴う。愚かな危険性は避けるべきであるが，リスクを冒す権利（the right to risk）は豊かな充実した生活を願って参加する権利（the right to participate）の表裏である」と述べられている。ノーマライゼーションの視点から，自己決定やリスクを伴う社会参加の重要性が強調されているのである。

　以上のように，1960年代後半から1970年代半ばまでの社会リハビリテーションの対象範囲と課題を整理すると，表2-5のようになる。①社会保障や社会福祉の制度やサービス，②環境改善への取り組み，③地域社会での生活の実現と社会参加の促進，④人生を豊かにする取り組み等であった。障害児・者を取り巻く環境とも関係はあるが，環境を使いこなしながら一人ひとりが人生を選択し，QOLの高い生活をいかに実現していくかという課題である。これは必然的に，障害当事者が自分の人生をどのように生きていきた

表2-5　社会リハビリテーションの対象範囲と
　　　　課題（1960年代後半～1970年代前半）

1. 社会保障・社会福祉の制度・サービス
2. 環境改善への取り組み
3. 地域生活の実現と社会参加の促進
4. 人生を豊かにする取り組み
5. 社会生活力を高める取り組み

いかを考え，それを可能とするための情報提供をし，障害当事者がたくさんの選択肢のなかから自己選択・自己決定して生きていくことの保障へとつながる課題である。

　また，⑤の社会生活力を高める取り組みが，社会リハビリテーションの対象範囲・課題として，中核に位置づけられなければならないことも認識されていたといえる。障害当事者が自分の障害を正しく理解し，自分でできることを増やし自立度を高めるために，リハビリテーションサービスを活用し能力を高めること，また，自分でできない部分については，公的なサービスを権利として活用することが必要である。さらに，公的サービスだけでなく，家族・親族・友人・職場の同僚・近隣者・ボランティアなどとの良い人間関係を築き，良いコミュニケーションを図り，彼らからのインフォーマルサポートを得て地域社会において諸活動に参加し，生き甲斐のある生活をすることも不可欠であろう。このような社会生活を築くためには，「社会生活力」を高めるプログラムが必須と考えるが，このことはすでに1970年代に認識されていたのである。

第3節　社会リハビリテーションの諸定義

　リハビリテーションへの取り組みが国際的に活発になった1960年代後半から，国際リハビリテーション協会社会委員会が社会リハビリテーションの定義を採択した1986年までの，約20年間における社会リハビリテーション

の国際的な発展経過を，国内および海外の幅広い文献から検討した。その結果，国際的に認められている代表的な三つの定義（概念）と，わが国において社会リハビリテーション分野の第一人者であった小島蓉子による定義が明らかになった。

1．WHOによる「社会リハビリテーション」の定義（1968）

1968年に世界保健機関（WHO）が，スイスのジュネーブで「医学的リハビリテーションに関するWHO専門家委員会」を開催し，その報告書に，①リハビリテーション（Rehabilitation），②医学的リハビリテーション（Medical Rehabilitation），③社会リハビリテーション（Social Rehabilitation），④職業リハビリテーション（Vocational Rehabilitation）の諸定義がまとめられたが，そこで定義された「社会リハビリテーション」は，表2-6のとおりである。

WHOのこの定義によると，社会リハビリテーションは，①家庭，地域社会，職場等への適応を援助すること，②リハビリテーションを受けている期間の経済的・社会的負担を少なくすること，③障害のある人が社会に統合または再統合すること，の3点を目的にしていると整理できる。①はソーシャルワーカー等による社会適応への支援であり，②は障害のある人への各種社会福祉サービスの提供である。これらを通して，障害のある人の社会復帰を

表2-6 WHOによる「社会リハビリテーション」の定義（1968）

障害者が家庭，地域社会，職業上の要求に適応できるように援助したり，全体的リハビリテーションのプロセスを妨げる経済的・社会的な負担を軽減し，障害者を社会に統合または再統合することを目的としたリハビリテーションプロセスの部分である。

The part of the rehabilitation process aimed at the integration or re-integration of a disabled person into society by helping him to adjust to the demands of family, community and occupation, while reducing any economic and social burdens that may impede the total rehabilitation process.

援助するとしているのである。このWHOの定義によると,「社会リハビリテーション」は「障害者福祉」の実践と同じではないかと理解されてしまうことを否定できない。わが国におけるリハビリテーション関係医師等が,「社会リハビリテーション」は「障害者福祉」であると理解していることが多いのは,このWHOの定義に基づいていることが推察される。

2. RIによる「社会リハビリテーションの将来のための指針」における概念（1972）

ニューヨークに本部を置く国際リハビリテーション協会（Rehabilitation International：RI）は,国連経済社会理事会（UN Economic and Social Council：ECOSOC）やリハビリテーション・障害予防に関わる国連専門諸機関と公式関係にあり,リハビリテーションの全分野を代表する国際非政府機関（NGO）である（奥野,1997 c）。

国際リハビリテーション協会は1960年代に,リハビリテーションを構成する主要分野を担当する医学委員会,教育委員会,職業委員会,社会委員会等を常設委員会とし,これらの四つの委員会は1969〜72年にかけて,リハビリテーションのそれぞれの分野の役割や機能を明確化するために,リハビリテーションの4分野におけるそれぞれの「将来のための指針」（ガイドライン）（Rehabilitation Guidelines for the Future in the Medical, Vocational, Educational and Social Fields）を検討した（Rehabilitation International, 1972）。

RI社会委員会においては,1969年にアイルランドのダブリンで開催された第11回リハビリテーション世界会議期間中に開かれた社会委員会において,「社会リハビリテーションの将来のための指針」（Guidelines for the Future in Social Rehabilitation）について検討を開始し,1972年8月にオーストラリアのシドニーで開催された第12回リハビリテーション世界会議において,「社会リハビリテーションの将来のための指針」が採択された（Rehabilitation International, 1972）。

シドニーで開催された第12回リハビリテーション世界会議に先立ち，プレ・コングレスセミナーとして，ブリスベンにおいて「障害者のための社会計画」のテーマでRI社会委員会主催の国際セミナーが開催された。その参加者によって「社会リハビリテーションの将来のための指針案」が検討され，さらにRI総会において全参加者に対し会期中に意見の提出を要請し，それらを集約して「社会リハビリテーションの将来のための指針」が採択されたのである。

　本指針において「社会リハビリテーションとは」は具体的に定義されていないが，その冒頭に「社会委員会の関心の焦点は，身体もしくは精神に障害のあるすべての人びとの生活条件および個人の福祉を向上することである」（The focus of concern of Rehabilitation International, and especially of its Social Commission, is to enhance the life conditions and personal well-being of all people who have physical or mental disabilities）と明記された。これによると，社会リハビリテーションは，障害のある人の生活条件と福祉を向上させることが目的であるとしているのである。この限りにおいては，「社会リハビリテーション」は「障害者福祉」と同じように理解される可能性があるといえる。

　本指針は，1948年に国連総会で採択された「世界人権宣言」（The Universal Declaration of Human Rights）を重視し，同宣言に表明されている市民自由権，参政権，社会権，経済自由権，文化活動権等は，個人の自由と責任，個人・団体・コミュニティの参加，人間としての尊厳や生きがいを保障するものであると，指針の冒頭で確認している。これらを実現するために，RI社会委員会が取り組まなければならない課題として，物理的，社会的，経済的，心理的環境に直接関係する生活諸条件（life conditions）を改善することを挙げている。リハビリテーションの社会的構成要素（social components）を明らかにするために，障害のある人びとをめぐる環境として，①物理的環境，②経済的環境，③法的環境，④社会・文化的環境，⑤心理・情緒的環境の5領域が挙げられた。障害のある人びとの生活条件と福祉

表2-7 「社会リハビリテーションの将来のための指針」に示された五つの環境（1972）

1. **物理的環境（The Physical Environment）**
   物理的障壁を除去することとともに，環境をコントロールする用具（devices）の開発やコミュニケーション手段の確保が重要で，建築家，エンジニア，プランナー等は障害者のニーズを考慮し，ニーズを満たす方法を提示しなければならず，建築物，交通機関，住宅など，ハード面の改善を図る。

2. **経済的環境（The Economic Environment）**
   労働は経済自立の手段として，また，それ自体に価値があるとされてきたが，労働以外の人間的な価値をないがしろにし，労働のみを重視する考え方は問題である。障害者が経済的に自立できる幅広い機会が与えられ，一人ひとりの障害者に適した労働以外の形態の活動を用意することや，生き甲斐が得られるプログラムの開発の必要性がある。具体的には，働く場の保障，日中活動の場の保障，障害年金・障害手当などの所得保障等を意味し，コミュニティの生活水準に見合った基本的経済保障を保障する。

3. **法的環境（The Legal Environment）**
   他の市民と同様に，障害者も法の下で平等に保護される権利を有することを踏まえ，障害者のニーズを満たす法律は，社会全体を対象とする法律のなかに組み入れなければならない。障害者の生活と権利を守る法律を制定するとともに，障害者に対する偏見や差別をなくすための取り組みも重要である。

4. **社会・文化的環境（The Social and Cultural Environment）**
   障害者が社会に統合化（integration）できるか否かは，社会の価値観や偏見に左右される。地域社会における偏見は，障害当事者グループにも存在している。障害者が受け入れられる社会環境をつくるために，消費者グループとしての障害当事者団体の運動，障害のある者とない者との交流の場の設定，民間機関の役割，リハビリテーション企画委員会の設置が必要である。

5. **心理・情緒的環境（The Psychological and Emotional Environment）**
   リハビリテーションの各種専門職が障害者の社会・情緒的ニーズを十分に理解していない問題，地域社会においてサービスが分散化している問題，支援サービスに継続性がないことの問題等がある。障害者に関わるあらゆる職種の専門職は，障害者の心理・社会的側面について学習するカリキュラムが必要であり，法律家・建築家・社会保険関係職員などを対象としたセミナーの開催，リハビリテーションカウンセラーの養成等が必要である。

を向上するために，これらの環境を改善することが社会リハビリテーションの課題であるとされたのである（Rehabilitation International, 1972）。これらの五つの環境の要点をまとめると，表2-7のとおりである。

この「社会リハビリテーションの将来のための指針」において明らかにされている社会リハビリテーションの概念は，「障害者福祉」によって提供される所得保障や福祉サービスの提供，働く場の保障なども含むとともに，障害のある市民を拒否している「社会」をリハビリテーションするという，マクロな役割をもっている幅広いものである。

3. 小島蓉子による「社会リハビリテーション」の定義（1978）

小島蓉子はわが国を代表し，1960年代にRI職業委員会委員を務め，1970年代にはRI社会委員会委員となり，国際リハビリテーション協会の諸活動に積極的に関わってきた。総合的リハビリテーションの概念と社会リハビリテーションとの関係について同氏は，「社会リハビリテーションは，総合的リハビリテーションの一部である以上，他の専門分野とともにリハビリテーションの底流にある人命尊重の哲学と，人間の潜在的可能性への信頼に基づく科学的態度とを共有し，その原理的な共通項をふまえて，チームの中で，医学，心理学，労働科学と，専門性の体系を異にする社会科学に基づく実践をなすものである」（小島，1978a）と記述し，社会リハビリテーションを表2-8のように定義した（小島，1978b）。

この定義により小島は，社会リハビリテーションを，①障害者の全人間的発達と権利を保障すること，②社会をリハビリテーションすること，すなわち社会をバリアフリー化すること，のように二つの目的をもつと定義した。1978年の小島の定義は，1968年のWHOの定義による「障害者福祉」に近似した概念と，1972年の「社会リハビリテーションの将来のための指針」が提起した「社会のバリアフリー化」の概念の，二つの概念を統合化し，さらに，社会関係のなかに生きる障害者自身の全人間的発達に言及することによって，障害者福祉と同じではない「リハビリテーション」の意義を強調し

表 2-8 小島蓉子の定義 (1978)

社会リハビリテーションとは，社会関係の中に生きる障害者自身の全人間的発達と権利を確保し，一方，人をとりまく社会の側に人間の可能性の開花を阻む社会的障壁があればそれに挑んで，障害社会そのものの再構築（リハビリテーション）を図る社会的努力である。

た。それは，わが国において提唱されていた，「リハビリテーションは全人間的発達を保障するものである」というリハビリテーション全体の理念を踏襲すると同時に，障害者を受け入れていないバリアのある社会を変えていくという，社会変革の側面も打ち出した定義であった。すなわち，小島は「人間の発達保障と，障害者をめぐる環境を変えていく社会改革」を強調したのである。

4. RI 社会委員会による「社会リハビリテーション」の定義 (1986)

RI 社会委員会は，1980 年代に「社会リハビリテーション」の定義の検討に取り組み，1983（昭和 58）年 6 月にフィンランドのタンペレ大学（University of Tempere）で開催された，「国際社会リハビリテーションセミナー」(International Seminar on Social Rehabilitation) において，社会リハビリテーションの定義（表 2-9）が草案された（Rissanen, 1983）。

同セミナー報告書（Rissanen, 1983）は，社会リハビリテーションの定義のあとに，社会リハビリテーションの原則として，以下の 3 項目を挙げた。

(1) 社会は，すべての市民が完全に参加できるように設計されていなければならない。障害のある者が希望する活動に参加できないとしたら，それは社会の欠陥とみなされなければならない。

(2) 障害のある者は，自分が望む人間関係・地域社会・環境を，障害のない人びとと同じように選択でき，自分のリハビリテーションの目標を自分で決定できなければならない。

(3) 上記がめざしていることは，環境における障害物や社会の欠陥を

表 2-9 国際社会リハビリテーションセミナーによる定義（1983, タンペレ）

Social rehabilitation is a process the aim of which is to attain social functioning ability. This ability means the capacity of a person to function in various social situation towards the satisfaction of his needs and the right to achieve maximum richness in his participation in society.

表 2-10 RI 社会委員会の定義（1986, ロンドン）

社会リハビリテーションとは，社会生活力（social functioning ability：SFA）を高めることを目的としたプロセスである。社会生活力とは，さまざまな社会的な状況のなかで自分のニーズを満たし，一人ひとりに可能な最も豊かな社会参加を実現する権利を行使する力（ちから）を意味する。（著者訳）

Social rehabilitation is a process the aim of which is to attain social functioning ability. This ability means the capacity of a person to function in various social situation towards the satisfaction of his or her needs and the right to achieve maximum richness in his or her participation in society.

排除・予防し，一人ひとりの能力を完全に活用することによって達成される。

フィンランドで検討された社会リハビリテーションの定義案が，1984年にリスボンで開催されたRI社会委員会においてもさらに検討され，また，1986年にロンドンで開催されたRI社会委員会およびRI総会において討議され，国際リハビリテーション協会として初めて，「社会リハビリテーション」の定義が採択されたのである（Gardeström, 1988）。フィンランドのタンペレ大学において開催された社会委員会で採択された定義（Rissanen, 1983）と，1986（昭和61）年にロンドンで採択された定義との違いは，"of his needs" が "of his or her needs" に，"in his participation" が "in his or her participation" というように，人称が男女両性に変わったのみであった（表 2-10）。

また，1983（昭和58）年にタンペレ大学での国際社会リハビリテーショ

表 2-11 国連・機会均等化の定義と原則（1993）

機会均等化とは，社会の一般的システム，たとえば，物理的，文化的環境，住宅と交通社会・保健サービス，教育と労働の機会，スポーツやレクリエーションの施設等を含む文化・社会的生活をすべての人々に利用可能にすることである。

［機会均等化の重要 2 原則］
①社会は，すべての市民が完全参加できるように作られなければならない。
②障害者はリハビリテーションのゴールを自分で決定できることが当然であり，また，どのような環境，地域，人間関係のなかに暮らしたいかという選択を，普通の市民と同じようにできることが保障されなければならない。

ンセミナーにおいて，「社会リハビリテーションの原則」として挙げられた 3 項目のうちの最初の 2 項目が，国連によって，1986 年に「機会均等化の二つの原則」（The two important principles of Equalization of Opportunities）として，表 2-11 のようにまとめられた。

以上のような経過により，1986（昭和 61）年にロンドンで開催された RI 社会委員会，および RI 総会において採択された「社会リハビリテーション」の定義は，「リハビリテーション」と「機会均等化」の分野が，1982（昭和 57）年に国連によって採択された「障害者に関する世界行動計画」においてはっきりと概念区分された背景を踏まえて，採択されたものである。したがって，RI 社会委員会によって採択された初めての「社会リハビリテーション」の定義は，社会リハビリテーションの概念から，環境を変えるというマクロな課題を削除し，障害のある人の「社会生活力」を高めるプロセスであるというように，狭義化・明確化・焦点化されたといえる。以上のような，社会リハビリテーションに関する四つの定義（概念を含む）を整理すると，表 2-12 のとおりである。

以上をまとめると，1968〜86 年までの 18 年間に，社会リハビリテーションの定義（概念を含む）は四つ出され，そのうち，①，②，④は国際的機関によって採択された定義・指針であり，③はわが国において社会リハビリテーションに先駆的に取り組んできた小島蓉子が，国際的な動向を踏まえて

表 2-12 社会リハビリテーションの概念・定義の比較

1. WHO の定義 (1968)	障害者への福祉サービスの提供，リハビリテーションを受けている期間の所得保障等の社会保障・社会福祉の側面。
2. RI 社会委員会の指針（1972）	障害者をめぐる物理的環境，経済的環境，法的環境，社会・文化的環境，心理・情緒的環境を改善することが社会リハビリテーションの課題。
3. 小島蓉子の定義 (1978)	社会関係のなかに生きる障害者自身の全人間的発達と権利を確保するとともに，社会的障壁を除去し，社会自体を改善（リハビリテーション）する社会的努力。
4. RI 社会委員会の定義（1986）	障害のある人が自分のニーズを満たし，社会参加する権利を行使する力である「社会生活力」を高めるプロセス。

提起した定義である。

　国際的には1986年以降，新たな定義は採択されておらず，④の定義が現在も国際的に公認されている定義である。1986年にこの社会リハビリテーションの定義が採択された背景には，国連が1982年に「障害者に関する世界行動計画」を採択し，このなかでリハビリテーションを「身体的，精神的，かつまた社会的に最も適した機能水準の達成を可能とすることによって，各個人が自らの人生を変革していくための手段を提供していくことを目指し，かつ，時間を限定したプロセスである」（Japanese Society for Rehabilitation of the Disabled Persons, 1994）と定義し，従来はリハビリテーションの概念に含まれていた環境の改善が，「機会均等化」（Equalization of Opportunity）の概念に整理されたことがある。したがって，1972年のRI社会委員会の指針において，社会委員会が取り組む課題として挙げた環境への取り組みは，「機会均等化」の概念に入れられ，社会リハビリテーションは障害のある人の「社会生活力」を高めることに焦点化されたことが重要である。

第3章　海外における社会リハビリテーションの概念とプログラム

第1節　海外における社会リハビリテーションの概念とプログラム

1.　社会リハビリテーションと社会生活力プログラムの展開

　社会リハビリテーションは，1968年のWHOによる定義以降，1986年にRI社会委員会による新たな社会リハビリテーションの定義が採択されるまでに，さまざまな経過があり，1986年には，社会リハビリテーションは障害のある者の「社会生活力」を高めるプロセスに明確化・焦点化されたことが，重要な視点として確認された。

　1986年にRI社会委員会によって「社会リハビリテーション」が定義された2年後の1988（昭和63）年に，東京で第16回リハビリテーション世界会議が開催され，本世界会議における一分科会「社会リハビリテーション——北欧方式」(Social Rehabilitation: The Nordic Approach) は，社会リハビリテーションとその中核的内容である「社会生活力」プログラム確立のうえで，大きな契機となった。それは，1986年の社会リハビリテーションの定義の検討に中心的な役割を果たした北欧諸国が，この分科会において，北欧が社会リハビリテーションを重視する社会的・文化的背景と，「社会生活力」を具体化する試みについて，ノルウェー，スウェーデン，デンマーク，フィンランドの4カ国が共同発表したからである (Japanese Society for Rehabilitation of the Disabled, 1989；第16回リハビリテーション世界会

議組織委員会，1989）。

　ノルウェー（Cederstam, 1989）は，「社会リハビリテーション——北欧方式」（Social Rehabilitation: The Nordic Approach）のテーマ設定の背景を説明し，北欧4カ国における共通のイデオロギーと文化的背景についてや，ノルウェーでは市町村が障害児・者サービスに責任をもっていること，1988年からは知的障害者の大型施設が廃止され，地域社会に統合化される方向等について発表し，そこに社会生活力プログラムの果たしている重要性を説明した。

　スウェーデン（Andersson, 1989）は，「自己と自己の可能性への確信」（Believe in Yourself and Your Possibility）のテーマのもとで，若い障害者が自分のニーズにあったサービス，介護，住宅や仕事を自分自身で探し出す取り組みを行い，そのような実現を援助するプログラムが実施されていることを発表した。重度障害者は，これまで長期にわたり施設生活を余儀なくされてきたことに伴い，自己決定の機会と権利が奪われてきたことを指摘し，そのような若い障害者を対象に社会リハビリテーションを実施する際の重要なキーワードとして，①情報，②助言，③支援，の三つが挙げられた。スウェーデンでは若い障害者を対象に研修会や小グループの会合を開き，そのなかで自分の考えや夢を十分に語り合う時間を大事にし，それらを通して，主体的に生きていく力である「社会生活力」を身につけることを支援するプログラムを実施していた。

　デンマーク（Schultz, 1989）は，「リハビリテーションの全体論的アプローチ」（A Holistic Approach to Rehabilitation）のテーマのもとで，ECプロジェクトによる取り組みを発表した。同プロジェクトは，事故による中途障害者とその家族への支援プログラムであり，事故後に早期に総合的なリハビリテーションサービスを提供するために開発された「ユニティ・モデル」（The Unity Model）（図3-1）について発表した。ユニティ・モデルは人生を構成する要素として，①身体，②精神，③家庭，④労働，⑤経済・法律，⑥ネットワーク・余暇活動，の6領域を挙げ，これらの領域が相互に関係し

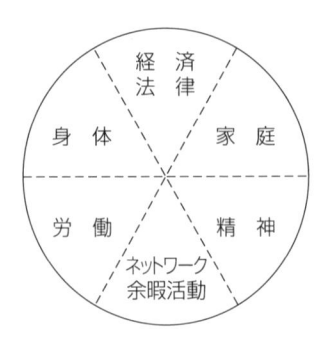

図3-1　ECプロジェクトによるユニティ・モデル

あうものであるとし，これらの6領域をそれぞれ，①治療，②適応，③再出発，の3段階の時期に分けて，さまざまな領域間で連絡・調整された支援が提供されることの重要性が主張された。ユニティ・モデルにおいては各領域間の「連絡・調整」がキーワードであり，そのような総合的なリハビリテーションサービスを提供する際に，「連絡・調整」の役割を社会リハビリテーションが担っているのである。

　フィンランド（Helenius et al., 1989）は，「新たな方向づけによる社会的統合——理論と方法」（Social Integration by Reorientation: A Theory and Method）のテーマのもとで，社会的統合が可能かどうかは，「社会生活力」を身につけているかどうかに左右されるとした。障害児が生まれたり，人生の途上で障害をもつことにより，さまざまな危機に立たされる。そこで，新たな人生を受けとめて主体的に生きていけるように支援することを「新たな方向づけ」（reorientation）と称している。そのために，適応訓練（adaptation training）を実施し，障害者やその家族が社会に統合化（integration）できるように支援している。適応訓練は，週末の2日間コース，3週間コース，さらに長期間のコースなどがあり，これらの研修会はグループ討議，講義，余暇活動などのプログラムで構成されている。ここで一番重要視されている方法は，障害についての自分の感情，体験，価値観，態度などについて，自由に発言しあうグループ討議である。

第3章　海外における社会リハビリテーションの概念とプログラム

表3-1　北欧4カ国における社会リハビリテーション実践プログラムの共通項目

1. 地域社会への統合化をめざしている．
2. 重度障害者のQOLの高い，充実した，豊かな生活をめざしている．
3. 重度障害者およびその家族が，障害をどのように受けとめたらいいかについての支援を重視している．
4. 一般社会の人びとが，重度障害者に対してどのような感情をもっているのか，それはなぜなのか，偏見・差別の行動がなぜ生じるかについて，障害当事者が学習する．
5. 重度障害者およびその家族が，自分の抱えている心理的・情緒的課題を自分で表現し，他の参加者の発言や意見を十分に聞くグループ討議を大事にしている．
6. どのような人生を送りたいかを自分で考え，自己決定・自己選択することを尊重している．
7. 職業に就くことが困難な重度障害者の生活を充実させ，人生を楽しむための手段として余暇活動を重視し，さまざまな余暇活動を楽しめるようになるための体験学習を大事にしている．

以上のように，これら4カ国による社会リハビリテーションの実践的取り組み状況により，北欧4カ国においては，障害者が自分の人生の主人公となって，QOLの高い充実した生活を送れることを意図したさまざまな取り組みが行われていた．これら4カ国の社会リハビリテーションの取り組みにおける重要な共通事項を整理すると，表3-1のとおりである．

これらの七つの共通項目のキーワードは，「統合化」「QOL」「障害受容支援」「偏見・差別」「自己決定・自己選択」「余暇活動」「グループ討議」「体験学習」などであり，職業に就くことが困難な重度障害者が地域社会のなかで，普通に充実した生活を主体的・自主的に送るための力である「社会生活力」を高め，身につけるためには，どのような方法で，どのような内容のプログラムを開発したらよいかについての示唆が得られた．

このような北欧4カ国から発表された方向性はその後，世界各国にどのように発展したのだろうか．そこで，1988（昭和63）年に東京でこの分科会が開催されてから10年以上が経過し，世界各国において社会リハビリテーションがどのように理解されているのか，また，1986（昭和61）年の定義

が受け入れられているのか，または異なる定義が使われているのか，社会生活力を高めたり，身につけるためにどのようなプログラムが実施されているか等を具体的に検討する必要性を認識し，諸外国における社会リハビリテーションの概念とそのプログラムに関する調査を，質問紙調査および実地調査により実施した。

2. 社会リハビリテーションの概念と実施状況

国際リハビリテーション協会による地域区分に基づいて，アジア，オセアニア，中近東，アフリカ，ヨーロッパ，北アメリカの6地域を挙げ，各地域の18か国（表3-2）における社会リハビリテーションの理解，社会リハビリテーションの概念・定義，社会リハビリテーションの実施状況とプログラム等の調査項目（表3-3）について，RI社会委員会委員（社会委員会委員がいない国はその国の事務局長）宛に，郵送式質問紙調査を1999（平成11）年から2000（平成12）年にかけて実施した。

また，社会リハビリテーションのプログラムとして，実際にどのようなプログラムが実施されているのかを明らかにし，わが国において社会生活力を高めるプログラムを作成するために参考となる資料を得るために，国際リハビリテーション協会主催によるリハビリテーション世界会議や，関連セミナー等の発表資料によって，代表的な国において実施されている社会リハビリテーションのプログラムを検討した。

さらに，アメリカのシカゴ市にある自立生活センター「アクセス・リビング」（Access Living of Metropolitan Chicago），フィンランドのラハティ市にある「障害者適応訓練センター」（Adaptation Training Center for the Disabeld, フィンランド語ではInvalidiliiton Sopeutumisvalmennuskeskus）において実施されている，社会リハビリテーションのプログラムを実地調査した。

表3-2 社会リハビリテーションの概念・定義とプログラムに関する調査対象国

地　域	国　名	発送国
アジア	香港, インド, 韓国, マレーシア	4
オセアニア	オーストラリア, ニュージーランド	2
中近東	クウェート, サウジアラビア	2
アフリカ	南アフリカ	1
ヨーロッパ	フィンランド, ギリシャ, ハンガリー, オランダ, ノルウェー, スウェーデン, イギリス	7
北アメリカ	カナダ, アメリカ	2
6地域		18カ国

表3-3 社会リハビリテーションの概念・定義とプログラムに関する調査項目

1. 貴国において社会リハビリテーションをどのように理解しているか。
   以下のような，1986年のRI社会委員会の定義を使っているか。
   「社会リハビリテーションとは，社会生活力（Social Functioning Ability：SFA）を高めることを目的としたプロセスである。社会生活力とは，さまざまな社会的な状況のなかで，自分のニーズを満たし，一人ひとりに可能な最も豊かな社会参加を実現する権利を行使する力を意味する」
   この定義を使っていない場合には，貴国独自の定義があるか。
2. 障害者の社会生活力を高めるために，貴国ではどのようなプログラムがあるか。
3. 貴国における社会リハビリテーションの良い実践事例を挙げてください。たとえば，これらの実践を裏づける法律，プログラムの目的・目標，プログラムの内容，カリキュラム，実施方法，参加者，これらのプログラムを実施する専門職，社会リハビリテーションを担当する組織は何か。
4. 貴国において現在実施しているプログラムマニュアル，プログラム日程など具体的な資料について，英語版があれば送付してください。

注）本調査項目は，英語で作成・送付された。また，資料について英語版を求めたのは，著者が英語以外の言語では読解できないためであった。

第2節　各国における社会リハビリテーションの概念・定義とプログラム

　回答国は10カ国であり（表3-4），回収率は55.5％であった。回収率が55.5％と低かったことは，筆者が調査票発送先の方々と面識がない場合があったこと，また，それぞれの国において「社会リハビリテーション」が現在，大きな課題として扱われていないためではないかと思われる。このような限られた内容の調査結果であるが，調査結果を，①社会リハビリテーションの概念・定義，②社会リハビリテーションの実施状況とプログラム，に分けて検討した。

1. 社会リハビリテーションの概念・定義

　社会リハビリテーションの概念・定義について，10カ国からの回答や資料から明らかになった概要は，以下のとおりである。
　アジア地域は，4カ国（香港，インド，韓国，マレーシア）に調査票を発送したが，回答国は香港と韓国の2カ国のみであった。香港では「香港リハビリテーション計画」において，社会リハビリテーションの定義が明記されている。それによると，「社会リハビリテーションは障害のある人の能力を伸ばすことを目的とした計画的かつ個別的なサービスプログラムであり，障害のある者の完全参加と機会均等化の目的を達成するために，社会への統合または再統合を促進するプロセスである」と定義されている。
　香港による社会リハビリテーションの定義は，社会保障や社会福祉または障害者福祉とは違う概念であり，「リハビリテーション」の本来の目的である障害のある人の能力を伸ばすことが第一義に挙げられ，かつ，その目的は完全参加（full participation），機会均等化（equalization of opportunity），社会への統合（integration）や再統合（reintegration）とされている。しかし，この社会リハビリテーションの定義は，リハビリテーションの

表3-4 社会リハビリテーションの概念・定義とプログラムに関する調査回答国

地域	国　名	回答国
アジア	香港，韓国	2
オセアニア	オーストラリア，ニュージーランド	2
中近東	サウジアラビア	1
アフリカ	南アフリカ	1
ヨーロッパ	フィンランド，ギリシャ，ハンガリー，オランダ	4
北アメリカ		0
6地域		10カ国

各分野を越えた全体としての「リハビリテーション」の定義と同じではないだろうか。したがって，香港においては，「社会リハビリテーション」と「リハビリテーション」の概念に違いがないように考えられる。

一方，韓国では，「障害のある者が，社会においてより質の高い生活をするために，社会生活力を最大限に高めるためのプロセスである」と定義している。このように韓国は，1986年のRI社会委員会による定義を採用している。しかし，回答への追記として，「この定義より広い意味で使われることが多く，環境の改善も含む社会統合（social integration）を意味し，全体としての『リハビリテーション』と同義に使われることも多い」と書かれており，その意味では香港の状況と似ている。

オセアニア地域は2カ国（オーストラリア，ニュージーランド）に調査票を発送し，その2カ国が回答した。オーストラリアでは「社会リハビリテーション」という用語は最近はあまり使われないが，障害分野に従事している者のほとんどは，RI社会委員会が1986年に採択した「社会リハビリテーション」の定義を理解し，かつそれに同意している。しかしオーストラリアにおいては，障害のある人が地域生活に参加するための準備訓練を意味する場合には，「生活技能訓練」（living skills training）という用語を使うことが多いと記述された。同じオセアニア地域のニュージーランドでは，1986年

のRI社会委員会の定義をそのまま使用していると回答された。ニュージーランドはRI社会委員会の活動に，長年にわたり活発に参加してきたためと思われる。

中近東地域のサウジアラビアからは，「社会リハビリテーションの概念はイスラム教の教えとして理解され，市民は障害のある者を『神の御心を表す者』としてみなければならない」と回答された。すなわち，市民は障害者を，イスラム教の宗教上の理由から大切にしなければならないとされていると理解できる。しかし，この回答が社会リハビリテーションについての回答であると理解するのは，困難であった。

一方，アフリカ地域は南アフリカのみに発送したが，南アフリカでは1986年のRI社会委員会の定義がそのまま使用されている。同国は長年にわたり，RI社会委員会の活動に積極的に参加してきたためであろう。

ヨーロッパ地域については7カ国（フィンランド，ギリシャ，ハンガリー，オランダ，ノルウェー，スウェーデン，イギリス）に発送したが，そのうち4カ国から回答が寄せられた。

フィンランドでは1986年のRI社会委員会の定義を使用しており，30年以上前から「社会リハビリテーションは，障害のある人への社会保障や経済的支援だけではない」と理解されてきた。社会リハビリテーションのプログラムに該当する内容を「適応訓練」（adaptation training）と称し，「社会リハビリテーション」は福祉サービスの提供のみではなく，障害のある人が，社会の人びとの障害者に対する態度や偏見をもつ理由を理解するとともに，そのような現実のなかで，地域社会において充実した生活をするための「社会生活力」を高めることを重視してきた。

ギリシャでは，1986年のRI社会委員会の定義をギリシャ語に翻訳して使用しており，社会リハビリテーションを総合的なリハビリテーションの一環としてとらえ，リハビリテーションの最終目的は障害のある人が環境に統合化することであると認識している。

一方，ハンガリーでは「社会リハビリテーションの独自の定義はないが，

1986年のRI社会委員会の定義に違和感はない」という回答であった。さらに1998年以降，社会リハビリテーションのプログラムが体系化されつつあると回答している。

また，オランダでは，社会リハビリテーションの概念についての合意はなく，解釈はまちまちであるとの回答であった。

以上のような各国の回答を要約すると，表3-5のとおりであり，10カ国の回答・記述内容・資料を分析すると，1986年のRI社会委員会の定義を受け入れている国は7カ国（韓国，オーストラリア，ニュージーランド，南アフリカ，フィンランド，ギリシャ，ハンガリー）であり，独自の定義をしている国は2カ国（香港，サウジアラビア）であった。オランダは，社会リハビリテーションの概念についての合意はないとの回答であった（表3-6）。

今回の調査結果から，1986年の定義を受け入れている国は70％であり，1986年の社会リハビリテーションの定義がかなり広く受け入れられてきていることが明らかになった。しかし一方では，このような観点で社会リハビリテーションを理解している国が，本調査に関心を寄せて回答したともいえる。さらに各国の定義を分析すると，香港，韓国，ギリシャの3カ国は，1986年の国際リハビリテーション協会社会委員会の定義とともに，1968年のWHOによる定義をも同時に受け入れている状況がある。

これらの回答を総括すると，社会リハビリテーションの概念・定義は，広義にとらえれば，リハビリテーションの目的として挙げられている「障害のある者の全人間的復権」を掲げ，社会への統合や再統合をめざしている。一方，社会リハビリテーションを狭義にとらえると，1986年のRI社会委員会の定義に示されているとおり，社会リハビリテーションは障害のある人が「社会生活力」を身につけるための取り組みである，と理解されていることが明らかになった（表3-7）。

表3-5　10カ国における社会リハビリテーションに関する概念・定義

1. 香港	社会リハビリテーションは障害のある者の能力を伸ばすことを目的とした，計画的かつ個別的なサービスプログラムであり，障害のある者の完全参加と機会均等化の目的を達成するために，社会の統合または再統合を促進するプロセスである。
2. 韓国	障害のある者が，社会においてより質の高い生活をするために，社会生活力を最大限に高めるためのプロセスである。
3. オーストラリア	障害分野従事者は，RI社会委員会が1986年に採択した社会リハビリテーションの定義を理解し，同意している。
4. ニュージーランド	1986年のRI社会委員会の定義を使用している。
5. サウジアラビア	社会リハビリテーションの概念は，イスラム教の教えとして理解されている。
6. 南アフリカ	1986年のRI社会委員会の定義を使用している。
7. フィンランド	1986年のRI社会委員会の定義を使用している。
8. ギリシャ	1986年のRI社会委員会の定義を，ギリシャ語に翻訳し使用している。
9. ハンガリー	社会リハビリテーションの独自の定義はなく，1986年のRI社会委員会の定義に違和感はない。
10. オランダ	社会リハビリテーションの概念についての合意はなく，解釈はまちまちである。

表3-6　1986年のRI社会委員会の定義の受け入れ状況

受け入れ状況	数	国　名
受け入れている国	7	韓国，オーストラリア，ニュージーランド，南アフリカ，フィンランド，ギリシャ，ハンガリー
独自の定義がある国	2	香港，サウジアラビア
合意がない国	1	オランダ

表3-7　社会リハビリテーションの概念・定義（広義と狭義）

広義	リハビリテーションの目的として挙げられている「障害のある者の全人間的復権」を目的とし，社会への統合や再統合をめざす取り組みである。
狭義	障害のある人が「社会生活力」を身につけるための取り組みである。

2. 社会リハビリテーションの実施状況と各種プログラム

社会リハビリテーションの実施状況とそのプログラムを問う調査項目に対して，10カ国が回答した内容は，必ずしも回答を依頼した内容を示すものではなく，記述内容はさまざまであった。その原因は，調査回答国において，「社会リハビリテーション」が常日頃意識化されていないことも想定されるが，社会リハビリテーションの事業として，従来どおり，障害者福祉サービスを挙げてきた国も多かった。それらのなかでも，それぞれの国が理解し実施している「社会リハビリテーション」や，社会リハビリテーションのプログラムを把握するにあたり，わが国において社会リハビリテーションを普及していくための参考となる回答を寄せてくれた5カ国の，社会リハビリテーションの実施状況とそのプログラムの概要は，以下のとおりである。

1）香　港

社会リハビリテーションのサービスとしては，カウンセリング，訓練，デイケア，住居の提供，施設における生活支援，移動サービス，アクセス促進，スポーツ・レクリエーション，福祉手当の給付などがある。障害者手当には所得審査はない。障害者手当のほかに所得審査を伴う社会保障扶助があり，各種区分に基づき受給者の基本的ニーズに対応する基準額，個々のニーズに対応する特別基準額が定められている。社会保障扶助を申請・受給する者は，障害者手当を受給することはできない。

障害のある者は，地域のなかで自立的に生活することが奨励されている。障害に合わない住居で生活している者は，公営住宅を申請できる。住宅局は現在，住宅特別改修事業に力を入れている。生活上のケアを必要としている障害者を対象に約5,500人分の生活の場があり，精神病回復者を対象とする31のハーフウエイハウス（中間施設）には約1,200人，慢性的精神病者には三つの長期ケアホームがあり，570人が生活している。

社会福祉局は障害者のための中央情報システムを開始したほか，レスパイトサービス，知的障害者のための在宅訓練プログラム，移動サービス，障害

児ケアサービスなどを実施しており，障害児の親のための支援センターが6カ所運営されている。また，建築法により障害のある人びとが利用できる建物の建築が義務化され，『設計マニュアル：バリアフリーアクセス』が発行された。

2） オーストラリア

1960年代から社会リハビリテーションのプログラムが開始され，視覚障害者，聴覚障害者，身体障害者など障害種別のプログラムが実施されてきた。当時は，社会リハビリテーションはリハビリテーションセンターにおいて実施され，障害者は地方から上京し，リハビリテーションセンターで寮生活をしていた。専門職の指導員によって，オリエンテーション・歩行訓練や生活訓練が実施されたが，青年，高齢者，男性，女性，既婚者，未婚者の違いがなく，すべての入所者が同じプログラムを受けていた。たとえば，中途失明する前は家事をしていなかった高齢の既婚男性が，ワイシャツのアイロンがけ，料理，風呂場の掃除など，家事の技能を身につけるための訓練を受けていた。

しかし，1970年代半ばになると状況は急激に変化した。自立生活運動がアメリカにおいて開始され，自立生活運動がオーストラリアにも紹介されると，障害のある人びとはこれまでと違ったライフスタイルを求めはじめ，自立生活を実現するために必要な訓練や支援を必要とした。これは個々のニーズに対応するものであり，個別リハビリテーション計画に基づいたリハビリテーションプログラムを行う，「コンシューマー（サービス利用者）中心」のリハビリテーションとなったのである。その後，障害のある者の自宅でリハビリテーションを教える専門家が養成され，地域における小集団や施設においても，このような地域リハビリテーションのサービスが実施されるようになった。地域で自立生活をするために学習をすると同時に，彼らの家族や近隣の人びとは，「障害のある人には自立生活をする能力があり，ケアされたり保護されるだけの対象ではない」ことを理解しはじめた。このように，障害のある人が家族や地域の人びととともに普通に生活することが，オース

トラリアにおける社会リハビリテーションの目標となった。

　介助サービスが提供されるようになったことにより，従来であれば病院退院後にナーシングホームや施設に入所せざるを得なかった重度の身体障害のある人びとは，自宅に帰ることができるようになった。大規模な施設で生活をしてきた知的障害のある人びとは，地域にあるグループホームでの生活を開始する準備として，自立生活訓練を受けるようになったのである。このような経過によって，障害のある市民に対する地域の人びととの態度が変化し，障害幼児に対する早期介入プログラムも導入され，障害幼児が家族の一員として，家族とともに身近な地域において成長できるようになった。

　今日，民間機関や公的機関による個別支援サービスとして，「生活技能訓練」（living skills training）が実施されている。しかし，社会保障給付とは異なり，生活技能訓練のようなサービスは，権利として利用できるサービスに位置づけられていない。生活技能訓練プログラムを行う中央的機関はないが，オーストラリア各地に何らかの生活技能訓練を提供する機関はある。これらの機関は，限定された特定の障害グループを対象とし，それぞれの対象グループに合ったプログラムを実施している。このような訓練は時々企画・実施されている状況であり，訓練を必要とするすべての者が，これらのサービスを常時受けられる体制にはなっていない。

3）南アフリカ

　社会リハビリテーションのサービスを受けられるかどうかは，家族の社会・文化的な立場による。南アフリカにおいてサービスの対象となるかは，個人のニーズによるのではなく，その人が生まれた家族の階層によって決まる。年齢や性別に基づく強い階層があり，個人の能力によってではなく，社会的なステータスによってサービスを受けられるどうかが決まる。しかし，現在，価値規範が変わりつつあり，「家族への依存」から「自立」へと向かっている。しかし，このような社会的状況下では，自立生活を目的とする社会リハビリテーションには限界がある。

　アメリカにおいて重要視されている自立生活様式は，アフリカには適さな

い。適切な住宅の不足，近代技術の不足，機器の製作・普及に必要とされる人材と財源の不足，厳しい経済的状況に置かれている障害者等を考えると，アメリカやヨーロッパにおいて当然とみなされている自立への希望を実現することは，南アフリカにおいては難しい。大規模な生活施設に代わるものとして小規模なグループホームが整備されており，これらは長期的な生活の場としてや，短期的に利用するショートステイとして利用されている。施設の方針決定や運営に当事者を参画させる努力が行われているが，これまで自己決定する経験のなかった入居者の管理能力や，セルフ・エンパワメントについての教育・訓練が必要とされている。

　南アフリカは 30 年以上にわたって，すべての市民にとって利用可能な環境づくりに取り組み，アクセスに関わる建築基準の法律も制定された。政府は，すべての公共建築物をアクセス可能にする 5 カ年計画に取り組んでいる。障害のある者が利用できる適切な住居を確保するための公私の住宅計画が，緊急に必要とされている。

4） フィンランド

　フィンランドでは 30 年以上前から，「社会リハビリテーションは，障害のある人への社会保障や経済的支援だけではない」と理解されてきた。1960 年代から障害者団体は，障害のある者およびその家族を対象に社会リハビリテーションのプログラムを実施してきた。これらのプログラムの目的は，障害が発生したり，障害児が生まれたために起こる人生の変化への適応を援助することである。これらは「適応訓練」（adaptation training）と呼ばれてきた。この用語は適切でないと考えられているが，ほかに適切な表現がなくてこの用語を使用してきた。適応訓練は，1972 年に制定された「リハビリテーション法」に基づく補助金によって実施されてきたが，今日では，さまざまなリハビリテーション関係機関によって経費が負担されている。実施主体は主に障害当事者団体であり，適応訓練において最も重要視されている内容は，障害当事者によるピアサポートである。フィンランド障害者協会（National Association of the Disabled）は，首都ヘルシンキから車で 3 時

間ほど西に位置するラハティ市において，「障害者適応訓練センター」（Adaptation Training Center for the Disabeld:Invalidiliiton Sopeutumisvalmennuskeskus）を運営している。

5） オランダ

　オランダにおいては，社会リハビリテーションの概念についての合意はない。数多くのリハビリテーションセンターが，リハビリテーションに積極的に取り組んでいるが，社会リハビリテーションの解釈はまちまちである。1986年の社会リハビリテーションの定義はそのままに使用されてはいないが，現在取り組まれている障害者施策は，この定義に合致しているものが多い。オランダ政府による障害者施策は，社会への完全参加，物理的環境のバリアフリー化，インテグレーションを促進するための具体的対策を行っており，必要な障害者には保護と保障を提供し，障害者施策の目標は「平等な機会」となっている。

　オランダにおいて社会リハビリテーションの具体的なプログラムは，それぞれの機関が独自に実施しており，それらの機関間での調整は行われていない。これらのプログラムは障害種別ごとに企画され，プログラムの実施前に一人ひとりの目標が立てられ，プログラム実施後にはフォローアップが行われている。オランダで実施しているプログラムのほとんどは海外から学んだものであり，その一つはアメリカで開発された生活技能訓練（social skills trainining：SST）である。本プログラムは，当初は精神障害者を対象としたプログラムであったが，現在対象者は広がり，社会生活を行ううえでの基本的な生活技能（挨拶の仕方など）を具体的なステップに基づいて実施する，実践的なプログラムとして実施されている。もう一つの代表的なプログラムは，脳外傷による高次脳機能障害者のためのプログラムである。本プログラムはドイツにおいて開発されたものであり，①診断，②オリエンテーション，③学習，④身体機能訓練，⑤情緒訓練，⑥評価，⑦フォローアップ，等のプロセスに基づいて実施されている。

以上が，調査回答国のうちの5カ国における，社会リハビリテーションのとらえ方と実施状況等である。

第3節　社会リハビリテーションの訓練プログラム事例

1986年のRI社会委員会が採択した「社会リハビリテーション」の定義において規定された「社会生活力」を身につけるためには，どのような支援とプログラムを実施したらよいのかを検討するために，海外において「社会生活力」に該当する概念のプログラムを実施している機関等を，文献によって調査した。その結果，アメリカにおいて1970年代から開始された自立生活運動（independent living movement）によって設立された，自立生活センター（Center for Independent Living：CIL）が実施している「自立生活プログラム」が参考になると考え，シカゴ市にある自立生活センター「アクセス・リビング」（Access Living：A Center for Service, Advocacy and Social Change for People with Disabilities）を実地調査した。

また，1988（昭和63）年に，東京で第16回リハビリテーション世界会議のなかで開催された分科会「社会リハビリテーション――北欧方式」（Social Rehabilitation: The Nordic Approach）において発表された，「社会生活力」を身につけるためのプログラム（Japanese Society for Rehabilitation of the Disabled, 1989；第16回リハビリテーション世界会議組織委員会，1989）を，最も具体的にまた広範囲にわたって実施していると判断したフィンランドの「適応訓練」を検討するために，フィンランドのラハティ市にある「障害者適応訓練センター」（Adaptation Training Center for the Disabeld: Invalidiliiton Sopeutumisvalmennuskeskus）について実地調査を行った。

1.　アメリカの自立生活技術訓練

アメリカでは1970年代に重度身体障害をもつ当事者グループから自立生

活運動が活発に展開され，1980年代に全米に400カ所近くの自立生活センター（Center for Independent Living：CIL）において，各種の自立生活技術訓練カリキュラムが作成・実施されていた（奥野，1981；定藤，1990）。イリノイ州シカゴにある自立生活センター「アクセス・リビング」（Access Living：A Center for Service, Advocacy and Social Change for People with Disabilities）の「自立生活技術訓練カリキュラム」（Independent Living Skills Curricula, Access Living of Metropolitan Chicago）（Carlton & Shreve, 1989）は，全米にある数多くの自立生活センターにおける自立生活プログラムを体系的に研究し，それらのなかでレベルの高い10のプログラムを調査・研究し，集大成したものである。

そこで，1996年5月に，シカゴの自立生活センター「アクセス・リビング」（Access Living of Metropolitan Chicago）を実地調査した。同センターの自立生活技術訓練プログラム作成の責任者であったカールトン（Carlton, J.）アクセス・リビング副会長に面接調査をすることが最も適切と判断し，1996年5月にアクセス・リビングの事務所において同氏を訪ねた。「自立生活技術訓練カリキュラム」を熟読したうえで訪問し，プログラム作成の意図，作成のプロセスとともに，同プログラムの実際の実施状況を明らかにする観点から，具体的な実施場所，実施時期，対象者，実施者等について聞き取り調査を実施した。

その結果，同プログラムの作成の意図は，1970年代から全米に設置された自立生活センターにおいて，自立生活訓練プログラムを実施するためのマニュアルが必要とされたために，先駆的に実施されている自立生活センターのプログラムを収集し，そのなかから，優秀なプログラムを実施している10カ所の自立生活センターのプログラムを選び出し，それらの10カ所のプログラムを検討し，それらを体系化し，集大成したことが明らかになった。

同プログラムの具体的な実施状況については，体系的・組織的に実施されているのではなく，年に何回か講習会のようなかたちで実施されていた。実施場所についても，「アクセス・リビング」の会議室で実施したり，シカゴ

市内の普通高等学校において，同校に在籍している障害のある高校生を対象に実施したりと，実施場所，実施時期についてもまちまちであり，作成されたカリキュラムは立派であるが，それらが十分に体系的に活用されていない実態がわかった。

「自立生活技術訓練カリキュラム」は1989年にまとめられ，全体で853頁もあり，重量が5.5 kgもある膨大なものである。その構成は第1部「自分について考える」(Thinking about Self)，第2部「地域について考える」(Thinking about the Community)，第3部「自分を地域に統合する」(Integrating Self into Community)の3部門から構成され，これら3部門の中に訓練項目として25のモジュールが組み込まれている（表3-8）。

同カリキュラムの目的は「訓練プログラムに参加する者の自主性を高め，地域社会における豊かな自立生活を営めるようにすること」とされている。同カリキュラムの対象者は，10代から老齢者まであらゆる年齢層の，肢体不自由，視覚障害，ろうなど各種障害をもつ人びとを対象としており，参加人数は1～20名位のどの人数でも対応可能としているが，10名位が望ましいとされている。

同プログラムは，学校，コミュニティセンターなど，どこでも実施可能とされ，実施する者をファシリテーター，訓練を受ける側を参加者と呼び，両者は上下関係でなく対等な関係「パートナーシップ」のなかで訓練を実施する考え方に立っている。ファシリテーターは参加者間での十分な話し合いを促進する役割を果たし，ロールプレイやモデリングなどの技法を活用する。同プログラムは「参加者が自分の価値体系を築き，人生を決断できるように援助する」ことをめざし，「自分を大事に思い，自分に自信がもてれば，自立生活上の諸問題はかなり解決できる」との前提に立っている。

同カリキュラムは，障害のある人が自分の性格，自己主張の仕方，人間関係，コミュニケーション，自分の権利の守り方，自分の障害の理解，さまざまな障害の理解，性・妊娠・性病，地域における社会資源，教育，住宅，交通手段，介助者，建物，時間管理，金銭管理，家庭管理等を学習することを

表 3-8 アクセス・リビング自立生活技術訓練カリキュラムの構成（1989）

第1部　自分について考える
　　　モジュール 1　自己覚知
　　　モジュール 2　自己主張
　　　モジュール 3　コミュニケーションと人間関係
　　　モジュール 4　自己擁護（アドボカシー）
　　　モジュール 5　障害の理解と障害への態度
　　　モジュール 6　障害をもつアメリカ人法（ADA）（1990）
　　　モジュール 7　セクシュアリティ

第2部　地域について考える
　　　モジュール 8　地域の社会資源
　　　モジュール 9　コンシューマー
　　　モジュール10　教育
　　　モジュール11　住宅
　　　モジュール12　交通手段
　　　モジュール13　介助（パーソナル・アシスタンス）
　　　モジュール14　建物とコミュニケーションのアクセス
　　　モジュール15　システムズ・アドボカシー

第3部　自分を地域に統合する
　　　モジュール16　時間の管理
　　　モジュール17　金銭管理
　　　モジュール18　家庭管理
　　　モジュール19　身辺の保護と安全
　　　モジュール20　保健と医療
　　　モジュール21　福祉機器
　　　モジュール22　職業生活設計
　　　モジュール23　レジャー，レクリエーション，スポーツ，趣味，興味
　　　モジュール24　育児
　　　モジュール25　人生設計

意図し，個人の生活から社会人としての生活，そして生活主体者としての生き方など，非常に幅広い領域を網羅している体系的なプログラムである。プログラムの具体的な実施方法は，グループ討議，ロールプレイ，モデリング等である。

2. フィンランドの適応訓練

　フィンランドのラハティ市にある「障害者適応訓練センター」（Adaptation Training Center for the Disabeld；Invalidiliiton Sopeutumisvalmennuskeskus）は，国際会議の場では，この英語名称を使ったり，場合によっては，「社会リハビリテーションセンター」（Social Rehabilitation Center）の英語で表現されることもあるように，社会リハビリテーションを行うセンターと位置づけられている。

　同センターにおけるプログラム実施の意図，プログラムの実際の実施状況を明らかにする観点から，具体的なプログラムの内容，実施場所，実施期間，対象者，実施者等について聞き取り調査を実施した。同センターは木造の2階建で，1階は事務室，会議室，集会室，機能訓練室，プール，調理実習室，食堂，厨房等，2階は複数の集会室，宿泊室等から構成されていた。同センターで働く職員はソーシャルワーカー，心理職，レクリエーションセラピスト，アートセラピスト，作業療法士，理学療法士，福祉用具デザイナー，セックスセラピスト，受付係，ケアワーカーなどであった。

　適応訓練の主要理念は，「自己覚知を通してのエンパワメント」（empowerment through awareness）とされている。社会に統合化するためには，障害当事者および家族と社会の両者が変わらなければならないと考えられている。障害のない市民は，障害のある人や障害のある家族に対する気持ちが複雑であり，一方，障害当事者は障害があることに対して怒りすら感じることが多い。障害のある者に対する社会の人びとの態度は，障害当事者や家族に対して心理的に大きな影響を与える。物理的バリアに目が向けられがちであるが，態度上のバリアフリー化も重要な課題であると考え，障害者とその家族がエンパワメントされることによって，社会全体がバリアフリー化されると考えられている。

　社会リハビリテーションはプロセスととらえられ，専門職者による個別支援や，適応訓練コースにおける集団指導によって支援している。フィンラン

ドにおける適応訓練は具体的には，①家族，②障害児，③青年，④夫婦，⑤祖父母，⑥男性・女性，⑦障害種別等，対象者別にプログラムが企画・実施されている。参加者が障害をもってから初めて参加するのか，新たなライフステージ（学校入学，出産，就労など）に直面しているのか，人生の転換期にあって支援が必要なのかなど，参加者の置かれているさまざまな状況によって参加するコースを選択できる。

　コースの期間は通常5日間から3週間ぐらいなどとさまざまであり，コース期間中の具体的なプログラムは，①講義，②グループ討議，③芸術活動，④スポーツ活動，⑤理学療法，⑥作業療法，⑦セックスセラピー，⑧心理士，ソーシャルワーカー，セラピストなどによる個別カウンセリング等，集団プログラムと個別プログラムによって構成されている。

　障害のある人びとに対する社会の人びと態度を実際に体験するために，劇場，レストラン，遊園地などへ出かけて行く余暇活動は，同センターのプログラムにおいて重要な活動として位置づけられている。障害をもつ以前に楽しんでいた余暇活動を再び楽しめるようになったり，これまで体験したことのない余暇活動を実際に体験することは，今後楽しめる余暇活動の種類を増やすためにも，社会リハビリテーションのプロセスとして非常に重要であると考えられている。

　同センターはこのようなプログラムを実施するとともに，障害者のレクリエーション保養所としても活用されている。また，自立生活を支えるためには，一人ひとりのニーズにあった自助具・福祉用具の開発・作成が重要視され，これらの自助具・福祉用具は，障害当事者と専門家（作業療法士や福祉用具デザイナー）が「パートナーシップ」の理念のもとで，共に開発・作成するという考え方を大事にしている。同センター滞在中に，さまざまな自助具が作成され，それを自宅に持ち帰り，質の高い，自立した生活を営むために活用されている。

　このように，障害のある人が生活していくうえで必要な自助具類を個々のニーズに合わせて作成してくれる所があることは，地域生活をしていくうえ

表3-9 「社会生活力」を高めるプログラムに重要な10項目

1. リハビリテーション（社会生活力を伸ばす）
2. ノーマライゼーション（地域での普通の生活の実現する）
3. 「生活モデル」や「社会モデル」に立つ障害当事者主体
4. コミュニケーション（話し合いによる自己理解と自信の形成）
5. エンパワメント（自己選択・自己決定による自信の形成）
6. パートナーシップ（職員と利用者の対等な関係）
7. 生活の質（QOL）を高める
8. 社会参加を促進する
9. 一人ひとりのニーズにあった個別プログラム
10. 小集団のなかで実施することの効果

で，非常に重要なサービスである。

　アメリカの「自立生活技術訓練カリキュラム」と，フィンランドの障害者適応訓練センターの活動から抽出できた観点は，今後わが国に「社会生活力」を高めるためのプログラムを体系化する際に重要なものであることが明らかになり，それらを構成する10項目は，表3-9のように整理することができた。

第4章　わが国における社会リハビリテーションに関わる規定と事業

　わが国においては，1949（昭和24）年に身体障害者福祉法が制定施行されて以来，身体障害者福祉審議会答申，障害者基本計画，障害者プランなどにおいて，社会リハビリテーションがどのように言及・記述されてきたのであろうか。わが国における障害者福祉とリハビリテーションは，1949（昭和24）年の「身体障害者福祉法」，1960（昭和35）年の「知的障害者福祉法」（制定当時，精神薄弱者福祉法），1995（平成7）年の「精神保健と精神障害者の福祉に関する法律」（精神保健福祉法）によって規定され，それらの法律に基づいてさまざまな事業が実施されてきた。さらに，これらの法改正や事業の改変は障害関係審議会による答申や，障害者基本計画等によって推進されてきた。社会リハビリテーションに関わる事業がわが国において実施されるか否かは，障害関係の審議会の答申や障害関係諸法律に，どのように規定されているかにかかっているともいえる。

　したがって，社会リハビリテーションに関わる事業の根底を支えている身体障害者福祉審議会答申，障害関係諸法律における社会リハビリテーションの規定や，実施されてきた社会リハビリテーションに該当する事業について検討し，これまでわが国において社会リハビリテーションがどのように扱われてきたか，社会リハビリテーションがどのように政策に反映されているかの経過と現状を明らかにするとともに，その状況をもたらしている原因について検討したい。

第1節　身体障害者福祉審議会答申，障害者基本計画，障害者プランにおける社会リハビリテーション

身体障害者福祉審議会答申，障害者基本計画，障害者プラン等における「社会リハビリテーション」に関する言及を探すと，以下のとおりであった。

1. 身体障害者福祉審議会答申

1965（昭和40）年に「理学療法士及び作業療法士法」が制定され，医学的リハビリテーションの根底を支える専門職である理学療法士と作業療法士の養成が開始された。また1968（昭和43）年に，わが国において初めてのリハビリテーション関係の国際会議であった「第3回汎太平洋リハビリテーション会議」が東京で開催された。これらの事象によって，1960年代にわが国においてリハビリテーションへの取り組みが本格的に開始されたといえる。このように，リハビリテーションの草創期（14頁の表1-4，参照）に，リハビリテーションの一分野である社会リハビリテーションがどのように扱われていたかを明らかにするために，当時のリハビリテーションの主対象であった身体障害者に焦点をあて，それ以降の「身体障害者福祉審議会」の答申における社会リハビリテーションに関わる言及を検討すると，次のとおりである。

1）答申「身体障害者福祉法の改正その他身体障害者福祉行政推進のための総合的方策」（1966）

1966（昭和41）年に，身体障害者福祉審議会会長から厚生大臣宛に「身体障害者福祉法の改正その他身体障害者福祉行政のための総合的方策」の答申がなされ，同答申第1部「総論」第1章「身体障害者対策の目的と必要性」において，「社会的リハビリテーション」が以下のように言及されている。

医学的リハビリテーション技術の進歩は，これらの人々が身体障害者となることを防止し，又は軽度の障害で回復することを可能とするようになった。また障害が残った人びとに対する社会的リハビリテーションや職業的リハビリテーションの技術の発達は，それらの人々を社会復帰させることに大きな期待を持たせるようになった。

　　　　　　　　　　　　　　　（身体障害者福祉審議会，1966）

　このように，1966（昭和41）年当時は，「社会的リハビリテーション」（当時は「的」が入っていた）は職業的リハビリテーションとともに，社会復帰のための方法として記述されている。
　さらに，同第3章「身体障害者対策の体系」において，「『リハビリテーション』という用語は，身体障害者の社会復帰，援護の措置のすべてを指す場合もあるが，本答申においては，理学療法，作業療法，外科的手術，社会適応訓練，職業訓練等その人の障害を軽減し残存能力を向上させるための技術的措置を意味することにする」と，リハビリテーションの意味する範囲を限定し，障害を軽減し残存能力を向上するための具体的な方法として使用されている。ここにそれらの一つとして列挙された「社会適応訓練」は，社会リハビリテーションの対象範囲としての具体的な訓練を意味し，「社会適応訓練」は日常動作や社会生活を可能とするための訓練であるとしている。
　同答申第2部「各論」の第3章は，「社会的リハビリテーション」を表題とし，その第1節に「社会的リハビリテーションの意義」が以下のように記述されている。

　従来のリハビリテーションにおいては，医学的リハビリテーションと職業的リハビリテーションが重視され，不十分ながらも一応の成果をあげている。しかしながら，医学的，身体的に機能が改善され，適当な職業訓練を受けて，適当な職場に就職できたとしても，なおかつ更生に成

功しない数多くの例が見受けられる。これは，社会的リハビリテーションという第三の重要な要素に欠けていたからである。

（身体障害者福祉審議会，1966）

このように，リハビリテーション全体において「社会リハビリテーション」が欠落してきたこととともに，そのの重要性が指摘されている。さらに，「リハビリテーションの本質は残存機能の回復や職業能力の向上に限られるものではなく，身体障害がもたらす個人生活，社会生活におけるあらゆるハンディキャップを対象とし，そのハンディキャップを除去したり，軽減することにある」とし，身体機能や職業能力の向上ばかりでなく，社会生活に復帰するために，社会リハビリテーションが必須であることが記述されている。

「社会的リハビリテーション」の内容としては，「心理的更生指導」と「生活適応訓練」が挙げられている。さらに，社会的リハビリテーションを実施する機関や専門職として，身体障害者更生援護施設，身体障害者更生相談所，福祉事務所，それら施設や機関における生活指導員，心理判定員，身体障害者福祉司，および社会福祉主事を挙げているが，そのいずれについても十分行われているとは言いがたい現状にある，と当時の問題状況が指摘されている。

以上のように，現在から約40年前の1960年代半ばに，すでに，社会リハビリテーションの重要性が指摘されていたのである。

さらに同答申第3章第3節「生活適応訓練」においては，その目的，方法，内容等が，以下のようにまとめられている。

生活適応訓練の目的と方法は，障害の種類，障害程度，障害を受けた時期等によって異なるが，大別すれば，基礎訓練と応用訓練の二つに分類することができる。基礎訓練とは，例えば視覚障害者に対する聴覚訓練や触覚訓練のような感覚訓練，右腕を失った者に対する左腕の代償機

能訓練等，日常生活の基礎訓練である。応用訓練とは，視覚障害又は肢体不自由を有する主婦に対する家事訓練，視覚障害者又は聴覚障害者に対する会食作法指導，バス電車等の乗車指導，集団生活指導等，二つ以上の基礎訓練を組み合わせて，日常生活又は社会生活に適応させることを目的とする訓練である。

(身体障害者福祉審議会，1966)

　以上のように詳述されている「生活適応訓練」は，リハビリテーションにおける新たな分野であるとし，今後の課題として，専門職員の充足と資質の向上，生活適応訓練の体系化とその具体的な内容の確立，生活適応訓練に関する研究の必要性が挙げられている。わが国におけるリハビリテーションに関する初めての国際会議であった「第3回汎太平洋リハビリテーション会議」が開催された1968年の，その2年前である1966年に，社会リハビリテーションの概念や対象範囲が，このように詳細に身体障害者福祉審議会の答申に挙げられていた。

　このことは，約40年後の現在なお，わが国において社会リハビリテーションが正しく理解されていないことや，「社会リハビリテーション」が「障害者福祉」や「障害者施策」と同じであるかのように考えられている現実から考えると，非常に意外であった。わが国におけるリハビリテーションの確立期初期にあたる1960年代後半は，リハビリテーションに関わる先駆者・研究者がリハビリテーションの理念や実施内容についても，欧米先進諸国から具体的に学んでいる時期であったため，そのような先駆者・研究者が身体障害者福祉審議会委員として任命され，社会リハビリテーションのあるべき内容が審議会答申に反映されていたと推察できる。

2) 答申「昭和41年の本審議会答申以後の諸情勢並びに今後の社会経済情勢の変動に対応する身体障害者福祉施策」(1970)

　前述1)の答申が出された4年後の1970(昭和45)年に，身体障害者福祉法制定の20周年を迎えた。それを記念して，1970(昭和45)年に身体障

害者福祉審議会会長から厚生大臣宛に提出された答申,「昭和41年の本審議会答申以後の諸情勢の変動に対応する身体障害者福祉施策」の第2章「身体障害者のリハビリテーション推進のための諸方策」において,「リハビリテーションの範囲」が以下のように記述されている。

　　身体障害者のリハビリテーションを大きく分けると身体的残存能力を回復させ,かつ身体障害者の職業的,教育的,心理的,社会的能力を回復させ,または新たな能力を獲得させるための技術的措置を意味する狭義のリハビリテーションの分野と,それに加えてリハビリテーション期間中の,または障害が存するために起こる経済上,生活のハンディキャップを補うための援護の分野も包含する場合があるが,この答申においては『リハビリテーション』とは,前者の狭義のリハビリテーションをさすことにする。さらに,狭義のリハビリテーションは,手術,理学療法,作業療法,言語治療,日常動作訓練等,医学的手段を用いて,身体的機能障害の進行を可能な限り防止し,残存能力を向上させるための医学的リハビリテーションと,その前後に行われる社会適応訓練,職業能力の回復,開発を目的とする職能訓練及び職業訓練等の社会的,職業的リハビリテーションに分けることができる。
　　　　　　　　　　　　　　　　　　　（身体障害者福祉審議会,1970）

　本答申において,狭義のリハビリテーションとして,機能回復訓練や社会適応訓練,職能訓練,職業訓練を挙げ,これらを医学的リハビリテーション,社会的リハビリテーション,職業的リハビリテーションとし,もう一方の,広義のリハビリテーションの概念に,障害者福祉サービスの提供や所得保障を入れている。このような答申の記述によると,狭義のリハビリテーションは,障害当事者の能力を伸ばす教育的な取り組みであると理解でき,一方,「リハビリテーションの期間中の,または障害が存するために起こる経済上,生活のハンディキャップを補うための援護の分野も包含する」と記

述された広義のリハビリテーションは，いわゆる「障害者福祉」であるというように，リハビリテーションの概念を，狭義と広義に分けて整理されていた。

また，同章の3「身体障害者更生援護施設におけるリハビリテーションの充実」において，「施設における心理的，社会的，職業的リハビリテーションの拡充強化」が必要であるとし，「心理，社会的リハビリテーションには，動機づけ，カウンセリング，心理療法，ケースワーク，生活指導，自治的活動指導，クラブ活動，行事，後保護指導があるが，生活指導の中には，家事，育児の仕方や，家庭における応急手当の仕方等の訓練も当然含めるべきであろう。また，作業療法，日常生活動作訓練（ADL），肢体不自由者の歩行訓練は，主として医学的リハビリテーションの一環として実施されるものであるが，施設の特性に応じ，心理，社会的，職業的リハビリテーションと併せて，これらの訓練を行う場合の実施体系を確立する必要がある」と指摘している。これらの記述は，リハビリテーションの内容を確認する意味で，現在も重要な記述である。

以上のように，1970（昭和45）年に出された身体障害者福祉審議会答申において，「社会リハビリテーション」の具体的な内容としてケースワーク，生活指導が挙げられ，さらに「生活指導」の具体的な内容として家事，育児に関する指導などが言及されている。したがって，生活指導員（ソーシャルワーカー）によって実施される「生活指導」には，社会リハビリテーションとしての取り組みがすでに含まれていたといえよう。

本答申は1968（昭和43）年に東京で開催された「第3回汎太平洋リハビリテーション会議」の2年後に出されたものであり，国際会議において議論された成果が生かされており，医学的リハビリテーションとともに心理的リハビリテーション，社会的リハビリテーションの重要性，さらに，職業的リハビリテーションも含めたリハビリテーション全分野の連携の必要性が，このような早い時期にすでに指摘されていたのである。現在，リハビリテーション分野間の連携が欠けるための問題点が指摘されているが，今から

3） 答申「今後における身体障害者福祉を進めるための総合的方策」（1982）

さらにその12年後の1982（昭和57）年に，身体障害者福祉審議会答申「今後における身体障害者福祉を進めるための総合的方策」が出された（身体障害者福祉審議会，1982）。この年は，わが国において官民一体となって精力的に取り組まれた，1981（昭和56）年の「国際障害者年」（International Year of Disabled Persons：IYDP）の翌年であった。本答申の「前文」に，審議の基本的前提として，表4-1の5項目がまとめられており，2004（平成16）年現在の障害者福祉における課題とされている内容と同様に，地域における自立生活のための条件整備，障害者を自立・自助の主体とすること，関連施策の総合的推進，ライフサイクルに沿った施策の一貫性等が挙げられている。

これらの基本的前提は23年前に同答申が出された当時の課題であったが，これらの課題は，現在の課題としてもそのまま残されているといえよう。

また，同答申第1章「身体障害者福祉の基本理念」において，「リハビリテーションの理念」について，「リハビリテーションの理念の根底にあるものは，障害者も一人の人間として，その人格の尊厳性をもつ存在であり，その自立は社会全体の発展に寄与するものであるという立場に立つものである。リハビリテーションは第三の医学といわれることもあるが，それは単に運動障害の機能回復訓練の分野をいうのではなく，障害をもつ故に人間的生活条件から阻害されている者の全人間的復権をめざす技術及び社会的，政策的対応の総合的体系であると理解すべきである」とし，さらに「リハビリテーションは，中途障害者の社会復帰のように理解されがちであるが，生まれながらの障害者が能力や体験，社会関係などを新たに獲得していくハビリテーションをも含むものである。つまり，リハビリテーションの基調は，主体性，自立性，自由といった人間本来の生き方であって，その目標は，必ずしも職業復帰や経済的自立のみではないことを理解しなければならない」と，

表 4-1 身体障害者福祉審議会答申「今後における身体障害者福祉を進めるための総合的方策」(1982)における基本的前提

1. リハビリテーションの理念を踏まえ，身体障害者福祉施策の体系を見直しする。
2. 家庭や地域での自立生活を可能とするための条件を整備する。
3. 身体障害者を単に保護すべき客体としてではなく，自立・自助すべき主体としてとらえて施策を再構築する。
4. 身体の障害を社会的不利としないために，関連施策の総合的推進に努める。
5. 身体障害者のニーズをライフサイクルに沿って充足しうるような，施策の一貫性に努める。

リハビリテーションの一分野である「社会リハビリテーション」の内容を記述しているかのように，障害当事者の主体性，自立性，自由の保障の重要性挙げて，リハビリテーションの理念が解説されている。

さらに，同答申第4章「身体障害者福祉対策改善のための方策」において，「在宅福祉対策の方向」の一つとして「基礎的生活訓練について」の項目があり，「身体障害者の自立生活を促進するためには，物的整備だけでなく，むしろ家庭や地域で自立して生きていける人作りに向けてのリハビリテーションが重要である。それには，家庭における日常生活の訓練，コミュニケーション訓練，自立心と社会常識の育成，健康の自己管理，社会資源を使いこなす知識と自己責任の果たし方に関する教育等が，自立生活に向かう訓練の内容として要求される。具体的には，盲人の歩行訓練や家庭生活訓練，聴覚・言語障害の職能訓練，言語治療及び喉頭摘出者の発声訓練等は特に強化される必要があろう。今後の身体障害者更生援護施設においては，特に中途障害者の増加等に着目し，身体障害者の自立生活のための基礎的生活能力の訓練の場としての内容充実が望まれる」と，まさに現在，ニーズが高くなっている地域生活への移行の準備課題や，地域社会のなかで生きる力である「社会生活力」を高める取り組みの重要性が，具体的に記述されているのである。

以上のように，身体障害者福祉審議会において，「基礎的生活訓練」の内

容として挙げられている諸訓練や指導の内容が，まさに社会リハビリテーションとして取り組むべき課題であった。

2. 障害者対策に関する新長期計画

総理府（現・内閣府）に1980（昭和55）年から設置された，障害者対策推進本部（現・障害者施策推進本部）によって，1993（平成5）年3月に「障害者対策に関する新長期計画——全員参加の社会づくりをめざして」が策定された（総理府，1993）。この「障害者対策に関する新長期計画」は，障害者基本法第9条に規定されている，政府が策定しなければならない「障害者基本計画」とみなされた。

この新長期計画の理念は，「リハビリテーション」と「ノーマライゼーション」であり，施策分野として，①啓発広報，②教育・育成，③雇用就業，④保健・医療，⑤福祉，⑥生活環境，⑦スポーツ，レクリエーションおよび文化，⑧国際協力，の8分野が挙げられ，リハビリテーションについては，「リハビリテーション医療」や「職業リハビリテーション」の推進が必要であると記述されている。しかし，この新長期計画には，社会リハビリテーションそのものに関する言及はまったくない。ただし，1972年にRI社会委員会によって採択された「社会リハビリテーションの将来のための指針」において，社会リハビリテーションの取り組み課題とされた「生活環境の改善」については，詳細にわたって記述されている。したがって，1980年にわが国において策定された「障害者に関する新長期計画」においては，「社会リハビリテーション」という用語や表現はまったく見られないが，障害者にとって暮らしやすい生活環境へと改善する，ハード面の「バリアフリー化」への取り組みの重要性が挙げられていた。

3. 障害者プラン

1995（平成7）年12月に策定された「障害者プラン——ノーマライゼーション7か年戦略」は，「障害者対策に関する新長期計画」を具体的に推進

していくための重点施策実施計画であった（総理府，1995）。1996（平成8）年度から2002（平成14）年度までの7カ年計画である「障害者プラン」は，新長期計画が掲げる「リハビリテーション」と「ノーマライゼーション」の理念を踏まえ，①地域で共に生活するために，②社会的自立を促進するために，③バリアフリー化を促進するために，④生活の質（QOL）の向上をめざして，⑤安全な暮らしを確保するために，⑥心のバリアを取り除くために，⑦わが国にふさわしい国際協力・国際交流を，の七つの視点から施策の充実を図るとされた。

第一の視点である「地域で共に生活するために」の第4項「介護等のサービスの充実」の，(4)「重度化・高齢化への対応及びサービスの質的向上」において，「障害者が生活機能を回復・取得するために必要な医療，機能回復訓練，障害者の年齢等に応じた社会生活訓練等についての研究及び開発を推進する」と記述された。ここにおける「社会生活訓練等」が社会リハビリテーションのプログラムに該当するが，社会生活訓練の内容に関する具体的な記述はない。

4. 新たな障害者基本計画と障害者プラン

2002（平成14）年12月に「障害者基本計画」が閣議決定され，同時に障害者施策推進本部においてその具体的目標を定める「重点施策実施5か年計画」（障害者プラン）も決定された（内閣府，2002a，2002b）。障害者基本計画の計画期間は，平成15（2003）年から24（2012）年度の10年間で，その理念は，①ノーマライゼーション，②リハビリテーション，③共生社会の実現，の三つであり，これまでの「障害者基本計画」の二つの理念であった「リハビリテーション」と「ノーマライゼーション」に，「共生社会の実現」が追加された。これにより，地域において障害のある人もない人も，お互いに協力し共助の社会を築く必要性が謳われている。「障害者基本計画」の四つの横断的な視点として，①社会のバリアフリー化，②利用者本位の支援，③障害の特性を踏まえた施策の展開，④総合的かつ効果的な施策の推進，が

挙げられ，さらに四つの重点課題として，①活動し参加する力の向上，②活動し参加する基盤の整備，③精神障害者施策の総合的な取り組み，④アジア太平洋地域における域内協力の強化，が挙げられた。

この「障害者基本計画」において，「社会リハビリテーション」に関わる言及を探すと，「Ⅲ　分野別施策の基本的方向」の「2　生活支援」のなかの「②　在宅サービス等の充実」における，「ウ　自立及び社会参加の促進」の下位項目が該当するであろう。

同下位項目において「地域での自立生活を支援するため，情報提供，訓練プログラムの作成，当事者による相談活動等の推進を図る。特に，当事者による相談活動は，障害者同士が行う援助として有効かつ重要な手段であることから，更なる拡充を図る。障害者が社会の構成員として地域で共に生活することができるようにするとともに，その生活の質的向上が図られるよう，生活訓練，コミュニケーション手段の確保，外出のための移動支援など社会参加促進のためのサービスを充実する」と，地域での自立生活を支援するために，訓練プログラムの作成や障害当事者による相談活動の必要性が挙げられている。これらは，地域で生活できるように支援すること，生活の質を高めること，社会参加を促進すること等を目的としており，まさに社会リハビリテーションの取り組みを意味しているのである。

さらに，「④　施設サービスの再構築」における「ア　施設等から地域生活への移行の促進」の下位項目において，「障害者本人の意向を尊重し，入所（院）者の地域生活への移行を促進するため，地域での生活を念頭においた社会生活技能を高めるための援助技術の確立などを検討する」と記述し，社会リハビリテーションのプログラムに該当する「社会生活技能を高める」ための援助技術の確立等を検討する必要性が指摘され，「社会リハビリテーション」にとって重要な記述がなされている。

2003（平成15）年からのわが国における10カ年計画である新たな「障害者基本計画」には，社会リハビリテーションに関わる言及がこのように具体的になされているが，一方，「障害者基本計画」の前期5年間において重点

的に実施する施策・達成目標・具体的な推進方策が数値目標とともにまとめられている「重点施策実施5か年計画」（障害者プラン）においては，社会リハビリテーションに該当する記述はまったくない。障害者基本計画の障害者政策課題としては，「在宅サービスの充実」や「施設サービスの再構築」として，社会リハビリテーションのプログラムの必要性が挙げられているにもかかわらず，その具体的な実施計画として位置づけられている「重点施策実施計画」には，まったく記述されていない。10カ年計画である「障害者基本計画」は理念と基本方針を定めたものであるが，その前期5カ年の「重点施策実施計画」においては，社会リハビリテーションに関わる具体的な取り組みは，重点実施施策としては位置づけられていないのである。

第2節　障害関係諸法律における社会リハビリテーションに関わる規定

　身体障害者福祉法，知的障害者福祉法，精神保健及び精神障害者福祉に関する法律，および，障害者自立支援法において，社会リハビリテーションがどのように言及されているかをまとめると，以下のとおりである。

1.　身体障害者福祉法における規定

1）身体障害者福祉法

　1949（昭和24年）に制定された「身体障害者福祉法」は，その後改正を重ね，さらに，2005（平成17）年の障害者自立支援法の制定に伴い，2006（平成18）4月と10月に改正されている。同法は，同改正により第1条（法の目的）に「障害者自立支援法と相まつて」と明記され，身体障害者の自立と社会経済活動への参加を促進するため，身体障害者を援助し，必要に応じて保護し，身体障害者の福祉の増進を図ることを目的としている。身体障害者自ら能力を活用し，社会経済活動に参加するための努力を求め，社会を構成する一員として社会，経済，文化その他あらゆる分野の活動に参加

する機会を与えられるものとしている。国および地方公共団体に対しては，身体障害者の自立と社会経済活動への参加を促進するための援助と必要な保護を総合的に実施することを，国民に対しては，社会連帯の理念に基づき，身体障害者がその障害を克服し，社会経済活動に参加しようとする努力に対し協力することを求めている。

具体的には，身体障害者手帳の交付，指定障害者更生施設，障害福祉サービス，援護の実施者，身体障害者更生相談所，支援体制の整備，施設訓練等支援費，各種事業等を定めている。身体障害者福祉法においては，「リハビリテーション」および「社会リハビリテーション」の用語はまったく使用されていない。「リハビリテーション」を意味する用語として「更生」の用語が使われている。

2） 身体障害者更生施設における社会リハビリテーション

2006（平成18）年度からの障害者自立支援法が施行される以前は，身体障害者のリハビリテーションを行う施設として，身体障害者福祉法第29条（身体障害者更生施設）に「身体障害者更生施設は，身体障害者を入所させて，その更生に必要な治療又は指導を行い，及びその更生に必要な訓練を行う施設とする」と規定されていた。

しかし，障害者自立支援法制定に伴い，身体障害者福祉法が改正（平成18年10月1日改正）され，同法第5条（施設等）は大きく変化した。旧身体障害者福祉法第5条においては，「身体障害者更生援護施設とは，身体障害者更生施設，身体障害者療護施設，身体障害者福祉ホーム，身体障害者授産施設，身体障害者福祉センター，補装具製作施設，盲導犬訓練施設及び視聴覚障害者情報提供施設をいう」とされ，リハビリテーションを主目的とする施設が身体障害者更生施設であった。

同法の平成18年10月1日改正に伴い，第5条（施設）では身体障害者施設は「身体障害者社会参加支援施設」と総称され，その種類は身体障害者福祉センター，補装具製作施設，盲導犬訓練施設及び視聴覚障害者情報提供施設のみとなった。これら以外の施設については，障害者施設と事業体系の見

第4章　わが国における社会リハビリテーションに関わる規定と事業　93

○障害者の状態やニーズに応じた適切な支援が効率的に行われるよう，障害種別ごとに分立した33種類の既存施設・事業体系を，六つの日中活動に再編。

・「地域生活支援」「就労支援」といった新たな課題に対応するため，新しい事業を制度化。
・24時間を通じた施設での生活から，地域と交わる暮らしへ（日中活動の場と生活の場の分離）。
・入所期間の長期化など，本来の施設機能と利用者の実態の乖離を解消。このため，一人ひとりの利用者に対し，身近なところで効果的・効率的にサービスを提供できる仕組みを構築。

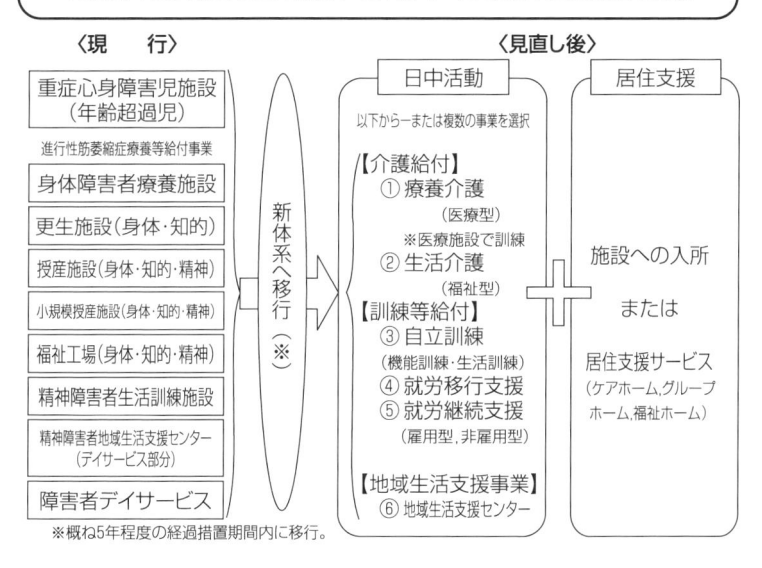

〈現　行〉

重症心身障害児施設（年齢超過児）
進行性筋萎縮症療養等給付事業
身体障害者療養施設
更生施設（身体・知的）
授産施設（身体・知的・精神）
小規模授産施設（身体・知的・精神）
福祉工場（身体・知的・精神）
精神障害者生活訓練施設
精神障害者地域生活支援センター（デイサービス部分）
障害者デイサービス

※概ね5年程度の経過措置期間内に移行。

新体系へ移行（※）

〈見直し後〉

日中活動

以下から一または複数の事業を選択

【介護給付】
① 療養介護
　　（医療型）
　※医療施設で訓練
② 生活介護
　　（福祉型）
【訓練等給付】
③ 自立訓練
　（機能訓練・生活訓練）
④ 就労移行支援
⑤ 就労継続支援
　（雇用型，非雇用型）
【地域生活支援事業】
⑥ 地域生活支援センター

居住支援

施設への入所

または

居住支援サービス
（ケアホーム，グループホーム，福祉ホーム）

（平成17年10月6日厚生労働省障害保健福祉関係主管課長会議資料より）

図4-1　障害者自立支援法による施設体系・事業体系の見直し

直しによって，日中活動と居住施設に分けられ，さらに，日中活動のなかに①介護給付，②訓練等給付，③地位生活支援事業があり，非常に複雑な構造になった。新たな施設体系・事業体系は図4-1のとおりである。

障害者自立支援法が施行されたが，障害者施設体系の見直しについては概ね5年程度の経過措置期間に移行するとされているため，現在は，その詳細はわかりにくい状況である。これまでの「指定身体障害者更生施設等の設備及び運営に関する基準」（厚労令79，改正平成16年）によると，指定身

表 4-2 指定身体障害者更生施設における「リハビリテーション」に関わる規定

1. 第 3 条（基本方針）
   ・自立と社会経済活動への参加を促進するために，治療，指導，訓練を行う。
   ・家庭，市町村，保健医療サービス，福祉サービスの提供者と連携する。
2. 第18条（施設支援計画の作成等）
   ・入所者の施設支援計画を作成する。
   ・施設支援計画を作成する会議を開く。
3. 第19条（相談及び援助）
   ・入所者および家族の相談に適切に応じ，必要な助言・援助を行う。
   ・入所者の支援は，施設支援計画に基づき行う。
   ・支援の質の評価を行い，その改善を図らなければならない。
4. 第20条（指導，訓練等）
   ・入所者の自立の支援および日常生活の充実に資する指導・訓練を行う。
   ・入所者が社会生活への適応性を高めるよう生活指導を行う。
   ・入所者の心身の特性に応じた必要な訓練を行う。
   ・指導，訓練等を行うために，常に一人以上の職員を従事させる。
5. 第22条（社会生活上の便宜の供与等）
   ・教養娯楽施設を備えるほか，入所者のためのレクリエーション行事を行う。
   ・入所者が日常生活を営むために必要な行政機関等に対する手続きを援助する。
   ・入所者の家族との連携を図るとともに，入所者と家族との交流の機会を確保する。

体障害者更生施設として，①指定肢体不自由者更生施設，②指定視覚障害者更生施設，③指定聴覚・言語障害者更生施設，④指定内部障害者更生施設の 4 種類の更生施設が挙げられ，それぞれの設備や職員配置が規定されていた。これらの更生施設において配置されている職員のうち，社会リハビリテーションに関わりが深い職種は「生活支援員」と「心理判定員」である。

同基準に規定されている「第 2 章　身体障害者更生施設」において，リハビリテーションに関わりのある規定を探索すると，第 3 条（基本方針），第 19 条（相談及び援助），第 20 条（指導，訓練等）と第 22 条（社会生活上の便宜の供与等）があり，それらの概要は表 4-2 のとおりである。

以上の身体障害者更生施設運営基準のなかに，「社会リハビリテーション」に関わる記述を探しても，この程度の規定しかないのである。この程度の規

定と内容により，施設入所者が地域生活に移行したり，社会参加を促進するための「社会リハビリテーション」を実施することは不可能であろう。

2. 知的障害者福祉法における規定

1） 知的障害者福祉法

1960（昭和35）年に制定された「精神薄弱者福祉法」は，1997（平成9）年に「知的障害者福祉法」と法律名が改正された。同法は，2006（平成18）年の障害者自立支援法の制定に伴い，2006（平成18）4月と10月に改正されている。同法は，同改正により第1条（この法律の目的）に「障害者自立支援法と相まって」と明記され，知的障害者の自立と社会経済活動への参加を促進するため，知的障害者を援助するとともに必要な保護を行い，知的障害者の福祉の増進を図ることを目的としている。

知的障害者の福祉に関する国および地方公共団体の責務についてとともに，児童から成人までの知的障害者に対する福祉の措置を定めている。具体的には，国，地方公共団体および国民の責務，更生援護の実施者，知的障害者福祉司や社会福祉主事による指導，知的障害者更生相談所，支援体制の整備，施設訓練等支援費，障害福祉サービス，施設入所等の措置等が規定されている。

2） 知的障害者福祉法における社会リハビリテーション

2006（平成18）年度からの障害者自立支援法が施行される以前は，知的障害者のリハビリテーションを行う施設としては，旧知的障害者福祉法第5条において，「知的障害者援護施設とは，知的障害者デイサービスセンター，知的障害者更生施設，知的障害者授産施設，知的障害者通勤寮及び知的障害者福祉ホームをいう」と規定されていた。

しかし，障害者自立支援法制定に伴い，知的障害者福祉法が改正（平成18年10月1日改正）され，同法第5条は大きく変化した。第5条の3において「知的障害者更生施設支援とは，知的障害者更生施設に入所する知的障害者に対して行われる保護並びにその更生に必要な指導及び訓練をいう」と

規定されていた第5条は削除された。

また，改正法第15条の3（支援体制の整備等）第1項において，「市町村は，この章に規定する更生援護，障害者自立支援法の規定による自立支援給付及び地域生活支援事業その他地域に実情に応じたきめ細かな福祉サービスが積極的に提供され，知的障害者が，心身の状況，その置かれている環境等に応じて，自立した日常生活及び社会生活を営むために最も適切な支援が総合的に受けられるように，福祉サービスを提供する者又はこれらに参画する者の活動の連携及び調整を図る等地域の実状に応じた体制の整備に努めなければならない」と規定された。

障害者自立支援法は3障害の一元化をめざしており，知的障害者の施設についても，障害者施設と事業体系の見直しによって，日中活動と居住支援に分けられ，さらに日中活動のなかに，①介護給付，②訓練等給付，③地域生活支援事業があり，非常に複雑な構造になった。新たな施設体系・事業体系は図4-1に示したとおりである。

「知的障害者援護施設の設備及び運営に関する基準」（厚労令22，平成15年）の第3章において「知的障害者更生施設」が規定されていた。第28条に規定されている職員のうち社会リハビリテーションに関わりの深い職種は「生活支援員」である。

同基準に規定されている「第3章　知的障害者更生施設」において，リハビリテーションに関わりのある規定を探索すると，第35条（入所者の支援に関する計画等），第36条（支援の方針），第37条（指導，訓練等）と第39条（社会生活上の便宜の供与等）があり，それらの概要は，表4-3のとおりである。

以上の知的障害者援護施設運営基準のなかに，「社会リハビリテーション」に関わる記述を探しても，この程度の規定しかないのである。この程度の規定と内容により，施設入所者が地域生活に移行したり，社会参加を促進するための「社会リハビリテーション」を実施することは不可能であろう。

表 4-3　知的障害者援護施設の設備及び運営に関する基準における「リハビリテーション」に関わる規定

1. 第35条（入所者の支援に関する計画等）
   ・入所者の施設支援計画を作成する。
   ・施設支援計画を作成する会議を開く。
2. 第36条（支援の方針）
   ・心身の状況に応じて、支援を適切に行わなければならない。
   ・入所者の支援は、施設支援計画に基づき行う。
   ・支援の質の評価を行い、その改善を図らなければならない。
3. 第37条（指導、訓練等）
   ・自立の支援と日常生活の充実に資するため、指導、訓練を行う。
   ・社会生活への適応を図るため、生活指導を行う。
   ・有する能力を活用することにより、社会経済活動に参加することができるようにするため、必要な訓練を行う。
   ・指導、訓練等を行うために、常に一人以上の職員を従事させる。
4. 第39条（社会生活上の便宜の供与等）
   ・教養娯楽設備を備えるほか、入所者のためのレクリエーション行事を行う。
   ・入所者が日常生活を営むために必要な行政機関等に対する手続きを援助する。
   ・入所者の家族との連携を図るとともに、入所者と家族との交流の機会を確保する。

3. 精神保健及び精神障害者の福祉に関する法律における規定

1） 精神保健及び精神障害者福祉に関する法律

　1950（昭和25）年に制定された「精神衛生法」は、精神障害者の人権擁護と適正な精神医療の確保という観点から見直しが必要となり、1987（昭和62）年に「精神保健法」に改正された。さらに1995（平成7）年に「精神保健及び精神障害者福祉に関する法律」（以下、「精神保健福祉法」とする）となった。このような法改正は、「障害者基本法」において精神障害者がその対象として明確に位置づけられたことと、1994（平成6）年に「地域保健法」が成立して地域保健対策の推進の枠組みが改められたこと等を背景としている。

　さらに、2006（平成18）年の障害者自立支援法の制定に伴い、「精神保健

福祉法」は2006（平成18）年4月と10月に改正されている。同法は，同改正により第1条（この法律の目的）に「障害者自立支援法と相まって」と明記され，精神障害者の医療および保護を行い，社会復帰の促進およびその自立と社会経済活動への参加の促進のために必要な援助を行い，その発生予防，その他国民の精神的健康の保持および増進に努めることによって，精神障害者の福祉の増進および国民の精神保健の向上を図ることと目的としている。

具体的には，国および地方公共団体の義務，国民の義務，精神障害者の社会復帰，自立および社会参加への配慮，精神保健福祉センター，医療および保護，保健および福祉，精神保健福祉手帳，相談指導等，施設および事業等を定めている。

精神保健福祉法においては，「リハビリテーション」および「社会リハビリテーション」の用語はまったく使用されていないが，「リハビリテーション」を意味する用語として「社会復帰」の用語が使われている。

2） 精神保健福祉法における社会リハビリテーション

旧精神保健福祉法第50条の2において，「精神障害者社会復帰施設の種類」として，①精神障害者生活訓練施設，②精神障害者授産施設，③精神障害者福祉ホーム，④精神障害者福祉工場，⑤精神障害者地域生活支援センター，が規定されていた。これらのうち，精神障害者生活訓練施設は，「精神障害のため家庭において日常生活を営むのに支障がある精神障害者が日常生活に適応することができるように，低額な料金で居室その他の設備を利用させ，必要な訓練及び指導を行うことにより，その者の社会復帰の促進を図ることを目的とする施設とする」と規定されていた。以上の規定により，精神障害者生活訓練施設は精神障害者のための社会リハビリテーションに関わる施設であったといえるが，同施設において実施される社会リハビリテーションの内容としては，「日常生活への適応」と「必要な訓練及び指導を行う」と，漠然と規定されていたのみであった。この「精神障害者社会復帰施設」は，障害者自立支援法における「介護等給付」に変わることになった。

さらに同法第50条の3（改正法では第50条）に「精神障害者社会適応訓練事業」が規定されていた。「都道府県は，精神障害者の社会復帰の促進及び社会経済活動への参加の促進を図るため，精神障害者社会適応訓練事業（通常の事業所に雇用されることが困難な精神障害者を精神障害者の社会経済活動への参加の促進に熱意のある者に委託して，職業を与えるとともに，社会生活への適応のために必要な訓練をいう）を行うことができる」と規定されていた。ここに使われている「社会適応訓練」という用語は社会リハビリテーションの範疇にある用語であることを想定させるが，実際にはこの規定内容によって明らかなように，「精神障害者社会適応訓練事業」は実質的には就職を目指した事業であるので，社会リハビリテーションの事業というよりは，職業リハビリテーションの事業である。

精神障害者が地域で生活し，社会参加していくためには，精神障害者の「社会生活力」を高める視点から，社会リハビリテーションとして支援すべき内容は多々あるはずである。しかし，精神保健福祉法に規定されている「精神障害者生活訓練施設」と「精神障害者地域生活支援センター」において，精神障害者の「社会生活力」を高めるために，どのような取り組みが具体的に行われるかについてはまったく規定されていなかった。

障害者自立支援法は3障害の一元化をめざしているので，精神障害者の施設についても，障害者施設と事業体系の見直しによって，日中活動と居住支援に分けられ，さらに日中活動のなかに，①介護給付，②訓練等給付，③地域生活支援事業にあり，非常に複雑な構造になった。新たな施設体系・事業体系は，図4-1に示したとおりである。

4. 障害者自立支援法における規定

1） 障害者自立支援法

2005（平成17）年に制定された「障害者自立支援法」は，さまざまな課題を抱えている法律である。同法の目的は，第1条に以下のように記述されている。

この法律は，障害者基本法の基本的理念にのっとり，身体障害者福祉法，知的障害者福祉法，精神保健及び精神障害者福祉に関する法律，児童福祉法その他障害者及び障害児の福祉に関する法律と相まって，障害者及び障害児がその有する能力及び適性に応じ，自立した日常生活又は社会生活を営むことができるよう，必要な障害福祉サービスに係る給付その他の支援を行い，もって障害者及び障害児の福祉の増進を図るとともに，障害の有無にかかわらず国民が相互に人格と個性を尊重し安心して暮らすことのできる地域社会の実現に寄与することを目的とする。

　同法を制定した背景には，障害者福祉財政の不足，財政改革，地方分権化，介護保険との整合性等，さまざまな課題が横たわっているが，障害保健福祉施策の改革のポイントとして，①障害者の福祉サービスの「一元化」，②障害者がもっと「働ける社会」に，③地域の限られた社会支援を活用できるよう「規制緩和」，④公平なサービス利用のための「手続きや基準の透明化，明確化」，⑤増大する福祉サービス等の費用を皆で負担し支え合う仕組みの強化（利用したサービスの量等に応じた「公平な負担」，国の「財政責任の明確化」）などが挙げられた。障害者自立支援法のポイントは図4-2のとおりである。
　給付の対象者は身体障害者，知的障害者，精神障害者，障害児であり，給付の内容はホームヘルプサービス，ショートステイ，施設での介護給付費，自立訓練・就労移行支援などである。地域生活支援事業は市町村・都道府県が実施し，相談支援，移動支援，日常生活用具，手話通訳等の派遣，地域活動支援等を行うこととされた。

2）障害者自立支援法における社会リハビリテーション
　社会福祉基礎構造改革や支援費制度の導入を経て障害者自立支援法が成立し，障害者の地域生活を実現するための取り組みがますます重要視されている。障害者自立支援法において，訓練等給付の一つとして「自立訓練」が位置づけられた。

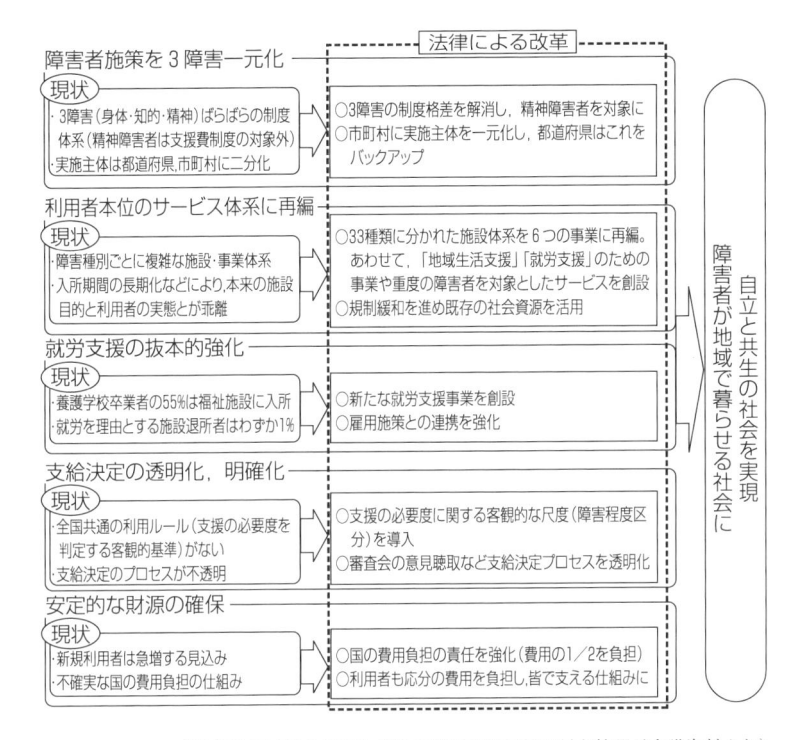

第4章 わが国における社会リハビリテーションに関わる規定と事業　101

```
障害者施策を3障害一元化 ────┐  ┌─ 法律による改革 ─┐
┌現状┐                          ○3障害の制度格差を解消し，精神障害者を対象に
・3障害（身体・知的・精神）ばらばらの制度   ○市町村に実施主体を一元化し，都道府県はこれを
  体系（精神障害者は支援費制度の対象外）     バックアップ
・実施主体は都道府県，市町村に二分化

利用者本位のサービス体系に再編
┌現状┐                          ○33種類に分かれた施設体系を6つの事業に再編。
・障害種別ごとに複雑な施設・事業体系         あわせて，「地域生活支援」「就労支援」のための
・入所期間の長期化などにより，本来の施設     事業や重度の障害者を対象としたサービスを創設
  目的と利用者の実態とが乖離              ○規制緩和を進め既存の社会資源を活用

就労支援の抜本的強化
┌現状┐                          ○新たな就労支援事業を創設
・養護学校卒業者の55％は福祉施設に入所       ○雇用施策との連携を強化
・就労を理由とする施設退所者はわずか1％

支給決定の透明化，明確化
┌現状┐                          ○支援の必要度に関する客観的な尺度（障害程度区
・全国共通の利用ルール（支援の必要度を         分）を導入
  判定する客観的基準）がない              ○審査会の意見聴取など支給決定プロセスを透明化
・支給決定のプロセスが不透明

安定的な財源の確保
┌現状┐                          ○国の費用負担の責任を強化（費用の1/2を負担）
・新規利用者は急増する見込み               ○利用者も応分の費用を負担し，皆で支える仕組みに
・不確実な国の費用負担の仕組み
```

→ 障害者が地域で暮らせる社会に　自立と共生の社会を実現

（平成17年10月6日厚生労働省障害保健福祉関係主管課長会議資料より）

図4-2　障害者自立支援法のポイント

(1) 自立支援給付における社会リハビリテーション

　障害者自立支援法における自立支援システムは図4-3のとおりであり，自立支援給付のなかに，①介護給付，②訓練等給付，③自立支援医療等，④補装具がある。さらに，②の訓練等給付のなかに，自立訓練（機能訓練・生活訓練），就労移行支援，共同生活援助などがある。

　同法第5条第13項において，「この法律において，『自立訓練』とは，障害者につき，自立した日常生活又は社会生活を営むことができるよう，厚生労働省令で定める期間にわたり，身体機能又は生活能力の向上のために必要な訓練その他の厚生労働省令で定める便宜を供与することをいう」と規定さ

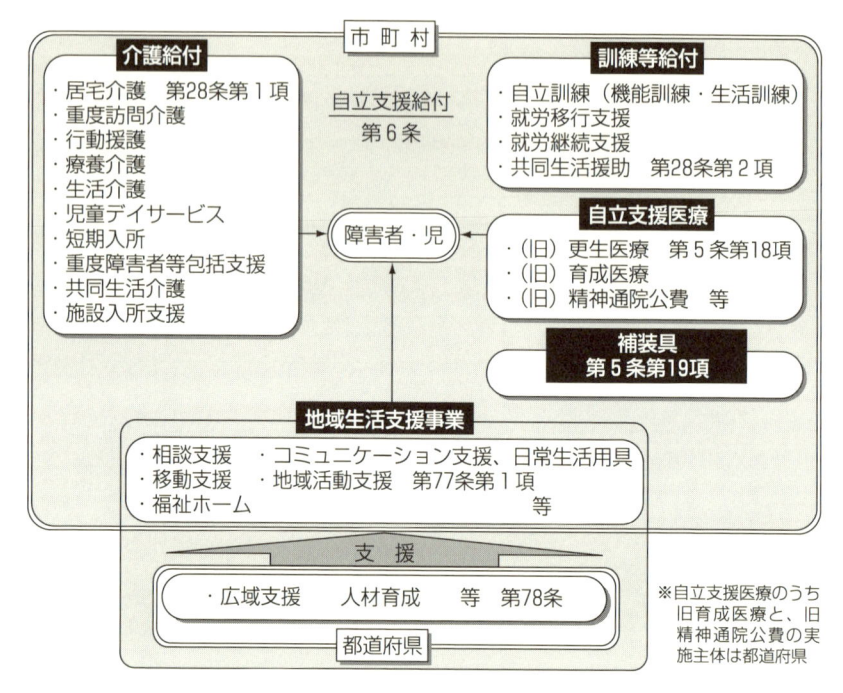

```
                    ┌─────────市 町 村─────────┐
  ┌──介護給付──┐         自立支援給付        ┌──訓練等給付──┐
  ・居宅介護　第28条第1項      第6条          ・自立訓練（機能訓練・生活訓練）
  ・重度訪問介護                              ・就労移行支援
  ・行動援護                                  ・就労継続支援
  ・療養介護                                  ・共同生活援助　第28条第2項
  ・生活介護              障害者・児         ┌──自立支援医療──┐
  ・児童デイサービス                          ・（旧）更生医療　第5条第18項
  ・短期入所                                  ・（旧）育成医療
  ・重度障害者等包括支援                       ・（旧）精神通院公費　等
  ・共同生活介護
  ・施設入所支援                             ┌──補装具──┐
                                              第5条第19項

              ┌──地域生活支援事業──┐
              ・相談支援　・コミュニケーション支援、日常生活用具
              ・移動支援　・地域活動支援　第77条第1項
              ・福祉ホーム                            等
              ┌─────支　援─────┐
              ・広域支援　人材育成　等　第78条         ※自立支援医療のうち
              ┌──都道府県──┐                        旧育成医療と、旧
                                                      精神通院公費の実
                                                      施主体は都道府県
```

（平成17年10月6日厚生労働省障害保健福祉関係主管課長会議資料より）

図4-3　「障害者自立支援法」に示された総合的な自立支援システム

れている。この自立訓練には，①機能訓練と，②生活訓練があり，それらの対象となる者は以下のような者とされている。

　A.　機能訓練

　入所施設・病院を退所・退院した者であって，地域生活への移行等を図るうえで，身体的リハビリテーションの継続や身体機能の維持・回復などの支援を必要とする者，あるいは盲・聾・養護学校等を卒業した者で，地域生活を営むうえで身体的機能の維持・回復などの支援が必要な者とされており，具体的には，理学療法士，作業療法士，言語聴覚士等による医学的リハビリテーションが想定される。

B. 生活訓練

　入所施設・病院を退所・退院した者であって，地域生活への移行等を図るうえで，生活能力の維持・向上などの支援を必要とする者，あるいは養護学校を卒業した者，継続した通院による症状が安定している者で，地域生活を営むうえで生活能力の維持・向上などの支援を必要とする者とされており，この「生活訓練」が社会リハビリテーションの内容であろう。

　しかし，第13項の規定は2006（平成18）年10月1日から施行されたが，具体的な実施方法や内容については示されていない。利用者一人ひとりのニーズに対応する個別支援計画を立てて，さまざまな障害のある方一人ひとりの力を高めることにより，それぞれの自立度を高め地域生活への移行を支援していくために，この「自立訓練」は非常に重要であり，この自立訓練はまさにリハビリテーションのサービスである。

　この自立訓練のなかに機能訓練も含まれるが，地域社会のなかで充実した生活を営むためには，社会リハビリテーションの目的である「社会生活力」を高めるための具体的なプログラムを実施しなければ，自立訓練の目的を達成することはできないであろう。

⑵　地域生活支援事業における社会リハビリテーション

　障害者自立支援法に基づき，都道府県と市町村が実施する「地域生活支援事業」の実施要綱が，2006（平成18）年8月1日に厚生労働省社会・援護局障害保健福祉部長から通知された（厚生労働省，2006）。

　地域生活支援事業には，①市町村地域生活支援事業と，②都道府県地域生活支援事業がある。市町村地域生活支援事業は，「障害者等，障害児の保護者等からの相談に応ずるとともに，必要な情報の提供等を行う事業，手話通訳者の検討を行う事業，日常生活用具の給付又は貸与，障害者等の移動を支援する事業及び障害者等を通わせ創作的活動等の機会の提供を行う事業を必須事業とし，その他市町村の判断により，自立した日常生活又は社会生活を営むために必要な事業及び社会福祉法人，公益法人，特定非営利活動法人等

の団体が行う同事業に対し補助する事業を行うことができる」とされている。

具体的な事業としては，以下のとおりである。

(1) 相談支援事業
(2) コミュニケーション支援事業
(3) 日常生活用具給付等事業
(4) 移動支援事業
(5) 地域活動支援センター機能強化事業
(6) その他の事業

さらに，「障害者相談支援事業」の概要として，「市町村は，障害者等の福祉に関する各般の問題につき，障害者等からの相談に応じ，必要な情報の提供及び助言その他の障害福祉サービスの利用支援等，必要な支援を行うとともに，虐待の防止及びその早期発見のための関係機関との連絡調整その他の障害者等の権利擁護のために必要な援助（相談支援事業）を行う」と，書かれている。

事業の具体的な内容として以下の7項目が挙げられている。

(1) 福祉サービスの利用援助（情報提供，相談等）
(2) 社会資源を活用するための支援（各種支援施策に関する助言・指導等）
(3) 社会生活力を高めるための支援
(4) ピアカウンセリング
(5) 権利擁護のために必要な援助
(6) 専門機関の紹介
(7) 地域自立支援協議会の運営

上記の(3)「社会生活力を高めるための支援」が，まさに社会リハビリテーションの事業である。この原点は，1996（平成8）年度から開始された「障害者プラン」によって打ち出された「市町村障害者生活支援事業」において実施するとされた五つの事業内容であり，その事業に権利擁護と地域自立支援協議会が追加されたものである。

したがって，今後，障害者自立支援法における「地域生活支援事業」を市町村が実施していくためには，社会生活力を高めるための実践的プログラムを示し，その実施方法を伝達する研修会が重要である。

第3節　ま と め

本章において，身体障害者福祉審議会答申，障害者基本計画，障害者プランおよび障害者福祉関係諸法律等において，これまで社会リハビリテーションについてどのように記述・規定されてきたかをまとめた。さらに，現在の障害保健福祉施策において，社会リハビリテーションに関わる事業をどのように実施できるかを明らかにする意図から，厚生省（現・厚生労働省）からの通知や実施要項を検討した結果，以下のようなさまざまな課題があることが明確になった。

1.　身体障害者福祉審議会，障害者基本計画等における　　社会リハビリテーションの扱い

身体障害者福祉審議会は，身体障害者福祉法第6条に「身体障害者の福祉に関する事項を調査審議するため，中央身体障害者福祉審議会及び地方身体障害者福祉審議会を置く」と規定されたものであったが（松本，1954），2001（平成13）年の中央省庁再編に伴い，各種の審議会が統合化され，身体障害者福祉審議会は廃止された。現在は，2001（平成13）年に設置された社会保障審議会における障害者部会の身体障害・知的障害分会として機能している。身体障害者福祉審議会は，これまでに身体障害者福祉施策に大き

な影響を与える答申を3回行った（厚生省，1998）。これらは，①1966（昭和41）年，②1970（昭和45）年，③1982（昭和57）年の3回であり，これらの時期は，わが国におけるリハビリテーションの確立期と発展期にあたる。

　現在から38年も前の①の答申（1966年）において，すでに「社会適応訓練」の必要性が記述され，医学的リハビリテーションや職業的リハビリテーションによっても更生（リハビリテーション）に成功しない事例に対して，第三の重要な要素である「社会的リハビリテーション」が欠けていたからであると，リハビリテーションの一分野としての「社会的リハビリテーション」の重要性が指摘されていた。社会的リハビリテーションの具体的な内容としては，日常生活または社会生活に適応させることを目的とした生活適応訓練が挙げられている。「生活適応訓練」はリハビリテーションの新たな分野であるとし，そのために専門職員の充足と資質の向上，生活適応訓練の体系化と具体的な内容の確立，生活適応訓練に関する研究の必要性が指摘されている。このように，社会リハビリテーションの重要性が指摘され，それを実現するための具体的な課題が挙げられたにもかかわらず，ここに指摘されたような課題を実現するための具体的な取り組みは体系化されなかった。

　4年後の②の答申（1970年）においては，「心理，社会的リハビリテーションには，動機づけ，カウンセリング，心理療法，ケースワーク，生活指導，自治的活動指導，クラブ活動，行事，後保護指導があるが，生活指導の中には，家事，育児の仕方や，家庭における応急手当の仕方等の訓練も当然含めるべきであろう」と，社会リハビリテーションに関する具体的な内容や方法が記述されている。しかし，ここに指摘されたようなカウンセリング，心理療法，ケースワーク，生活指導が具体的に行えるような人員配置は施設になく，そのための養成研修も十分に実施されてこなかった。

　さらに12年後の③の答申（1982年）においては，「身体障害者の自立生活を促進するためには物的整備だけでなく，むしろ家庭や地域で自立して生きていける人作りに向けてのリハビリテーションが重要である。それには，

家庭における日常生活の訓練，コミュニケーション訓練，自立心と社会常識の育成，健康の自己管理，社会資源を使いこなす知識と自己責任の果たし方に関する教育等が，自立生活に向かう訓練の内容として要求される。（中略）

今後の身体障害者更生援護施設においては，特に中途障害者の増加等に着目し，身体障害者の自立生活のための基礎的生活能力の訓練の場としての内容充実が望まれる」と「基礎的生活訓練」の内容が具体的に挙げられており，これらがまさに社会リハビリテーションに該当する取り組み課題であるが，当時，これらが「社会リハビリテーション」としては認識されていなかったとともに，これらを実施するための体系的なプログラムも作成されてこなかった。

また，③の答申（1982年）から14年経過した1996（平成8）年度から開始された「障害者プラン」においては，「地域で共に生活するために」の視点における項目「重度化・高齢化への対応及びサービスの質的向上」において，「障害者が生活機能を回復・取得するために必要な医療，機能回復訓練，障害者の年齢等に応じた社会生活訓練等についての研究及び開発を推進する」と記載された。

ここにおける「社会生活訓練等」がまさに社会リハビリテーションの内容である。さらに7年後の2003（平成15）年度から開始された，2期目の「障害者基本計画」においては，「障害者が社会の構成員として地域で共に生活することができるようにするとともに，その生活の質的向上が図られるよう，生活訓練，コミュニケーション手段の確保，外出のための移動支援など社会参加促進のためのサービスを充実する」とし，さらに，施設等から地域生活への移行の促進について，「障害者本人の意向を尊重し，入所（院）者の地域生活への移行を促進するため，地域での生活を念頭に置いた社会生活技能を高めるための援助技術の確立などを検討する」と，具体的に「社会生活技能」という用語が使われ，社会リハビリテーションに関わる重要な記述がなされている。

以上のように，障害者施策のあり方を示す審議会の答申や，政府によって

策定された「障害者基本計画」等においては，社会リハビリテーションの重要性を指摘する記述があるが，それらが必ずしも「社会リハビリテーション」と認識されてはこなかった側面もある。審議会答申や，障害者基本計画，障害者プランにおいて，社会リハビリテーションに関する言及がなされていても，それを具体的に実施するための人員配置や，その実施プログラムの体系化や，実施方法についての指導がなされてこなかったために，社会リハビリテーションはこれまで，わが国の障害者施設においても，地域においても，具体的に実施ができない状況に置かれてきたといえる。

2. 障害関係諸法律における社会リハビリテーションの扱い

身体障害者福祉法，知的障害者福祉法，精神保健福祉法，および障害者自立支援法においては，「社会リハビリテーション」という用語はまったく使われず，現在でもリハビリテーションを表す「更生」という用語が使われているのみである。リハビリテーションを行うための施設である「身体障害者更生援護施設」の設備・運営に関する基準においては，「更生訓練」と「生活指導」が規定されてた。更生訓練の内容として医学的訓練，心理的訓練，職能的訓練が挙げられているのみであり，ここには「社会リハビリテーション」に該当する訓練は含まれていない。一方，「生活指導」の項目において，「施設の中で生活している身体障害者の教養を担保するための情報保障とレクリエーションの機会の提供」が規定され，情報やレクリエーションの機会の提供によって，あたかも「社会適応性」が高められるかのように記述されている。

身体障害者更生施設には生活支援員が配置されているが，生活支援員の配置数は，身体障害者施設設置基準により，1施設（利用者50名につき）1〜2名と大まかに規定されている。従来から，寮生活をしている障害者への集団生活の指導，規則を守るための指導や福祉サービスの活用についての援助は，生活支援員の中心的業務であった。したがって，身体障害者福祉審議会答申や障害者基本計画において，理念としては社会リハビリテーション

の重要性が記述されていても，実体法である諸法律においてそれらの実施を担保する規定がなく，それらを可能とする施設設置・運営基準が規定されていなかったために，わが国において社会リハビリテーションが具体的に推進されなかったといえる。

　2005（平成17）年に制定された「障害者自立支援法」において，訓練等給付の一つとして「自立訓練」が位置づけられた。利用者一人ひとりのニーズに対応する個別支援計画を立てて，さまざまな障害のある方一人ひとりの力を高めることにより，それぞれの自立度を高め，地域生活への移行を支援していくために，「自立訓練」は重要であり，今後，さまざまなプログラムが開発され，利用者一人ひとりの社会生活力が高まる取り組みが期待される。

3．わが国に社会リハビリテーションが根づかなかった要因

　以上のように，わが国における社会リハビリテーションに関わる規定や事業について検討したが，現在から30数年前に，すでに，身体障害者福祉審議会答申において，はっきりと「社会的リハビリテーション」という用語が使用されているにもかかわらず，わが国において「社会リハビリテーション」が根づいてこなかった原因は何なのであろうか。その原因については以下のようなことが考えられる。

1） 理念と現場との解離

　「リハビリテーション」や「社会リハビリテーション」は，第二次世界大戦後に欧米諸国からわが国に導入された概念・用語であった。社会リハビリテーションについては，社会福祉分野の研究者や教育者が海外からわが国に紹介したが，当時これらの研究者・教育者は，障害者福祉や社会リハビリテーションの現場にいることはほとんどなかった。したがって，海外から学んだ「社会リハビリテーション」の概念や内容について，身体障害者審議会等の場で発言し，その答申に記述されたとしても，それらを現実の実践の場に実現するための取り組みにまでは至らなかったことが推察される。

2） リハビリテーションと社会リハビリテーションの混同

「リハビリテーション」と「社会リハビリテーション」の概念が重複しているように紹介され，「社会リハビリテーション」の分野を主張しても，それは「リハビリテーション」がめざしていることと同じではないかととらえられ，「社会リハビリテーション」の独自性が理解されなかった側面もあると考えられる。「社会リハビリテーション」は「リハビリテーション」と同じであるかのように，すべてを取り込もうとしている，「社会リハビリテーション」は誇大妄想ではないか，大風呂敷を敷いているなどという厳しい批判の声を，1970年代後半にさまざまな会議の場で聞くことがあった。

3） 社会リハビリテーションと障害者福祉との混同

「障害者福祉」という専門分野は，障害者福祉法に基づいて障害者福祉施策として実施されてきたが，「社会リハビリテーション」は「障害者福祉」と同じであると理解され，「障害者福祉」とは異なる概念である「社会リハビリテーション」が正しく理解されないために，わが国において「社会リハビリテーション」が定着せず，推進されなかったことが原因の一つであろうと考える。

4） 社会リハビリテーションを実践するための人員配置，実施方法の欠如

障害者更生施設において，社会リハビリテーションを定着するためには，社会リハビリテーションを担う専門職が養成され，その専門職が必要数配置され，実施方法が示されなければならない。しかし，社会リハビリテーションを担う主たる専門職であるソーシャルワーカーは，更生施設において寮生活をする利用者の世話や，集団生活の場である寮の規律を守らせることが主たる業務に位置づけられ，社会リハビリテーションとしての専門的業務を担える状況にはなかった。また，社会リハビリテーションの理念や実施方法が示されないために，社会リハビリテーションを実施するという意識も，また，実施できる体制にもなかったといえよう。

以上のように，わが国に社会リハビリテーションが根づかなかった要因を整理してみたが，今後，障害のある方々が自己選択・自己決定により自立的な生活を営み，社会参加し，QOLの高い生活を実現するための「社会生活力」を身につける取り組みを促進するためには，社会リハビリテーションの正しい理解を普及し，さまざまな具体的なプログラムが開発され，それらの実施方法を示す必要性は大きいと考える。

第5章　社会リハビリテーションの基本理念と実際

第1節　社会リハビリテーションの基本理念

　社会リハビリテーションは第2章でまとめたような概念・定義の変遷をたどったため，これまで理解されにくい面があった。国際的に1986年に定義された「社会リハビリテーション」の考え方に基づいて，具体的に社会リハビリテーションを実施していく際の重要な基本理念として，以下の八つを挙げたい。

1.　リハビリテーション

　「リハビリテーションとは，身体的，精神的，かつまた社会的に，最も適した機能水準の達成を可能とすることによって，各個人が自らの人生を変革していくための手段を提供していくことをめざし，かつ，時間を限定したプロセスである」の，国連による1982年の定義にも示されているように，リハビリテーションは，専門職中心に進めるのではなく，障害当事者自身が自分の人生，生き方を開拓し，変革していくための手段であり，それは障害当事者が同意したうえで実施するものである。リハビリテーションは，専門職からの十分な情報提供と説明により，当事者本人の納得を前提とし，期間を限定して実施するものである。

2.　社会生活力

　「社会リハビリテーションとは，社会生活力（social functioning ability：SFA）を高めることを目的としたプロセスである。社会生活力とは，さまざまな社会的な状況のなかで，自分のニーズを満たし，一人ひとりに可能な最も豊かな社会参加を実現する権利を行使する力（ちから）を意味する」との1986年の定義により，「社会生活力」とは，障害のある人が自分の障害を客観的に理解し，自分に自信をもち，必要なサービスを権利として活用し，自らの人生を主体的・選択的に生き，積極的に社会参加していく力である。

3. QOL（生活の質）

1980年代以前の医学的リハビリテーションは，日常生活動作（ADL）の向上を重視していたが，障害が重度化，重複化している傾向とも関連し，リハビリテーションは障害のある人のQOL（生活の質）を高めることを目標とするようになった。生活の質が高いということは，日常生活や社会生活のあり方を自らの意志で決定し，生活の目標や生活様式を自分で選択できることが前提であり，本人自身が，身体的，精神的，社会的，文化的に満足できる豊かな生活を営めることを意味する。生活の質を構成する要素の分析や研究がさらに必要とされるが，生活の質には，生活条件や環境条件を含む客観的な側面と，当事者自身がどのように考え，どのように感じるかという主観的な側面がある。

わが国において，「生活の質」または「QOL」という用語はよく使われるが，その内容が具体的にみえにくいように感じる。1995年にWHOはQOLの6領域と下位項目を表5-1のように発表しており，QOLの構成領域として，身体的側面，心理的側面，自立のレベル，社会的関係，福祉サービス等も含む生活環境，精神・宗教面を挙げている。

4. 生活モデル

従来のリハビリテーションや障害者福祉は，医師，理学療法士（PT），作業療法士（OT），言語聴覚士（ST）ソーシャルワーカー，教師，指導員な

表5-1　WHOによるQOLの6領域と下位項目（1995）

領域1	身体的側面	痛みと不快感，エネルギーと疲労，性，睡眠と休養，感覚
領域2	心理的側面	肯定的感情，思考・記憶・集中力，自己尊重，身体像と外見，否定的感情
領域3	自立のレベル	日常生活活動，医療・薬物への依存，嗜好品（アルコール，たばこ，薬物）の常用，コミュニケーション能力，仕事をする能力
領域4	社会的関係	人間関係，ソーシャルサポート，サポートする者の活動
領域5	生活環境	安全性と治安，居住環境，仕事についての満足感，経済面，保健・福祉サービス，情報収集の機会と質，レクリエーション・余暇活動への参加と機会，物理的環境，交通機関
領域6	精神面，宗教，信条	

　どの専門家が，専門的な評価を実施し，プログラムを決定し，サービスの対象者として位置づけられた障害のある人は，それに黙って従わなければならないような雰囲気があったのではないだろうか。このような専門家主導のサービス提供方法を，「医学モデル」という。この「医学モデル」に対置する概念として，「生活モデル」や「社会モデル」という用語が使われるようになった。従来の「医学モデル」の視点に立つ場合は，患者の病気や悪い面に焦点をあてて治療をするというように，サービス利用者の病理・弱さ・マイナス面に着目して治療・援助をする。「生活モデル」の視点に立つ場合は，障害のある人の障害だけに着目するのではなく，障害と社会との関係性において課題（問題）をとらえ，サービス利用者の生活状況や社会生活を全体のなかで考え，解決策を探そうとするものであり，対象者の主体性，選択性，自己決定を尊重した支援方法である。

　ソーシャルワークにおける「医学モデル」と「生活モデル」を比較すると，表5-2のように整理することができる。

表 5-2 ソーシャルワークにおける「医学モデル」と「生活モデル」の比較

比較項目	医学モデル	生活モデル
対象のとらえ方	特別の，問題を有する人	ストレスのある生活者
支援対象	問題を有する人，集団，地域	人間・集団・地域と環境
アセスメントする者	専門職	当事者と専門職
支援の概念	治療・訓練	援助・支援
支援の目標	問題の解消	社会生活力の向上
人間と社会の関係	直線的・決定論的 （原因→結果）	交互作用的・全体論的 （多要因による交互作用）
支援者との関係	専門職への依存	対等なパートナーシップ

5. エンパワメント

エンパワメントは，アメリカにおける公民権運動との関わりのなかで，ソーシャルワークの分野で取り入れられた理念である。社会的に不利な状況に置かれた人びとの自己実現をめざしており，その人が抱えているハンディキャップやマイナス面に着目して援助をするのではなく，その人のプラス面である長所・力・強さに着目して援助する。このような援助方法により，サービス利用者が自分の能力や長所に気づき，自分に自信がもてるようになり，自分のニーズを満たすために主体的に取り組めるようになることをめざす。エンパワメントの視点に立つ場合，援助者はサービス利用者と同等な立場に立つパートナーである。

6. パートナーシップ

従来の訓練や指導は指導員が訓練生に対して上から下に教えるとか，訓練・指導をするという方式をとりがちであった。しかし，援助者とサービス利用者は上下関係ではなく，同じ土俵に立つ平等な関係であるという視点が重要である。障害のある人の「社会生活力」が高まるためには，専門家と障

害のある人とのパートナーシップ，公的機関と民間機関とのパートナーシップ，障害のある市民と障害のない市民とのパートナーシップなど，さまざまなレベルでの対等な関係，さまざまな場におけるパートナーシップの視点が重要である。

7. ノーマライゼーション

ノーマライゼーションとは，「障害のある人もない人も，共に地域や家庭において普通に生活できるような社会づくりである」といえる。ノーマライゼーションの考え方は，1950年代後半にデンマークにおいて，知的障害児・者が，大規模な施設の中で一生を生活するのは異常ではないかではないかという問題意識から発し，欧米における概念の整理や発展を経て，1980年初頭に日本に紹介された。

ノーマライゼーションの理念は，障害のある人のみならず，高齢者や児童なども対象とする社会福祉全般に共通する重要な理念である。誰でもが個人として尊重され，偏見・差別を受けることなく，地域において普通に生活できることをめざしている。この理念を実現するためには，福祉サービスや社会サービスの充実のほか，一般市民の理解を高めることも重要である。具体的には，啓発広報活動などのほか，生活条件や環境条件の整備も必要とされる。

スウェーデンのベンクト・ニィリエ（Nirje, B.）は，1969（昭和44）年に『ノーマライゼーションの原理』をまとめた。そのなかでノーマライゼーションを，「すべての知的障害者の日常生活や条件を，社会の通常の環境や生活の仕方にできるだけ近づけるようにすること」と定義し，ノーマライゼーションを考えるときの具体的な視点として，以下の8項目を挙げた（ニィリエ，1998）。

(1)　1日のノーマルなリズム
(2)　1週間のノーマルなリズム

(3) 1年間のノーマルなリズム
(4) ライフサイクルでのノーマルな経験
(5) ノーマルな要求の尊重
(6) 異性との生活
(7) ノーマルな経済的状態
(8) ノーマルな生活環境

8. 社会参加

　社会参加は,「完全参加と平等」「機会均等化」「ノーマライゼーション」などの目標や理念を実現するための,具体的な実践である。障害のある人にとっての社会参加は,いろいろな人と交流をしたり,自分にとって価値ある情報を得る活動などを通して,自分の生活を築き上げ,生活を豊かにするために重要なものである。社会参加をするためには,社会生活力をつけるなど本人自身の努力も大事であるが,社会参加を可能とする生活条件や環境条件の整備も必要とされる。社会参加には,教育,経済,政治,就労から,スポーツ,芸術,文化活動に至るまで,地域における幅広い活動が含まれるが,社会参加の最たるものが,職業に就くことであろう。

第2節　社会リハビリテーションの実施方法

1. 社会リハビリテーションの実施主体者

　リハビリテーションにおいて中心となる者は,障害のある当事者であることは当然である。したがって,社会リハビリテーションの主体者は,「障害のある本人自身」である。また,本人の一番身近にいて,本人の生き方等にプラスにもマイナスにも影響を及ぼす家族や,リハビリテーション施設や機関に配置されているソーシャルワーカー(社会福祉士,精神保健福祉士,医療ソーシャルワーカー,生活支援員等),生活訓練指導員,心理士(臨床心

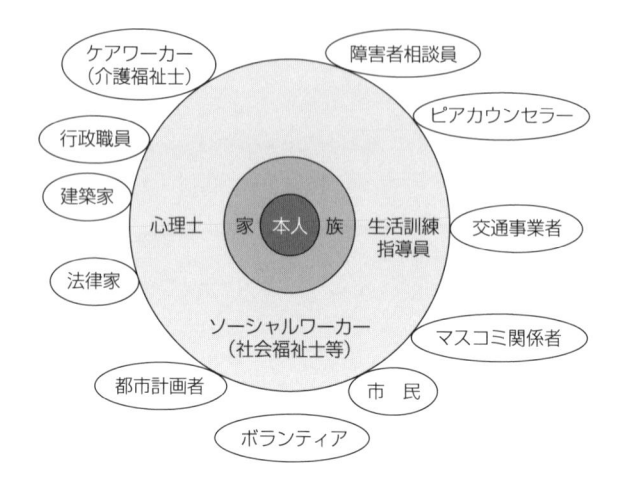

図5-1　社会リハビリテーションの実施主体者と関係者

理士，カウンセラー等）などの専門職を挙げることができる。

　さらに，これらの社会リハビリテーションの実施主体者の周囲には，障害のある人の地域生活を支える関連職種として自治体の福祉関係職員，具体的に日々の生活を支援するケアワーカー（介護福祉士，ホームヘルパー等）などがいる。また，支援者・協力者としてのピアカウンセラー，障害者相談員，法律家，建築家，都市計画者，交通事業者，マスコミ関係者，ボランティア，市民などもいる。これらの人びとを含めての社会リハビリテーションの実施主体者と関係者は，図5-1のとおりである。

2.　社会リハビリテーションの専門職と実施方法

1）　社会リハビリテーションの専門職

　社会リハビリテーションを担う中心的な専門職はソーシャルワーカーであり，障害者施設に配置されている生活訓練指導員や心理士等も，社会リハビリテーションを担う専門職である。ソーシャルワーカーは働く場によって，ケースワーカー，生活支援員，児童指導員，社会福祉主事，身体障害者福祉

司，精神薄弱者福祉司，医療ソーシャルワーカー（MSW），精神保健福祉士（PSW）等の職名が使われている。

ソーシャルワーカーや心理士が活用する援助技術は，社会福祉援助技術（ソーシャルワーク）や臨床心理技術である。

代表的な援助技術は以下のとおりである。

(1) ケースワーク（個別援助技術）
(2) グループワーク（集団援助技術）
(3) コミュニティワーク（地域援助技術）
(4) カウンセリング
(5) アドボカシー（権利擁護）
(6) ソーシャルアクション
(7) ケアワーク（介護技術）
(8) ケアマネジメント　等

これらの社会福祉援助技術や臨床心理技術は，社会福祉実践分野で使われる共通の援助技術であるが，これらの援助技術は，ヒューマンサービスに従事するあらゆる職員に必要とされる技術であると考える。さまざまな研修やスーパービジョンを通して，これらの援助技術の向上が期待される。

2) ケースワーク（個別援助技術）

ケースワークは，リッチモンド（Richmond, M. E.）によって体系化の基礎が確立されて以来，ハミルトン（Hamilton, G.）やホリス（Hollis, F.）等による診断主義派ケースワーク，ランク（Rank, O.）の「意志心理学」を基礎とする機能主義派ケースワーク，パールマン（Perlman, H. H.）による折衷主義派ケースワーク等が，古典的な方法として知られている。

これらの理論のほか，課題中心ケースワーク，心理社会的ケースワーク，行動ケースワーク，危機介入理論，一般システム理論，社会的役割理論，コミュニケーション理論，エコロジカル・ソーシャルワークなどさまざまな理

論が日本に紹介されてきた。

　リッチモンドの定義によると,「ソーシャルケースワークは,人とその社会環境との間に,個別的に,効果を意識して行われる調整を通して,その人のパーソナリティーを発達させるプロセスである」とされ,ケースワークは1920年代にその体系化の基礎が確立されて以来,個人と環境との相互作用に焦点を置いてきた。

　古典的な学派は,いわゆる「医学モデル」に準拠しているといわれる。医学モデルでは,生活の問題を直接的因果関係としてとらえ,個人の弱点・短所や問題点が重視される。問題を綿密に調査・確認し,正確な評価に基づいて処遇をするというように,専門家主導の方法がとられた。

　ジャーメイン（Germain, C. B.）やギッタメン（Gitterman, A.）によるエコロジカル・ソーシャルワーク（生態学的ソーシャルワーク）は,1980年代にアメリカにおいて発展した理論であり,生活の問題の現象を連鎖的交互作用関係としてとらえ,個人の病理よりも,個人と環境が絶えず適合していく過程を重視している。したがって,個人の問題をそれのみに対応するのではなく,環境との適合状況を調整して,個人の力を伸ばすように援助する。このようなアプローチを,「生活モデル」という（Germain, 1992）。

　「医学モデル」は個人の内面の問題に関心が置かれがちであったが,「生活モデル」は,人と環境が相互に影響を与えあうことに着目し,人や環境が問題の原因や結果ではないととらえ,個人や家族と彼らを取り巻く環境間のインターフェースにおける不適切な交互作用が,問題を引き起こすとしている。

　「生活モデル」においては,専門職が主導する援助方法ではなく,サービス利用者の生活状況や社会生活を全体として把握し,利用者の主体性,選択性を尊重する。また,障害のある人の障害やマイナス面に着目して援助するのではなく,その人の長所・力・強さに着目して援助する。このような援助方法により,サービスの利用者が自分の能力や長所に気づき,自分に自信がもてるようになり,問題に主体的に取り組めるようになることをめざすので

ある。このような援助方法は,「エンパワメント」の理念に基づいた方法でもある。

　援助者とサービス利用者の関係は非常に重要であるが,ケースワークにおける専門的援助関係について,バイスティック（Biesteck, F. P.）の「ケースワーク関係の7原則」（Biesteck, 1957）がある。これは,対人援助業務に従事する者にとっては時代を超えた重要な原則であり,以下のとおりである。

(1) 援助対象者を一人ひとり個別性のある個人としてとらえる。
(2) 援助対象者の感情の表現を大切にする。
(3) 援助者は自分の感情を自覚し,自分の感情を抑制して援助する。
(4) 援助対象者を現在あるがままで受けとめる。
(5) 援助対象者を一方的に非難しない。
(6) 援助対象者が自己決定できるように支援し,その自己決定を尊重する。
(7) 援助対象者のプライバシーや秘密を守り,信頼関係を築く。

　これらの七つの原則を実際に実践することはやさしくないが,十分に学習し,常に援助実践に生かせるように努力しなければならない。

3）グループワーク（集団援助技術）

　グループワークは,「損なわれた社会生活力を回復するニーズをもつ人びとや,社会生活力を維持し増進させるニーズのある人びとを対象に,そのニーズを実現させ,個人,集団,地域社会の問題により効果的に対処できるように,小集団を通して意図的に展開される援助のプロセス」である。

　グループワークの理論を体系化した者として,トレッカー（Trecker, H. B.）やコノプカ（Konopka, G.）等が挙げられる。コノプカは,グループワークの基本原理として以下の13の項目をまとめたが,これらをわかりやすい言葉で表現すると,以下のとおりである（Konopka, 1963）。

(1) メンバーを一人ひとり個別性のある個人としてとらえる。
(2) グループを一つひとつ個別性のあるグループとしてとらえる。
(3) メンバーをあるがままで受けとめる。
(4) ワーカーはメンバーとの良い関係を意識的に築く。
(5) メンバー間の良い協力関係を築く。
(6) グループの動きに意識的に働きかけ，必要な変更を加える。
(7) メンバーの参加を励まし，能力を高めるように援助する。
(8) メンバーが自分たちで問題を解決できるように援助する。
(9) メンバー間に葛藤が起きたとき，自分たちで解決できるように援助する。
(10) メンバーがさまざまな新しい経験をできるように，機会を与える。
(11) メンバーおよびグループの行動を評価し，望ましくない行動を制止する。
(12) メンバーおよびグループの行動を評価し，適切なプログラムを企画する。
(13) 個人およびグループの動態を継続的に評価する。

　グループワークは，学校教育や社会教育などにおいて行われる場合は教育的グループワークといわれ，社会福祉の分野で行われる場合はソーシャルグループワークといわれる。
　コノプカはメンバーの「社会的意識」や「社会的責任」を強調し，社会に主体的に参加する自立した人間教育をめざした。このような観点からグループワークは，リハビリテーション施設においても，また地域においても，非常に重要な援助方法である。
　一方，リハビリテーションセンターや障害者施設などはすべて，グループワークの場であるともいえる。利用者には何らかの障害があり，訓練，指導，援助，支援を受ける目的で，リハビリテーションセンターや施設に入所（通所）する。障害をもち，絶望感・孤独感に打ちひしがれ，人間としての

価値さえなくなってしまったかのように悩み，自殺すら考えた者も少なくない。

　このような精神的な葛藤をもちながら，リハビリテーションセンターに入所した場合，自分と同じような障害をもつ人や自分よりも重い障害のある人と出会い，その一人ひとりがそれぞれのリハビリテーションの目標に向かって努力している様子を，目の当たりにする。リハビリテーションセンターにおいては，障害のあることがその人の一つの個性として当たり前のように受けとめられ，特別視されない。このような環境のなかで，自分の障害を少しずつ受け容れられるようになり，自分を取り戻していくのである。

　このような集団の場において，利用者がそれぞれリーダーシップをとれるように援助し，グループワークのプロセスを通して，利用者一人ひとりの社会生活力が高められる。自立性とともに，他者との良好な関係を築く共存性が伸びることをめざして，ソーシャルワーカーは側面的に援助していくのである。

　なお，リハビリテーションセンターや病院において，グループワークはソーシャルワーカーばかりでなく，看護師，PT，OT，ST，リハビリテーション体育専門職等，さまざまな専門職も活用する援助技術である。

4）コミュニティワーク（地域援助技術）

　コミュニティワークとは，地域の住民が自らの力で地域の福祉問題を解決しようとする活動を，ソーシャルワーカーが側面的に援助する方法である。コミュニティワークの課題は，「地域の組織化」と「福祉の組織化」に整理される。リハビリテーションとの関連で具体的に例示すると，地域の組織化は障害者に住みやすいまちづくりや，障害のある市民についての理解を深めるための交流の場を設けることなどである。福祉の組織化は在宅福祉サービスの充実，地域リハビリテーションのシステムの確立，ケアマネジメント実施体制の整備等である。

　地域リハビリテーションやケアマネジメントは，地域で普通に生活できることをめざす「ノーマライゼーション」の理念を推進するために不可欠なシ

表5-3 地域リハビリテーションや地域ケアに必要なサービス

1. 総合的相談事業
2. ホームヘルプサービス：介護，家事，相談助言
3. デイケア
4. ショートステイ
5. 訪問医療・看護
6. 訪問リハビリテーション・通所リハビリテーション
7. 福祉用具：補装具，日常生活用具の給付
8. 食事配達サービス
9. 住宅の確保，住宅の改造
10. 移動サービス
11. レクリエーション，スポーツ，その他文化活動等
12. まちづくり　等

ステムである。今後，都道府県圏域，障害保健福祉圏域，市町村域の3圏域を前提とした「地域リハビリテーション」のシステムを確立するとともに，サービスの提供システムのネットワーク化が必要とされる。

　この障害保健福祉圏域の設定にあたっては，都道府県における「二次医療圏」および「老人保健福祉圏域」を参考にするとともに，広域市町村圏，福祉事務所・児童相談所・保健所等の都道府県の行政機関の管轄区域等を勘案し，管内市町村や関係機関と十分に調整し，圏域を設定することが望ましい。

　総合的かつ効果的な地域リハビリテーションシステムを確立するためには，①住民に最も身近な市町村域，②人口30万人程度を対象とする障害保健福祉圏域，③都道府県圏域，の三つのレベルに分け，それぞれのレベルにおける機能，役割を明らかにする必要がある。

　地域ケアや地域リハビリテーションに必要とされるサービスは，表5-3のとおりである。これらの複数のサービスを有機的，継続的に提供していくシステムとして，「ケアマネジメント」による支援方法が必要とされる。障害のある人を対象にケアマネジメントを進めていく中心的な専門職が，社会リハビリテーションの分野のソーシャルワーカーである。

5) カウンセリング

　カウンセリングとは，個人の問題に対して相談・助言等により，問題の解決を図るための援助を意味する。個人の心理面や性格，社会適応等が主な対象となり，臨床心理学の一技術である。ケースワークとカウンセリングは，対人関係とコミュニケーションを媒体とする個別援助技術であるという面において共通している。ケースワークは具体的なサービスの確保等を伴う援助であるが，カウンセリングは心理面での援助が中心である。

　カウンセリングの理論と技法は，精神分析学的方法，来談者中心療法（非指示的療法），ゲシュタルト療法，行動主義的カウンセリング等と，さまざまな理論がある。精神分析学的方法は，フロイト（Freud, S.）によって創始されたものであり，対象者が自己を洞察することによりパーソナリティーの回復を図ろうとするものである。来談者中心療法は，ロジャーズ（Rogers, C. R.）によって提唱された療法であり，対象者の主体性を尊重し，自己実現を図る本人の力を確信して問題の解決を図ろうとする方法である。ゲシュタルト療法は，人間の身体，感情，思考，意欲，知覚などは一つの全体的なものであり，環境と密接に関係しているものであるととらえ，「今，ここで」の自覚が絶対的なものであるとしている。治療者が，対象者のために有益と思われる活動的な治療場面を設定して実施するものであり，一種の実存療法といわれる。

　行動主義的カウンセリングは学習理論に基づく方法であり，カウンセリングを一種の学習の場とみなし，対象者が自分の問題を解決する方法を自分で学習できるように援助する。面接のほか，ロールプレイ（お互いに立場を設定して，その立場になって演技する），モデリング（望ましい対応方法，態度などの実演を模範的な見本としてみる），シミュレーション（模擬的場面を設定して，そこで繰り返し練習する）等の方法を使う。行動主義的カウンセリングの技術は，「社会生活力プログラム」（SFA）や精神障害者を対象とする「生活技能訓練」（SST）に活用されており，これらのプログラムにおいて，ロールプレイやモデリングの技法が取り入れられている。

6） アドボカシー（権利擁護）

アドボカシーとは，自分の権利や援助のニーズを自ら主張できない者に代わって，そのニーズや権利を主張し権利を行使できるように支援することであり，それを実施する者を権利擁護者（アドボケイト）という。アメリカにおいて，ソーシャルワークのなかにアドボカシーが取り入れられたのは1970年代であり，アドボカシーの類型として，ペアレント・アドボカシー（親による権利擁護），シティズン・アドボカシー（市民による権利擁護），プロフェッショナル・アドボカシー（専門家による権利擁護），リーガル・アドボカシー（法的権利擁護），セルフ・アドボカシー（本人による権利擁護）などがある。

わが国においては，民族性・社会構造・生活観等から，権利意識を強くもつ社会ではなかったため，これまで，人権意識や権利擁護という観点を醸成する機会が少なかったと考える。今日，人権意識や権利擁護の重要性が認識され，公的機関や民間機関において権利擁護の活動が開始されている。

7） ソーシャル・アクション

ソーシャル・アクションは，「個人や集団を組織し，政策主体の議会・国・地方自治体の行政機関に対して，社会福祉制度の立法的・行政的整備，拡充，創設を，権利意識に基づいて主体的に要求する社会活動」である。ソーシャル・アクションは「社会活動法」とも訳されるが，社会福祉の制度やサービスの発展のために重要な役割を果たしてきた。日本においては，在宅障害者対策の拡充，生活圏の拡大，所得保障の充実等に関して，障害者団体による陳情や要求運動が行われてきた。現在は，「障害者差別禁止法」制定に向けての運動や，「障害者自立支援法」の改善を要求する抗議活動などが行われている。これらもソーシャル・アクションの一つである。

福祉サービス対象者の最も身近にいるソーシャルワーカー等の専門職者は，現行のサービス実施体制下における不備・不足の状況を明らかにし，行政機関に訴えていく姿勢・活動が求められる。障害のある当事者の社会生活力を高めるための支援を実施すると同時に，障害者の社会参加を阻んでいる

制度面の改善や必要とされるサービス拡充の要求等を，障害当事者とともに行うことも，ソーシャルワーカーにとって重要な役割の一つである。

8） ケアワーク（介護技術）

障害が重いために，介護を要する高齢者や障害者が増加している。介護を専門的に担当する者が介護福祉士である。介護福祉士は国家資格であるが，介護福祉士のほかにケアワークを担当している者の職名としては，施設においては寮母，生活支援員，病院においては介護職員，看護助手，地域においてはホームヘルパー等がある。これらの者の総称が「ケアワーカー」（care worker）である。

リハビリテーションの場において介護を行ったり，リハビリテーションの視点をもって介護するためには，いくつかの留意点がある。まず第一に，リハビリテーションを正しく理解する必要がある。第二には，介護の対象者の障害を正しく理解しなければならない。リハビリテーションは医師，看護師，ソーシャルワーカー，PT，OT，ST，職業カウンセラー，職業指導員等によるチームアプローチであり，ケアワーカーはリハビリテーションチームにおける重要な協力者と位置づけられる。

リハビリテーションにおいては，利用者一人ひとりの身体的，社会的機能を評価して，リハビリテーション計画を立てる。このリハビリテーション計画は，目標，実施期間等を定めて実施されるものであり，ケアワーカーもこの目標に向かって介護を担当するのである。

利用者の自立をめざした介護は，本人の自立意欲を尊重し，医師，PT等の専門職の助言を受けて実施することが望ましい。また，意欲をもてないでいる利用者に対しては，本人の現在の心理状態を受けとめ，共感的に介護を行いながら，利用者が自分でできる行為・動作を少しずつ増やしていくことをめざして，介護サービスを提供することが大事である。

9） ケアマネジメント

社会福祉の援助方法の一つとして，1970年代にアメリカで開発された「ケースマネジメント」は，その後，イギリスでは「ケアマネジメント」と

呼称されるようになった。介護等を必要とする重度障害のある人が，地域社会において自立し，社会参加するためには，介護サービス等の量的・質的な充実が不可欠である。また同時に，障害のある人一人ひとりのニーズに応じて，保健・医療・福祉の総合的なサービスを的確に提供できるシステムが必要とされる。障害のある人の自立と社会参加を促進するための基礎的な要件として，①身体的機能の回復と維持，②生活条件の整備，③参加の機会を可能とする環境条件の整備，等が挙げられる。

　これらを可能とするためには，総合的なリハビリテーションサービス，保健・医療・福祉サービスのほか，住居，福祉用具，情報，移動，交通手段，各種建物へのアクセス，文化，レクリエーション，スポーツ等の機会の均等化への努力や，障害のある市民に対する地域の住民の正しい理解が必要とされる。

　ケアマネジメントは，地域社会のなかでサービス利用者の生活全般にわたるニーズを明らかにし，それらのニーズと公私にわたる社会資源との間に立って，複数のサービスを適切に結びつけ，調整を図り，総合的かつ継続的なサービスの活用を支援する機能である。

　ここでいう「ケア」（care）は，介護・介助のみならず，障害のある人の自立と社会参加を支援するすべてのサービスを含む広い概念である。ケアマネジメントは通常チームアプローチで行うが，チーム内の調整，利用者とサービスとの調整等を担当するのがケアマネジャーである。

10）ケアマネジメントとリハビリテーションとの共通点

　総合リハビリテーションセンター等において実施されるリハビリテーションは，医師，看護師，ソーシャルワーカー，PT，OT，ST，職業カウンセラー，職業指導員等の専門職によって構成されるチームアプローチをとる。多職種による諸技術を有機的に連携させ，総合的なサービスを提供するために，チームのコーディネーター（調整役）がおり，その役割を通常，ソーシャルワーカーが果たしている。

　ケアマネジメントにおけるケアマネジャーの役割は，リハビリテーション

チームにおけるコーディネーターの役割とほとんど同じであり，このような意味において，地域における障害者の生活を支援するためのケアマネジメントは，これまでに蓄積されてきたリハビリテーションサービスにおける経験や技術を活用することができる。

第3節 社会リハビリテーションの関係機関と関連事業

1. 社会リハビリテーションの関係機関

社会リハビリテーションは「障害者福祉」と同じではないが，障害者福祉の関係機関や施設が，社会リハビリテーションの関係機関である。社会リハビリテーションに関係する代表的な機関・施設を挙げると，以下のとおりである。これらの機関や施設の職員は，相談等に訪れた障害児・者を支援する際には，本人の社会生活力が高まる視点から支援することが求められる。

1） 福祉事務所

福祉事務所は社会福祉法第3章に規定され，都道府県，指定都市，特別区，その他の市において設置しなければならない。町村は設置できるとされている。福祉事務所は社会福祉行政の第一線機関であり，社会福祉主事，身体障害者福祉司，知的障害者福祉司，事務職員，嘱託医などが配置されており，生活保護法，児童福祉法，母子及び寡婦福祉法，老人福祉法，身体障害者福祉法，および知的障害者福祉法の福祉六法に定める業務を担当する機関であり，全国に約1,200カ所ある。

障害児・者に関する主要な業務を挙げると，障害児・者福祉に関する実情把握，在宅福祉サービスの実施などであるが，具体的には，補装具の交付，日常生活用具の給付，ホームヘルパーの派遣，障害児福祉手当の支給などの業務を実施している。

2） 児童相談所

児童相談所は都道府県・指定都市に設置しなければならない児童福祉の第

一線機関である。児童相談所には児童福祉司，医師，心理判定員，保健師，指導員，保育士などが配置され，児童に関する各種相談に応じるとともに，児童や保護者に対して指導や障害児施設などへの入所の決定（措置）を行っており，全国に約190カ所ある。

障害児については，適切な措置を図るために，医師，心理判定員，児童福祉司等の専門家が判定を行い，一人ひとりの児童に適した処遇を決め，必要に応じて，肢体不自由児施設，盲・ろうあ児施設，知的障害児施設等への入所を決定している。

3） 身体障害者更生相談所

身体障害者更生相談所における主要業務は，①専門的相談指導，②判定（市町村から依頼を受けた医学的，心理学的，職能的判定，更生医療の要否判定，補装具の支給の要否判定，更生援護施設への入所の要否判定），③市町村相互間の連絡調整等，④巡回相談，⑤地域における身体障害者のリハビリテーションなどであり，医師，身体障害者福祉司，心理判定員，職能判定員，ケースワーカー，保健師または看護師，理学療法士，作業療法士，義肢装具士などが配置されている。

4） 知的障害者更生相談所

知的障害者更生相談所は都道府県において設置しなければならない専門機関であり，知的障害者および家族等からの相談に応じたり，18歳以上の知的障害者の医学的，心理学的および職能的判定を行い，必要な指導を実施している。医師，ケースワーカー，心理判定員，職能判定員，看護師などが配置されている。

5） 精神保健福祉センター

精神保健福祉センターは都道府県・指定都市に設置され，精神保健および精神障害者の福祉に関する知識の普及，調査研究ならびに複雑困難な相談指導事業，保健所・市町村の関係機関に対する指導・援助などを実施する。

精神保健福祉センターには医師，精神保健福祉士，臨床心理技術者，保健師，看護師，作業療法士などが配置されている。

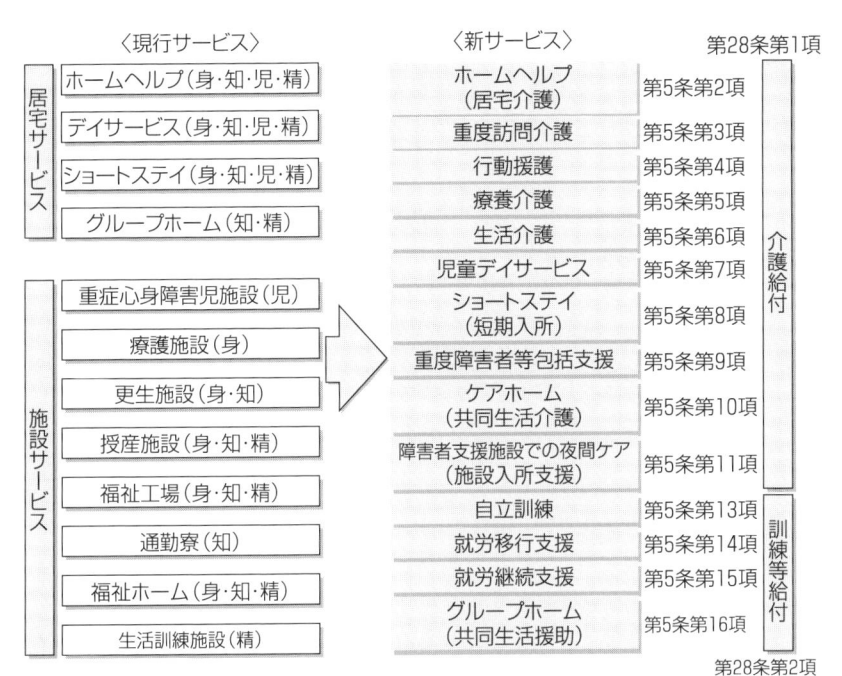

図 5-2 「障害自立支援法」による自立支援給付の体系

〈現行サービス〉

居宅サービス
- ホームヘルプ（身・知・児・精）
- デイサービス（身・知・児・精）
- ショートステイ（身・知・児・精）
- グループホーム（知・精）

施設サービス
- 重症心身障害児施設（児）
- 療護施設（身）
- 更生施設（身・知）
- 授産施設（身・知・精）
- 福祉工場（身・知・精）
- 通勤寮（知）
- 福祉ホーム（身・知・精）
- 生活訓練施設（精）

〈新サービス〉 第28条第1項

介護給付
- ホームヘルプ（居宅介護）　第5条第2項
- 重度訪問介護　第5条第3項
- 行動援護　第5条第4項
- 療養介護　第5条第5項
- 生活介護　第5条第6項
- 児童デイサービス　第5条第7項
- ショートステイ（短期入所）　第5条第8項
- 重度障害者等包括支援　第5条第9項
- ケアホーム（共同生活介護）　第5条第10項
- 障害者支援施設での夜間ケア（施設入所支援）　第5条第11項

訓練等給付
- 自立訓練　第5条第13項
- 就労移行支援　第5条第14項
- 就労継続支援　第5条第15項
- グループホーム（共同生活援助）　第5条第16項

第28条第2項

※この他，地域生活支援事業として移動支援，地域活動支援センター，福祉ホーム等を制度化

（平成17年10月6日厚生労働省障害保健福祉関係主管課長会議資料より）

6） リハビリテーション施設（更生施設）等

　障害者関係の施設を役割・機能によって分類すると，①リハビリテーション等の訓練を主として行う更生施設，②生活の場としての生活施設，③就労の場としての作業施設，④地域活動の場としての地域利用施設，の4種類に分けられていた。リハビリテーションを行う主要な障害者更生施設には，肢体不自由者更生施設，視覚障害者更生施設，聴覚・言語障害者更生施設，内部障害者更生施設，重度身体障害者更生施設，知的障害者更生施設，精神障害者生活訓練施設などがある。これらの施設については，2005（平成17）年10月に成立した「障害者自立支援法」による見直しにより，5年間をか

けて再編成される予定である。施設入所者については，これまでの24時間を通じた施設での生活から，地域と交わる暮らしへの移行を促すために，従来の「居宅サービス」「施設サービス」といった区分を改め，施設に入所している場合でも，居宅で暮らす障害のある人と同様の障害福祉サービスが提供されるよう，サービスメニューが再編された。今後再編成される体系は，図5-2のとおりである。

2. 社会リハビリテーションに関わる事業

わが国において，「社会リハビリテーション事業」と規定されている事業はない。しかし，障害のある人の社会生活力を高める視点から活用できる事業はいくつかある。これまで実施されていた事業は，以下のとおりである。また，これらの事業についても今後，「障害者自立支援法」による見直しにより，地域生活支援事業のなかに組み入れられていくであろう（93頁の図4-1，参照）が，社会リハビリテーションに関わる事業の具体例として，ここに例示したい。

1）障害者相談支援事業

「障害者プラン」によって1996（平成8）年度に創設された事業であり，障害保健福祉圏域毎に身体障害者「市町村障害者生活支援事業」，知的障害者「障害児（者）地域療育等支援事業」，精神障害者「精神障害者地域生活支援事業」の生活を支援する事業として，それぞれ2カ所ずつ設置することが目標とされた。2000（平成12）年の身体障害者福祉法，知的障害者福祉法の改正に伴いこれらの事業は法定化され，法律上は「身体障害者相談支援事業」「知的障害者相談支援事業」となった。

◇ 参考：市町村障害者生活支援事業
　A．事業内容
　　①ホームヘルパー，デイサービス，ショートステイ等の利用援助

②社会資源を活用するための支援
　・社会資源の活用　・社会資源の開発　・ボランティアの組織化等
③社会生活力を高めるための支援
　・具体例：「社会生活力プログラム」
④当事者相談
⑤専門機関の紹介

B. 市町村障害者生活支援事業の特徴
①縦割りのサービスではなく，総合的にサービスをコーディネートする。
②サービス利用者の利便性を考慮した曜日，時間帯等への対応
③社会リハビリテーションの視点から，「社会生活力」を高める支援
④当事者相談の事業化により，当事者のエンパワメント
⑤民間機関・公的機関，専門職・障害当事者とのパートナーシップの重要性
⑥市町村，市民，事業担当者，障害当事者の新たな発想，柔軟性，主体性，創造性が求められている。

2）　障害者社会参加総合推進事業

2003（平成15）年度から，「障害者の明るいくらし促進事業」と「障害者生活訓練・コミュニケーション支援等事業」が統合・再編された。

(1)　基本事業（手話通訳者の養成，身体障害者補助犬の育成等のメニュー事業）
(2)　障害者情報バリアフリー化支援事業
(3)　パソコンボランティア養成・派遣事業
(4)　パソコンリサイクル事業
(5)　障害者ITサポートセンター運営事業
(6)　盲ろう者向け通訳・介助員派遣試行事業

(7)　全国障害者スポーツ大会開催事業
(8)　障害者芸術・文化祭開催事業

◇　参考：障害者生活訓練・コミュニケーション支援等事業
①生活訓練（歩行訓練，身辺・家事管理，福祉機器の活用方法，社会資源の活用方法等）
②音声機能障害者発声訓練，指導者養成
③点字による即時情報ネットワーク事業
④各種奉仕員等養成・派遣事業（点訳奉仕員，朗読奉仕員，要約筆記奉仕員，手話奉仕員，手話通訳者等）
⑤盲導犬育成事業
⑥盲ろう者通訳・ガイドヘルパー養成事業，手話通訳者特別研修事業

3）市町村障害者社会参加促進事業

「障害者の明るいくらし」促進事業の市町村版（概ね人口5万人程度を単位）として1995（平成7）年度に創設されたが，1998（平成10）年度から3障害を対象として実施できるよう改められた。概ね人口5万人を想定した地域において，その地域のニーズに応じてメニューから選択して実施するものであり，2005（平成15）年度から「バリアフリーのまちづくり活動事業」が統合された。

(1)　基本事業（手話通訳者の派遣，自動車運転免許取得，改造助成などのメニュー事業）
(2)　バリアフリーのまちづくり活動事業

第4節　障害者ケアマネジメント

ケアマネジメントは社会福祉援助技術の一方法である。地域において生活

している障害者の，複合的なニーズを総合的に満たす支援方法であり，一人ひとりのニーズを満たすためのものであるので，対象者が高齢者であっても，身体障害，知的障害，精神障害のある者であっても，支援の方法，プロセスは基本的には同じである。

障害者を対象とするケアマネジメントは，障害者が希望する生活を実現するための支援であり，利用者の主体性，自立性，選択性を基本とし，全過程において利用者の意向を十分に生かしたうえで，利用者の社会生活力を高めるエンパワメントの視点から支援する。

介護保険の対象とならない若年障害者を対象に，ケアマネジメントを実施するための基本理念，ケアの原則，ケアマネジメントの実施方法等が，「身体障害者介護等支援サービス指針」として1998（平成10）年にまとめられ，さらに3障害すべてを対象とする基本的なあり方の一部が2001（平成13）年3月に「障害者ケアマネジメントの普及に関する報告書」としてまとめられた。

2003（平成15）年度から開始された「支援費制度」において，障害者ケアマネジメント事業は正式に位置づけられなかったために，利用契約制度としての支援費制度は，利用者一人ひとりのニーズに基づいた適切なサービスを総合的に提供することはできなかった。2006（平成18）年度から施行された「障害者自立支援法」においては，障害者ケアマネジメントの手法が正式に位置づけられることになった。具体的には，同法第32条（サービス利用計画作成費の支給）として，以下のように規定されている。

◇ 第32条（サービス利用計画作成費の支給）

　市町村は，支給決定障害者等であって，厚生労働省令で定める数以上の種類の障害福祉サービス（施設入所支援を除く。）を利用するものその他厚生労働省令で定めるもののうち市町村が必要と認めたもの（以下この条において「指定相談支援事業者」という。）から当該指定に係る相談支援を受けたときは，当該計画作成対象障害者等に対し，当該指定相談支援に要した費用について，サービス利用計画作成費を支給する。

```
                     ┌─────────────────────────────┐
                     │ アセスメント(全国共通調査項目) │ 第20条第2項
                     └──────────────┬──────────────┘
                                    ↓
                     ┌─────────────────────────────┐
                     │      一 次 判 定              │ 第21条第1項
                     └──────────────┬──────────────┘
                        介護給付を希望する場合
                                    ↓               訓練等給付を
                     ┌──────────────────┐          希望する場合
支                   │ 二次判定(審査会)  │ 第21条第1項
給                   └──────────┬───────┘
決                              ↓
定                   ┌─────────────────────────────┐
段                   │   障 害 程 度 区 分 の 認 定   │ 第21条第1項
階                   └──────────────┬──────────────┘                ケ
                                    ↓                               ア
                     ┌─────────────────────────────┐                マ
                     │   サービス利用の意向聴取      │ 第20条第2項    ネ
                     └──────────────┬──────────────┘                ジ
                                    ↓                               メ
                     ┌─────────────────────────────┐                ン
                     │   支 給 決 定 案 の 作 成     │                ト
                     └──────────────┬──────────────┘                の
                          非定型的な案の場合                          導
                                    ↓                               入
                     ┌──────────────────┐
                     │ 審査会の意見聴取  │ 第22条第2項
                     └──────────┬───────┘
                                ↓
                     ┌─────────────────────────────┐
                     │   支 給 決 定                 │ 第22条第1項
                     └──────────────┬──────────────┘
利 サ                               ↓
用 ー                ┌─────────────────────────────┐
段 ビ                │ サービス利用計画の作成・モニタリング(※) │ 第32条第1項
階 ス                └─────────────────────────────┘
```

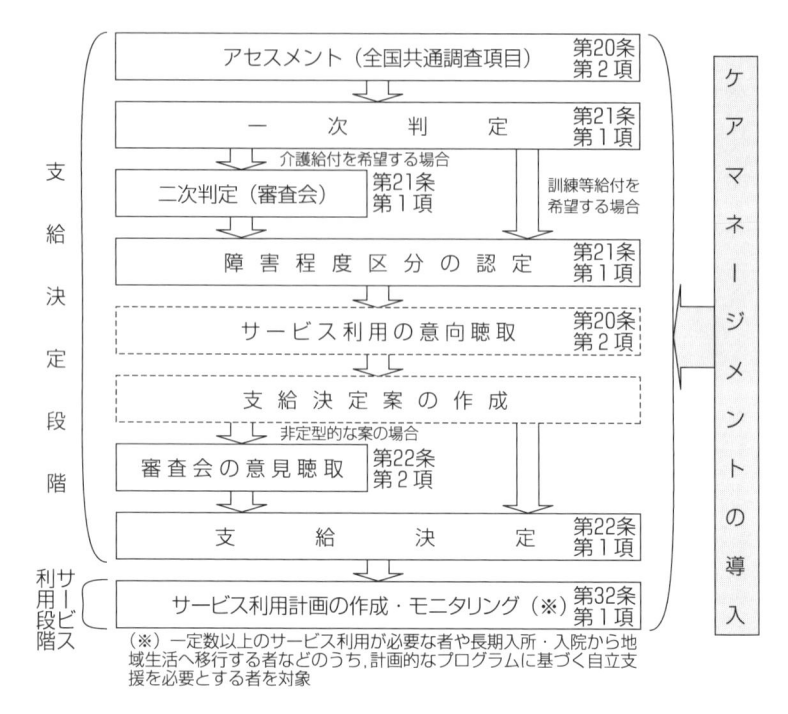

(※) 一定数以上のサービス利用が必要な者や長期入所・入院から地域生活へ移行する者などのうち，計画的なプログラムに基づく自立支援を必要とする者を対象

(平成17年10月6日厚生労働省障害保健福祉関係主管課長会議資料より)

図5-3 支給決定・サービス利用のプロセス(全体像)

　福祉サービスの支給決定とサービス利用のプロセスに，ケアマネジメントを導入することとされており，その全体像は図5-3のとおりである。

1. 障害者ケアマネジメントとは

　障害者ケアマネジメントとは，障害者の地域における生活を支援するために，ケアマネジメントを希望する者の意向を踏まえて，福祉・保健・医療のほか，教育・就労などの幅広いニーズと，さまざまな地域の社会資源の間に立って複数のサービスを適切に結びつけ調整を図るとともに，総合的かつ継続的なサービスの供給を確保し，さらには社会資源の改善および開発を推進する援助方法であり，重要なポイントは以下のとおりである(奥野，2002；2003)。

(1) 障害者の地域生活を支援する。
(2) ケアマネジメントを希望する者の意向を尊重する。
(3) 利用者の幅広いニーズを把握する。
(4) さまざまな地域の社会資源をニーズに適切に結びつける。
(5) 総合的かつ継続的なサービスの供給を確保する。
(6) 社会資源の改善および開発を推進する。

2. 障害者ケアマネジメントの基本理念と実施原則

障害者ケアマネジメントにおけるケアとは，福祉サービスのほか，保健，医療，リハビリテーションや社会参加を支援するすべてのサービスも含む。

障害者ケアマネジメントの基本理念は以下のとおりである。

(1) ノーマライゼーションの実現に向けた支援
(2) 自立と社会参加の支援
(3) 主体性，自己決定の尊重・支援
(4) 地域における生活の個別支援
(5) エンパワメントの視点による支援

障害者ケアマネジメントを行うときに配慮する実施原則は，以下のとおりである。

(1) 利用者の人権への配慮
(2) 総合的なニーズ把握とニーズに合致した社会資源の検討
(3) ケアの目標設定と計画的実施
(4) 福祉・保健・医療・教育・就労等の総合的なサービスの実現
(5) プライバシーの尊重
(6) 相談窓口

相談窓口については，地域における生活支援を充実する観点から，障害者が生活している地域において，総合的な相談・生活支援・情報提供機能をもつ相談窓口を整備する。

相談窓口のみでは解決できない介護，住宅改造，福祉用具，社会参加等の複合的なニーズを満たすために，各種専門職によって構成されるケアチームによるケアマネジメントが実施される。相談窓口は，介護等支援サービスの入り口として位置づけられる。

3. ケアマネジャーの役割と求められる資質

ケアマネジャーは，ケアマネジメントの全過程に中心的に関わる者であり，具体的な主要業務は次のとおりである。

(1) 相談窓口の運営
(2) アセスメント（生活全体を捉える一次アセスメント）の実施
(3) 必要に応じて専門的なアセスメント（二次アセスメント）の依頼
(4) ケア会議の運営・開催
(5) ケア目標の設定とケア計画の作成
(6) 公的サービスに関する市町村との連絡・調整
(7) サービス提供機関との連絡・調整
(8) モニタリングおよび再アセスメントの実施・依頼
(9) ケアマネジメントの評価
(10) ケアマネジメント終了の判断
(11) 社会資源の改善および開発
(12) 支援ネットワークの形成

ケアマネジャー（障害者ケアマネジメント従事者）に求められる資質としては，以下のような項目を挙げることができ，これらはソーシャルワーカーとして求められる資質と同じである。

(1) 信頼関係を形成する力
(2) 専門的面接技術
(3) ニーズを探し出すアセスメント力
(4) サービスの知識や体験的理解力
(5) 社会資源の改善および開発に取り組む姿勢
(6) 支援ネットワークの形成力
(7) チームアプローチを展開する力

4. 障害者ケアマネジメントのプロセス

ケアマネジメントのプロセスは図5-4のとおりであり，それぞれのプロセスでは以下のような内容を行う。

1） 利用者の確認

相談窓口には障害者やその家族，および関係機関から相談がくるが，その対象者に複合的なニーズがあり，ケアマネジメントを希望した場合に，その対象となる。

2） アセスメント（ニーズの把握）

ケアマネジャーは利用者の生活の場において詳しく話を聞き，現状を把握し，ニーズを確認する。その場合，必要に応じて手話通訳士（者）が同行する。障害者のニーズを把握する際には，次のような項目が考えられる。家庭訪問をする場合には，利用者および家族の了解を事前に得る。

◇ アセスメント項目
  A. 生活の状況
    ・1日の生活の流れ　・家族の状況　・家屋の状況　・その他
  B. 利用者の状況
    ・障害の状況　・健康状態　・経済状況　・身辺行為　・移動
    ・コミュニケーション　・家庭生活技術　・福祉用具の活用
    ・住宅環境　・社会参加状況　・教育　・就労　・危機管理

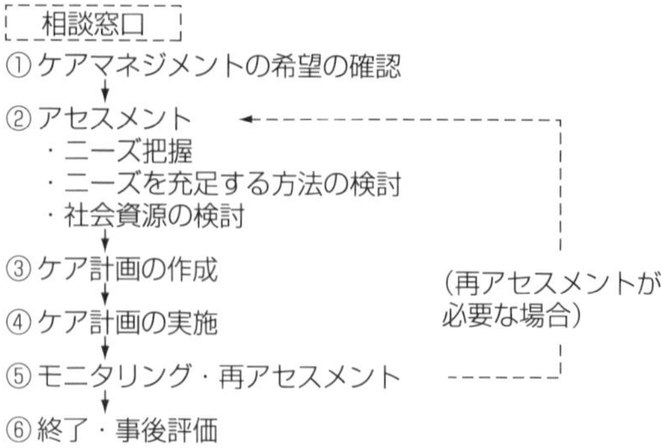

```
┌─ 相談窓口 ─┐
     ↓
①ケアマネジメントの希望の確認
     ↓
②アセスメント      ←------┐
  ・ニーズ把握              │
  ・ニーズを充足する方法の検討  │
  ・社会資源の検討           │
     ↓                  （再アセスメントが
③ケア計画の作成            必要な場合）
     ↓                    │
④ケア計画の実施             │
     ↓                    │
⑤モニタリング・再アセスメント ------┘
     ↓
⑥終了・事後評価
```

図5-4　ケアマネジメントのプロセス

　　・その他
　C. 希望する生活とサービス
　　　・希望する一日の生活の流れ　・希望するサービス

　ケアマネジャーの家庭訪問による一次アセスメントの結果，かかりつけ医・専門医，看護師，PT，OT等の職種による，専門的アセスメントが必要と判断される利用者については，必要な専門職による二次アセスメントを実施する。

3）ケア計画の作成

　ケア会議を開催し利用者の複合的なニーズを明らかにするとともに，活用できるサービスを検討する。ニーズの把握に関わった者がチームで検討し，可能であればできるだけ利用者や家族も参加する。検討結果に基づきケア計画書を作成し，それを利用者にわかりやすく説明し，利用者の合意を得る。

　ケア会議はケアマネジャーが進行し，ソーシャルワーカー（社会福祉士等），医師，保健師，看護師，PT，OT，介護福祉士，当事者相談員等，市町村担当者，本人および家族等，必要に応じて手話通訳士が参加し，チームによりケア計画を作成する。利用者本人ができること，家族が対応できることを検討するほか，公的サービス，民間サービス，ボランティア，インフォー

マルサポートなどすべてを活用して，ケア計画を作成する。利用できるサービスの提供先が複数ある場合には，サービス提供先についての情報を利用者に提供し，サービス利用先を利用者が選択する。

4）ケア計画の実施

サービスの依頼は，利用者が行う場合とケアマネジャーが利用者に代わって行う場合がある。実際にサービスの提供が開始されてから，サービスが円滑に提供されているかどうかを確認し，利用者のサービス受け入れ状況をサービス実施機関から報告を受ける。

その結果，サービスが計画どおりに実施されていなかったり，サービスの受け入れに支障がある場合には，必要に応じてケア会議を開催し，調整する。利用者とサービス提供先との間に，行き違いとか何らかのトラブルが生じた場合には，ケアマネジャーはその調整にあたる。

5）モニタリングと再アセスメント

ケア計画実施後のサービスの提供状況や，時間的経過に伴うニーズの変化，新たに発生したニーズに対応するために，モニタリングや再アセスメントが必要とされる。モニタリングはサービス提供開始から1週間，1カ月，その後は3カ月に1回等，期間を定めて実施する。

6）ケアマネジメントの終了と事後評価

モニタリングや再アセスメントの結果，複合的なニーズがすべて解消された場合，または，チームによる総合的支援が必要とされなくなった場合に，ケアマネジメントは終了する。また，ケアマネジメントにより利用者の社会生活力等が高められ，自分でマネジメントができるようになった場合にも，ケアマネジメントは終了する。

ケアマネジメント終了後に，全過程において改善すべきことがあったか，提供されたサービスの内容が適切であったか等を検討するために，事後評価を実施する。

第6章 「社会生活力プログラム」の体系化

第1節 地域で生活する重度肢体不自由者の社会的自立を実現するための条件

　わが国においては従来，介護を必要とする重度肢体不自由者は親が死ぬまで親に介護されるか，兄弟姉妹が世話をしてきたという現実があった（全国心身障害者をもつ兄弟姉妹の会東京支部，1974）。重度肢体不自由者の介護にあたる親や兄弟姉妹の肉体的・精神的負担は，その人生をまったく転換してしまうほど大きい。一方，このような私的ケアによって生活してきた障害のある人は，自分の意志で決定し行動する機会に乏しく，親・きょうだいに全面的に依存する生活の肩身の狭さ，息苦しさにさいなまれ，また，常に子ども扱い，無能扱いされることにより，人格の社会化・成熟化の機会を得られず，人間性発達に支障がもたらされることが多いといわれてきた（東京青い芝の会，1979）。

　1975（昭和50）年の国連による「障害者の権利宣言」の根底には，「ノーマライゼーション」の理念がある。「ノーマライゼーション」とは，「地域社会の中に障害のある者，老人，病人等いろいろな人が生活しているのが正常であり，このようなノーマル（正常，普通）な生活環境において誰でもが生活できるような環境づくりと社会福祉サービスを行うこと」を意味している（Wolfensberger，1981）。また，1981（昭和56）年の国際障害者年のテーマ「完全参加と平等」も，同様の理念によるものであった。

　このような観点に立ち，重度肢体不自由者がどのような育てられ方をし，

どのような教育を受け，どのようなリハビリテーションサービスを受ければ，本人の内的資源としての「社会生活力」が高まるのか，また社会資源としてどのような生活条件が整備されれば，地域社会での社会的自立が可能になるかを明らかにするために，重度の障害者が社会的自立を促進もしくは阻害する要因を検討した（奥野，1980）。

「重度肢体不自由者」とは，「身体障害者福祉法別表第5号の身体障害程度等級表の1級及び2級に該当する肢体不自由者で，リハビリテーションを受けても完全な身辺自立は不可能であり，通常の職業生活を維持することが困難な者」と定義し，このような重度肢体不自由者にとっての「社会的自立」とは，身辺自立，職業的自立，経済的自立を意味するのではなく，地域社会での生活のなかで自分にとって必要な社会的資源を選択・活用し，自主的に生きる力を獲得して自立的に生活することを意味する。そこには，当然，そのような選択ができるように社会的に保障することが含まれる。

本研究は，重度肢体不自由者への面接調査によって実施したが，本稿ではそのうちの代表的な4事例についてまとめる。対象者は年代，障害原因，生育歴，現在の生活状況および生活の場が異なり，事例を選ぶにあたっては「社会的自立」の観点から，自立度の比較的低い事例から比較的高い事例までが含まれるよう配慮したが，プライバシー保護の観点から，一部改変してある。

(1) 事例A：男性，未婚，20代後半，大学時代の交通事故による左上下肢機能障害と言語障害
(2) 事例B：男性，既婚，30代前半，進行性筋萎縮症による四肢体幹機能障害
(3) 事例C：男性，既婚，30代後半，脳性まひによる四肢機能まひ
(4) 事例D：女性，未婚，40代前半，学齢期に罹患したポリオによる四肢体幹機能障害

事例の詳細についてはプライバシー保護の観点から記載しないが，筆者が個別訪問によって，事例の居住する場所で面接を実施した。面接調査結果を，介助を必要とする重度肢体不自由者が，地域社会において自立生活を営むための促進条件と阻害条件という視点で整理して検討した結果，以下のような12の要因が関わっていると考えられた。

1. 自立に向けた育て方

事例Aは，幼少児期に自立へ向けて育てられる経験が少なかったと考えられる。事例Bは，2人兄弟の長男としての立場を尊重され，地域における近隣関係を大切にする家庭に育てられたため，行動範囲が限られてはいるが社会性が培われている。脳性まひの事例Cは，障害児を生んだという罪障感に母親が苦しみ，父親は障害児が生まれたことを腹立たしく思い，母親の罪障感から過保護となり子どもの自立心を摘み，子どもの人格の社会化・成熟化過程に支障をきたしたのではないかと思われる。事例Dは，精神的自立については厳しく育てられたが，身辺自立の必要性を家族が認識せず，身内の者が介助するのが当然という考え方であった。以上から，重い障害のある場合も，家族の一員，社会の一員として適切な役割・行動がとれるような「自立に向けた育て方」が，社会的自立を実現するための基礎的な条件ではないかと考えられる。

2. 適切な教育を受ける機会

事例Aは大学時代の交通事故により受傷し，大学を中退した。事例Bは小中高校まで普通校に通ったが，大学は物理的バリアのために断念した。事例C，Dは小学校で中退せざるを得なかった。このように4ケースともすべて，教育面において困難な問題に直面した経験がある。これらの事例から，高等教育を含むすべての教育の段階で，人的介助などのソフト面と物理的バリアをなくすなどのハード面での支援体制が必要である。社会的自立を実現するためにはまず，「適切な教育を受ける機会」の保障が重要であり，学齢

前，学齢期，高等教育まで，障害児・者一人ひとりのニーズによって作成される個別支援計画に基づいた教育を適切な時期に提供して，一人ひとりの学力，生活力を育てることが必要である。適切な教育を受ける機会を保障することは，重度肢体不自由者の社会的自立を実現するための基礎的条件である（阪本, 2005；谷口, 2005）。

3. リハビリテーションサービスの時期と内容

事例Aは，3カ所の病院や施設において医学的リハビリテーションサービスを受け，歩行および食事動作等の機能は向上したが，受傷後10年経過するも職業的自立の見通しは立たなかった。事例Cは0歳から7年間，機能回復訓練を受け，さらに17歳から1年間，機能回復訓練と職能訓練を受けた。事例Dは10歳のときポリオに罹患し，42歳にして初めて医学的リハビリテーションサービスを受け，それなりの効果を上げた。事例Bは原因不明の難病のため，治療・訓練は受けられなかった。これらのリハビリテーションサービスは，医学的リハビリテーション分野の機能回復訓練が中心であり，また，開始時期も効果もまちまちであった。4事例とも，地域社会のなかで自立して生活していくための社会リハビリテーションのプログラムを受ける機会はまったくなかった。リハビリテーションサービスは早期対応が重要であり，身近な地域社会において障害発生後直ちに受けられ，「社会リハビリテーション」も含む地域リハビリテーションサービスシステムの整備が，社会的自立を実現するために必要な条件と考えられる（上村, 2005）。

4. 適切な医療サービス

重度肢体不自由者が安心して地域で生活できるためには，地域社会において必要な場合にいつでも「適切な医療サービス」を受けられ，安心して生活できる態勢になっていなければならない。重度脳性まひ者が歯の治療を受けられる歯科医や，脊髄損傷者が褥瘡の悪化や尿路感染などを起こした場合に，すぐに受診できる医療機関が身近な地域にないことが多い。一般の医療

機関が，その地域で生活する障害者に適切に対応できるようになることも，社会的自立生活を支える重要な条件であろう（織田，2005）。

5. 経済保障

事例Bは嘱託職員手当，年金，障害者手当，事例Cは生活保護，年金，障害者手当，事例Dは年金，障害者手当を受けていた。これらの各種年金や手当の合計により経済生活が成立している。働けない障害者の経済保障として，生活保護制度ではない所得保障体系を求めて，当事者たちが要求運動を実施してきた歴史がある。人間として尊厳のある生活が営め，「完全参加と平等」を実現する「経済保障」制度が確立されることは，重度障害者の社会的自立生活を実現するための前提となる条件といえよう。

6. 介助サービス

事例C，Dはホームヘルパーとボランティアによって，必要最小限の介助を確保していた。B事例は両親，弟，妻の介助により日常生活を成立させていた。支援費制度が導入されるまでのホームヘルパー制度は，1家庭に対し，週2回半日単位程度の派遣でしかなかった。これでは，衣服の着脱，食事，トイレが自立していない重度肢体不自由者は自立生活を営めないため，これらの介助を必要とする者はホームヘルパー制度を利用すると同時に，ボランティアを最大限活用してきた。支援費制度によるホームヘルパー制度や，重度障害者介護人登録派遣制度等により改善されてきたが，全国的には24時間介護を必要とするような重度肢体不自由者の「介助サービス」はまだ保障されていない。重度障害者の生活を支える介助サービスの体系化と保障が，社会的自立を実現するための必須条件である。

7. 家事サービス

事例Cは，週1回来てくれる主婦ボランティアに力仕事や掃除を依頼し，事例Dは，買物，掃除，洗濯，食事の下ごしらえ等の家事をホームヘルパー

に依頼していた。事例Bは障害のない妻と両親が同居しているので，家事については問題がなかった。ホームヘルパー制度では，身辺介助と家事を同じ人が対応する場合が多い。事例Cは「身辺介助と家事は本来別々の人によってなされるべきである。朝から晩まで同じ人に依存すると，利用者の側に甘えが出る」という問題点を指摘していた。重度肢体不自由者が地域において自立生活を営むためには，「家事サービス」の保障も必須条件である。

8. 福祉用具・住居・生活環境

　B，C，D事例とも，地域での家庭生活と社会参加を実践するために，各種の自助具や福祉用具を活用している。また，自分の障害に合わせて住宅に必要最小限の改修をしている。在宅重度障害者の自立性を高めるために，自助具が大きな役割を果たす。フィンランドの適応訓練センター（Adaptation Training Center）では，重度障害者の自立生活を支えるために自助具の重要性を認識し，一人ひとりの要望やニーズに応じた自助具を，当事者と専門職の共同作業（パートナーシップ）によって作成している。わが国でも，1993（平成5）年に「福祉用具の研究開発及び普及に関する法律」（福祉用具法）が制定されたが，さらに障害当事者の工夫や開発を公的に生かせて，利用者にとって身体の一部と感じられるような，使い勝手のよい用具の普及システムが必要である。

　住居については，事例Cに典型的に示されたように，機能回復訓練を受けても住居が改造されなければ，要介助に陥る。地方自治体によっては，障害者を対象とした住宅改修費補助事業があるが，2000（平成12）年度から開始された介護保険制度においては，介護保険対象者は住宅改修費として20万円まで利用できるが，その金額は十分ではない。地域で社会参加し，充実したQOLの高い生活を営むためには，生活の活動性・自立性を保つための自助具，福祉用具，住居および生活環境が整備されることが基本的な条件である。

9. 交通・移動サービス

　事例B，Cは電動車いすの活用により近距離の移動は可能となった。事例Dは外出にはボランティアの介助によりタクシーを利用し，事例Cは長距離にはタクシーやハンディキャブを活用している。タクシーは機動的に活用できるが，料金が高い。ハンディキャブ等はかなり前から予約をしなければ活用できない等の問題点がある。2000（平成12）年に，「高齢者，障害者等の公共交通機関を利用した移動の円滑化の促進に関する法律」（交通バリアフリー法）が制定され，現在，各種交通機関の改善がなされてきた。移動に障害のある高齢者や障害者，およびその介護者にとっては利用しやすくなり，線としての保障はできてきたが，どこへでも自由に外出できるように面として保障することが必要である。重度肢体不自由者が地域で自立的な生活をし，社会参加を実現するためには，バリアフリーの交通・移動サービスの保障が必須の条件である。

10. 仕事，社会的・文化的活動

　4事例のうち，収入を伴う仕事をもっていたのは事例Bのみであった。区役所の嘱託職員として，在宅のひとり暮らしの老人宅に電話を入れ，健康状態を確認する仕事である。在宅で，重度肢体不自由者にもできる職域開発が求められる。仕事は社会参加の最高の手段であろう。事例C，Dとも障害者団体のボランティア役員をしており，これらが生き甲斐となっている。また，在宅重度肢体不自由者が従事できる仕事や，参加できる社会的・文化活動の場を拡げることが，社会的自立を実現するために重要な条件の一つである。

11. 本人の自立意欲

　これまでみてきた10条件がすべて整えられたとしても，本人に自立したいという意欲がなければ，社会的自立生活は成立しない。東京青い芝の会の

寺田（三ツ木，1979）は，「自立とは他人に左右されるのではなく，いかにまずくても物事を自分で判断・行動し，その結果を自分のものとして受けとめる生き方を確立することである」と述べている。事例Aは，障害受容や高次脳機能障害により，現実的な自立への意欲に乏しいと考えられた。B，C，D事例は，自己選択・自己決定による自己実現が図られ，地域での充実した生活を実現している。したがって「社会的自立生活」を実現するための中核に位置する条件は，「自立したい」「自由でありたい」「選択的に生きてゆきたい」と望む本人自身の自立意欲であろう。

12. 地域社会の人びとの理解

「本人の自立意欲」を中核として前述の10条件があり，さらにその外側に，これらすべてを容認しかつ支持する「地域社会の人びとの理解」がなければならない。地域社会には乳児，幼児，老人，病弱者がいて当然であるように，重度障害者がいるのが正常な社会なのだ，と地域社会の人びとが十分に理解する状態をつくるための社会啓発活動が重要である。

以上の12要因を図示すると図6-1のとおりである（奥野，1980）。社会的自立を支えると考えられる要因には，本人の内的資源と考えられるもの，環境が備えるべき外的資源と考えられるものがあるが，これらのすべての要因の相互関係の頂点に位置する要因が，「本人の自立意欲」であろう。意欲があれば，医療・保健・福祉のサービスを活用し，それらが整備されていない場合や量が不足している場合には，人権の保障として要求運動を行うことにつながるであろう。本人が意欲をもってこそ，地域社会のなかで地域の住民との交流をもち，近隣の人びとや障害仲間との豊かなコミュニケーションをとり，社会的・文化的活動に参加するすべを知り，それらを実践できるようになるだろう。このように，これらの要因は本人の自立意欲によって，本人の必要に応じて活用され，本人が普通に（ノーマルに）社会生活を送ることを可能にすると考えられる。その意味で，これらの要因は「社会生活力」の基盤となる要因といえる。

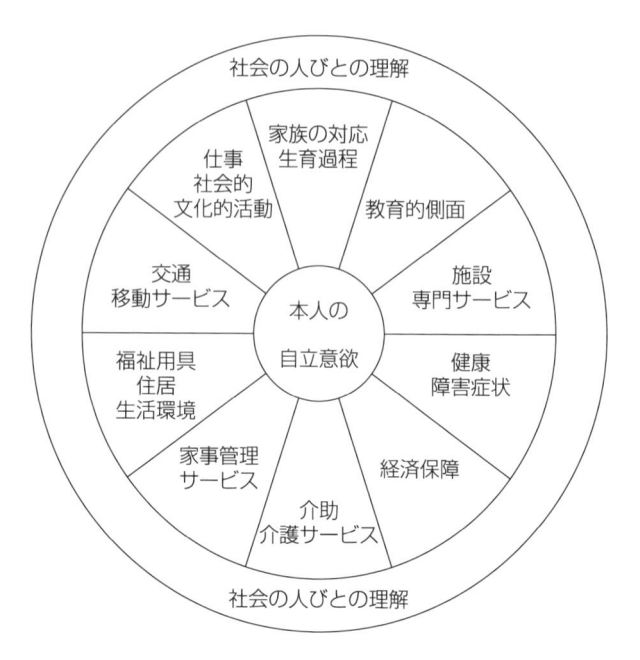

図 6-1　社会的自立を支える12要因

第2節　社会的自立生活を実現するための「社会生活力」の構成要素

　重度な障害者にとっての社会リハビリテーションとは，障害の重さに関係なく，地域社会の一構成員として社会生活に参加し，主体的に自らの人生を生きていく力，すなわち「社会生活力」を身につけることを支援する過程であると考えられる。

　支援を有効なものとしていくためには，重度な障害者がどのような領域の生活力を身につけ，いかなる条件をクリアすれば，主体的で充実した生活が送れるかを明らかにすることが前提になると考えられた。このため，社会リハビリテーション研究会（1975年発足）は，1991（平成3）年に小委員会

として「SFA研究委員会」を設置し、研究に取り組むことになった。研究委員は小島蓉子（当時日本女子大学、以下同）のほか、奥野英子（国立身体障害者リハビリテーションセンター）、赤塚光子（東京都心身障害者福祉センター）、石渡和実（関東学院大学）、大塚庸次（神奈川県総合リハビリテーションセンター）、佐々木葉子（横浜市総合リハビリテーションセンター）、中村佐織（長野大学）、八藤後猛（障害者職業総合センター）で構成された（奥野、1993）。この研究委員会では、対象として重度な障害者を想定し、社会生活力調査表を作成し、調査を実施した。

　わが国ですでに自立した生活を送っている重度肢体不自由者は、これまでに「社会生活力」に関わる訓練を受けているのか、また、その訓練が現在の自立生活に役立ったか等を明らかにするために、仮説的な調査表を作成することになった。調査表作成にあたっては、わが国において総合的なリハビリテーションサービスを提供し、社会リハビリテーションを担当する専門職も配置され、わが国における先駆的なセンターとして認められていた国立身体障害者リハビリテーションセンター、東京都心身障害者福祉センター、神奈川県総合リハビリテーションセンター、横浜市総合リハビリテーションセンター、計4センターにおける、生活訓練、社会適応訓練、社会生活技術訓練など、さまざまな名称により実施している訓練プログラムの内容とその評価表等を参考にし、これらを集大成して、「社会生活力調査表」を作成した。

　この社会生活力調査表では、障害をもつ人の生活領域を、身辺の動作から社会へ拡げていく観点から、①日常生活動作、②生活関連動作、③自己管理、④家庭生活管理、⑤社会生活管理の5領域（モジュール）を設定し、各領域それぞれが独立したものとして利用可能なものであることから、モジュールと名付けられた。障害が重度で身体動作に制限が大きい場合は、それを補償するための介助者や福祉機器、社会資源などをいかに管理し、活用できるかに注目し、「日常生活動作」など医学的な要素よりも、「生活関連動作」や「自己管理」、「家庭生活管理」の能力などを重視し、これらに関する評価項目数を多くした。

地域で暮らしていくために必要と考えられる要素については，「社会生活管理」というモジュールにおいて，対人関係，地域活動，職業生活，余暇活動など，生活の多様な側面を網羅するようにした。各モジュールに含まれる評価項目（サブモジュール）を決定する際に，内容の妥当性については，研究委員の所属する各リハビリテーションセンターでの実践から検討するとともに，障害当事者の協力を得て討議を経て設定した。この結果，表 6-1 に枠組みを示したとおり，五つのモジュール 115 のサブモジュールから構成される調査表となった。

関東近辺に住む重度肢体不自由者で，自立生活を志向していると判断された者 114 名を対象に，社会生活力調査表による面接調査を実施した。また，国立身体障害者リハビリテーションセンター，東京都心身障害者福祉センター，神奈川県立総合リハビリテーションセンター，および横浜市総合リハビリテーションセンターにおいて，社会リハビリテーションを担当するソーシャルワーカー（生活指導員）を対象に，どのようなプログラムが実施されているか，どのようなプログラムが必要と思うか等について，質問紙による調査を実施した。

重度肢体不自由者を対象とした面接調査の結果，「自立」と「ほぼ自立」で 9 割近くを占めた。障害が重度で介助を受けていても，自分の生活を主体的に管理し，自らの責任において毎日を送っている者が多いことが明らかになった。また，知的に高い者ほど自立度が高かった。生活指導員による質問紙調査結果によると，自己覚知，自己表現，人間関係，自己擁護，セクシュアリティーなど，人間の内面に深く関わる領域についてのプログラムは，わが国においては実施されていなかった。また一方，日本の社会において必要な項目が，地域のしきたりや，つき合いの技術であることなども明らかになり，自己主張という印象を与えないコミュニケーション方法についての訓練も，日本の社会においては必要であることが示唆された（奥野，1993）。

「社会生活力調査表」による調査結果から，わが国において，本人が満足感をもって自立生活を営んでいる身体障害者は，「排泄など最もプライバ

表6-1　自立生活達成要素のモジュールとサブモジュール（奥野，1993）

モジュール（領域）	サブモジュール（項目数）
A. 日常生活動作	身辺処理（5） 移動（5）
B. 生活関連動作	交通機関の利用（6） 調理（5） 衣類管理（5） 掃除（2） 買物（3） コミュニケーション（7）
C. 自己管理	健康管理（5） 精神的安定（3） 介助管理（7） 装具・補装具管理（4）
D. 家庭生活管理	住居管理（4） 家計管理（5） 安全・緊急時の対応（5）
E. 社会生活管理	対人関係：介助者（4） 　　　　　友人・知人（6） 　　　　　家族・親族（5） 冠婚葬祭（3） 地域活動（3） 社会資源の利用（5） 就労・転職への準備（6） 職業生活（6） 余暇活動（6）

シーに関わる日常生活動作が確立し，家族等との生活基盤があり，自らの意志で移動する手段をもち，対社会的な窓口をもち，生きがいをもって社会生活に参加し，貯蓄できる程度の経済的ゆとりがあり，未来志向に生きている人」であることが明らかになった。

第3節　身体障害者更生施設における社会生活訓練プログラムの実施状況

　1995（平成7）年12月に，「障害者対策に関する新長期計画」の重点施策実施計画として「障害者プラン」が策定され，「障害者が生活機能を回復・取得するために必要な社会生活訓練についての研究・開発」の重要性が明記された（総理府，1995）。また，障害者プランによる事業の一つとして，1996（平成8）年度から総合相談，在宅サービスの利用援助，社会生活力を高めるための支援，社会資源の開発，ピアカウンセリングなどを主な事業とする「市町村障害者生活支援事業」が創設された。特に，職業復帰を中心とした援助が困難な重度・重複障害者を対象に，地域生活を始める以前において社会生活力を高めるための援助プログラムが，個々のニーズに即したかたちで実施される必要があることが重要な課題として認識された。従来，身体障害者更生施設においては，機能回復訓練，職能訓練，生活指導等が主として実施されてきたが，障害の重度化や重複化により就労に結びつかない利用者が多くなり，ノーマライゼーションの理念からも，地域での生活に移行するための支援が重要になってきたと考えられる。

　このようななかで，全国の身体障害者更生施設において，社会生活に関連したリハビリテーション訓練が，どの程度，どのような内容で行われているかについては，ほとんど客観的資料はない状況であった。そこで，本節では社会生活力を高めるためのプログラムを体系化するための基礎資料を得るために，障害者プランの策定などを受けて，身体障害者更生施設等で「社会生活力」に関わるような援助プログラムを，実際どの程度実施しているのか，実施状況等を把握するために調査を行った。本調査は平成8年度厚生科学研究（障害者等保健福祉総合研究事業）の一つとして進められ，「障害者の社会生活訓練プログラムの体系化と総合マニュアルの策定に関する研究」（板山，1997）としてまとめられた。

調査対象は，肢体不自由者更生施設，重度身体障害者更生援護施設，視覚障害者更生施設，内部障害者更生施設，聴覚・言語障害者更生施設，計126施設で，調査内容は，①援助プログラムの有無，②援助プログラムに取り組むための必要条件（自由記述）等で，1996年に郵送による質問紙調査を実施した。

126施設すべてから回答を得ることができ，社会生活力援助プログラムの実施状況としては，文章化・様式化したプログラムに沿って行うというより，担当職員の判断で必要に応じて実施していることが多く，実施しているモジュールの第1位は「外出」で69施設，第2位は「家庭管理」で55施設，第3位は「余暇活動」で51施設であった。マニュアルが用意されているのではなく，職員がそれぞれの工夫により取り組みやすいものとして，外出，家庭管理，余暇活動が多くなっていると考えられる。プログラムの実施担当者は生活指導員が圧倒的に多く，その他は寮母，看護師，心理判定員，作業療法士，理学療法士の順であり，社会生活力に関しては，生活指導員が主たる援助者であることが確認された。

文章化・様式化したプログラムがある施設の場合，プログラム対象者の障害の種類は，肢体不自由，重複障害，視覚障害の順であった。担当職員の判断に応じて実施している施設の場合，プログラム対象者の障害の種類は同様であった。社会生活力プログラムの対象障害としては，肢体不自由と重複障害が中心になることが確認できた。

社会生活力援助プログラムに取り組むために必要とされる項目については，回答の高かった順に，①訓練を行う職員の資質向上，②訓練を行う職員の増員，③訓練の方法がわかるマニュアル，④訓練の必要性に対する職員の意識，⑤必要な経費の確保が挙げられ，実施方法を示すマニュアルの作成の必要性と，その実施方法を示す研修会が必要であることが示唆された。

必要性の高いモジュールとしては，「健康管理」「生活管理」「障害の認識」「自己の認識」の順に挙げられた。社会生活力援助プログラムの必要性については，管理者も担当職員もほぼ全員がその必要性を認識していた。

本調査によって，社会生活訓練プログラムの有無と程度，実施状況，職員の意識，課題等を把握できたが，全国の施設においてプログラムの体系化はほとんどなされておらず，また，マニュアルがある施設はほとんどなかった。しかし，社会生活力を高めるためのプログラムの必要性は，施設の管理者および指導員の共通の認識となりはじめていることが明らかになった。就労を前提にした訓練を行うことが困難な重度・重複障害をもつ施設利用者がいる施設では，従来の機能訓練や職能訓練中心のプログラムでは，社会人として主体的，選択的に人生を歩むための準備はできないため，地域生活を目標としたプログラムを積極的に取り入れていくことの重要性を感じている状況が読み取れた。しかし，一部の施設からは，プログラムやマニュアルを作成しても，施設利用者の年齢差，社会経験差，生活環境差，価値観の多様化等，複雑・多岐にわたる利用者の現状から考えると，役に立たないのではないかという消極的，否定的な意見も出された。

　このような状況から，社会生活力を高めるプログラムの体系化とマニュアル作成への期待が表明されるとともに，生活する地域に介護サービスや住宅，移動手段など，生活基盤・環境が整備されることが，施設におけるプログラムの有用性を高めるための前提となるのではないかという，社会資源の整備の必要性についても指摘された。本調査を通して，障害者プランなど国の施策の変化や，現実的には対象者の障害の重度化を背景として，身体障害者更生施設等においても，「社会生活力」を高めるためのリハビリテーションプログラムの必要性が認識されはじめており，実際にリハビリテーションを実践していくうえでの基本的な考え方，内容の範囲，実施方法を明らかにした具体的なプログラムの整備が，喫緊の課題であることが再確認された。

第4節 「社会生活力プログラム」の開発

1. 身体障害のある人を主対象とする「社会生活力プログラム」

地域で生活する重度肢体不自由者の生活を支える要因の研究，社会的自立生活を実現するための社会生活力の構成要素の調査，わが国における社会リハビリテーションのプログラムの実施状況調査などのほか，わが国で従来から実施されてきた生活訓練，社会技術訓練等，海外において開発された自立生活技術訓練，生活技能訓練（social skills training：SST）（Liberman, et al., 1975）等を総合的に検討することにより，社会生活力プログラムの枠組みを明確化し，これらを基盤に社会生活力プログラムのマニュアルを試作する取り組みが始められた。

前述の「SFA研究委員会」に所属する筆者を含む5名のメンバーは，関東近県にある総合的なリハビリテーションセンター等に勤務するソーシャルワーカー（生活指導員等）として，長年にわたるリハビリテーション現場での経験を通して，社会生活力プログラムの必要性を痛感していたことから，本プログラム体系化に積極的に取り組むことになった。その結果，1999（平成11）年に「社会生活力プログラム・マニュアル──障害者の地域生活と社会参加を支援するために」が作成された。

同プログラムの構成と学習目標は，表6-2のとおりである。

2. 知的障害・発達障害等のある人を対象とする「社会生活力プログラム」

身体障害者を主対象として開発された社会生活力プログラムが，知的障害者施設においても活用されるようになるに伴い，知的障害のある方々の支援に関わってきた実践家を中心に，2002（平成14）年の7月から新たな「社会生活力プログラム・マニュアル」を作成する研究活動が，「社会リハビリ

表6-2 「社会生活力プログラム」の構成と学習目標・学習課題

1部　生活の基礎をつくる

モジュール1　健康管理
　　　　　　〈学習目標〉1　健康な生活をおくるための条件を知る
　　　　　　　　　　　　2　障害と上手につきあう
　　　　　　　　　　　　3　健康な食生活をする
　　　　　　　　　　　　4　医療・保健機関を活用する
　　　　　　　　　　　　5　健康でいきいきした生活をおくる
モジュール2　時間・金銭管理
　　　　　　〈学習目標〉1　時間を考えて生活を組み立てる
　　　　　　　　　　　　2　周囲の人の生活時間を考慮して行動する
　　　　　　　　　　　　3　収入と支出を考えて生活する
　　　　　　　　　　　　4　貯蓄や各種カードの使用方法がわかる
　　　　　　　　　　　　5　時間やお金を管理し安定した生活をおくる
モジュール3　家庭管理
　　　　　　〈学習目標〉1　食生活を大切にする
　　　　　　　　　　　　2　適切に衣服を管理しておしゃれを楽しむ
　　　　　　　　　　　　3　整理・清掃により快適に生活する
　　　　　　　　　　　　4　家庭生活に必要な買い物をする
　　　　　　　　　　　　5　家事を上手に行い生活を楽しむ
モジュール4　安全・危機管理
　　　　　　〈学習目標〉1　日常生活を安全に管理する
　　　　　　　　　　　　2　日常生活における事故や災難に対処する
　　　　　　　　　　　　3　さまざまな自然災害に備え対処する
　　　　　　　　　　　　4　地震に備え対処する
　　　　　　　　　　　　5　近隣の人々と助け合い安心した生活をおくる
2部　自分の生活をつくる
モジュール5　介　助
　　　　　　〈学習目標〉1　必要な介助を考える
　　　　　　　　　　　　2　自分に必要な介助の内容・時間を知る
　　　　　　　　　　　　3　さまざまな介助サービスを知る
　　　　　　　　　　　　4　介助の内容や方法を伝え介助者と良い関係をつくる
　　　　　　　　　　　　5　介助を受けて充実した生活をおくる
モジュール6　福祉用具
　　　　　　〈学習目標〉1　福祉用具の役割と種類を知る
　　　　　　　　　　　　2　自分の生活に必要な福祉用具がわかる
　　　　　　　　　　　　3　必要な福祉用具の入手方法がわかる
　　　　　　　　　　　　4　福祉用具の維持管理の方法がわかる
　　　　　　　　　　　　5　福祉用具を活用して豊かな生活をつくる
モジュール7　住　宅
　　　　　　〈学習目標〉1　生活しやすい住宅を考える

　　　　　　　　　　　　　2　住みたい住宅を決める
　　　　　　　　　　　　　3　住宅を借りる方法や手続きを理解する
　　　　　　　　　　　　　4　住宅改造と住宅についての助成制度を知る
　　　　　　　　　　　　　5　快適な生活空間をつくる
　　モジュール8　外　出
　　　　　　　〈学習目標〉1　外出の方法について知る
　　　　　　　　　　　　　2　外出の準備をする
　　　　　　　　　　　　　3　外出先でのさまざまな出来事に対応する
　　　　　　　　　　　　　4　バリアフリー環境について考える
　　　　　　　　　　　　　5　積極的に外出し生活を楽しむ
3部　自分らしく生きる
　　モジュール9　自己の認識
　　　　　　　〈学習目標〉1　一人ひとりの性格の違いを理解する
　　　　　　　　　　　　　2　価値観とは何かを理解する
　　　　　　　　　　　　　3　自分の価値観を明確にしお互いを尊重しあう
　　　　　　　　　　　　　4　自分の価値観に基づいて意思決定をする
　　　　　　　　　　　　　5　自分を大切にし自分らしく考え行動する
　　モジュール10　障害の理解
　　　　　　　〈学習目標〉1　障害と生活との関係を考える
　　　　　　　　　　　　　2　自分の障害や自分と異なる障害を理解する
　　　　　　　　　　　　　3　周囲の人の障害者観を考える
　　　　　　　　　　　　　4　障害を適切に説明する
　　　　　　　　　　　　　5　障害を前向きにとらえ主体的に生きる
　　モジュール11　コミュニケーションと人間関係
　　　　　　　〈学習目標〉1　コミュニケーションの基本を考える
　　　　　　　　　　　　　2　自分の思いや考えを伝え相手を理解する
　　　　　　　　　　　　　3　相手や場面に応じたコミュニケーションをとる
　　　　　　　　　　　　　4　コミュニケーションの手段と情報入手の方法を学ぶ
　　　　　　　　　　　　　5　積極的なコミュニケーションにより豊かな人間関係を築く
　　モジュール12　性・結婚
　　　　　　　〈学習目標〉1　男女の違いと性・結婚の意味を理解する
　　　　　　　　　　　　　2　障害が性・結婚にどのような影響を与えるか理解する
　　　　　　　　　　　　　3　障害のある人の性生活について考える
　　　　　　　　　　　　　4　避妊・性病・性犯罪などについて理解する
　　　　　　　　　　　　　5　男性として女性として生きる
4部　社会参加する
　　モジュール13　社会参加と社会資源
　　　　　　　〈学習目標〉1　社会参加について考える
　　　　　　　　　　　　　2　地域の社会資源を知る

モジュール14　近隣関係・地域活動
　　　　〈学習目標〉　1　自分と家族や周囲の人との関係を理解する
　　　　　　　　　　2　おつきあいのルールを知り上手につきあう
　　　　　　　　　　3　地域の活動と参加の仕方を知る
　　　　　　　　　　4　障害のある仲間とともに活動する
　　　　　　　　　　5　さまざまなつきあいを通して地域生活を充実させる
モジュール15　就労・作業活動
　　　　〈学習目標〉　1　働くことの意味を考える
　　　　　　　　　　2　やりたい仕事について考える
　　　　　　　　　　3　自分に適した仕事のさがし方を学ぶ
　　　　　　　　　　4　仕事に就くための準備をする
　　　　　　　　　　5　働くことにより充実した生活をおくる
モジュール16　余暇活動
　　　　〈学習目標〉　1　どのような余暇活動があるかを知る
　　　　　　　　　　2　余暇の過ごし方を考える
　　　　　　　　　　3　余暇活動を実現する方法を知る
　　　　　　　　　　4　やってみたい余暇活動を体験する
　　　　　　　　　　5　余暇活動を通じて人との交流を深める

5部　自分の権利をいかす
モジュール17　障害者関係の法律と施策
　　　　〈学習目標〉　1　障害者関係の法律を学ぶ
　　　　　　　　　　2　身体障害者福祉法による施策を学ぶ
　　　　　　　　　　3　国の施策や地方自治体の施策について学ぶ
　　　　　　　　　　4　施策の活用について考える
　　　　　　　　　　5　施策の課題を整理し暮らしやすい地域づくりをめざす
モジュール18　権利の行使と擁護
　　　　〈学習目標〉　1　わが国の国民の権利について知る
　　　　　　　　　　2　障害のある人に保障されている権利について知る
　　　　　　　　　　3　権利擁護とは何かを自分の生活との関連で具体的に知る
　　　　　　　　　　4　自分の権利を守る方法を知る
　　　　　　　　　　5　自分の権利を主張し力強く生きる

テーション研究会」において開始された。約3年半の歳月をかけ，『自立を支援する社会生活力プログラム・マニュアル——知的障害・発達障害・高次脳機能障害等のある人のために』を，2006（平成18）年4月に刊行することができた。新たに作られたプログラムの構成と学習目標は，本章末に掲載した表6-3のとおりである。

1）「自立を支援する社会生活力プログラム」の基本理念

2006（平成18）年に完成した「自立を支援する社会生活力プログラム」の基本理念は，社会リハビリテーションの基本理念として第5章第1節に挙げた，①リハビリテーション，②社会生活力，③生活の質，④生活モデル，⑤エンパワメント，⑥パートナーシップ，⑦ノーマライゼーション，⑧社会参加，を基本としつつ，さらに，知的障害，発達障害，高次脳機能障害のある人を主対象とする場合には，できない部分についてはサポートを活用することが重要なので，サポートの理念を加えた。また，このプログラム自体が社会生活力を高めることを目的としているので，②の「社会生活力」は理念として外した。したがって，「自立を支援する社会生活力プログラム」を支える基本理念は，以下のとおりである。

(1) リハビリテーション
(2) 生活の質
(3) 生活モデル・社会モデル
(4) エンパワメント
(5) パートナーシップ
(6) ノーマライゼーション
(7) 社会参加
(8) サポート

上記の(1)〜(7)については第5章第1節を参照されたい。本プログラムに新たに加えた(8)サポートは，以下のとおりである。

◇ サポート

　英語の support を日本語に翻訳すると「支援」となる。リハビリテーションは「自立」をめざすが，自立はすべてを自分でできるようになることを意味しているのではない。しかし，自分でできることを増やし，自立度を高めることは，QOL の高い生活をするためにも重要なことである。しかし，障害の重い人は，家庭生活，社会生活，職業生活を何らかの援助や支援を受けないで営むことは困難である。

　日々の生活のなかで，自分ですべてのことができなくても，サポートを活用することにより，生活を豊かにすることができる。さまざまな公的な福祉サービスを権利として活用したり，家族，友達，職場の同僚，ボランティアなどのサポートを受けることにより，生活がしやすくなり，豊かな人間関係のなかで，より楽しい生活を送れるようになる。サポートを活用することは権利であることを認識できるようにするとともに，必要なサポートを提供する体制を作っていくことが大事である。本プログラムでは，このようなサポートを適切に依頼できるようになることも学ぶ。

2） 社会生活力プログラムの実施方法
(1) プログラムの対象者

　社会生活力プログラムは知的障害などのある人を対象に作成したが，発達障害，高次脳機能障害のある方々，また，肢体不自由，聴覚障害，視覚障害の方々など，どのような障害のある方々にも応用して利用できる。実施するときの対象人数は，1対1や数人の少人数から，10〜15名程度のグループでも実施が可能である。最も効果が大きいのは，6〜8名程度の人数であろうと想定している。このようなグループで実施することにより，お互いに意見の交換ができ，お互いの経験を分かち合えるというメリットがある。また，グループで学ぶことにより，お互いの相互作用により，社会性の向上も期待される。

(2) ファシリテーターの役割

　本プログラムにおいてはプログラムを実施する側を「ファシリテーター」といい，プログラムに参加する人を「参加者」という。実施する側を援助者や支援者というと，参加者が所属する施設の職員と紛らわしくなるので，本プログラムではファシリテーターということにしている。本プログラムは参加者の主体性・自立性・選択性を尊重し，また，それらを引き出すことを大切にしているので，「訓練」とか「指導」という用語をできるだけ使用しないこととしている。

　ファシリテーターは，具体的には，各種の障害関係施設の職員のほか，地域においては，地域生活支援事業等において相談援助を担当している職員や当事者相談員などを想定している。障害関係団体や障害当事者団体などにおいても，本マニュアルを活用することにより，社会生活力を高める支援を実施することができる。また，特別支援教育に関わる教員が，本プログラムを活用することも期待される。

　本プログラムを実施するファシリテーターは，プログラムを進めていく際には，以下のような配慮をすることが望まれる。

(1) すべての参加者を温かく迎え，励まし，参加者の参加意欲が高まるようにする。
(2) 参加者の発言を肯定的に受け入れ，素晴らしい発言であったことをほめる。
(3) 参加者の発言を本人の気持ちに添って整理し，参加者が上手に表現できなかった場合には，他の参加者が理解しやすいように言い直したり，代弁する。
(4) 理解が難しい参加者には，他の参加者が発言した内容を，わかりやすい言葉に言い直したり，わかりやすく整理する。
(5) 参加者間に対等な関係を築けるように配慮し，支援する。
(6) 発言が特定の参加者にかたよらないように，すべての参加者が発言

する機会をもてるように配慮する。
(7) 参加者が自分たちでグループを運営できるように支援する。

(3) 参加者に期待される役割と参加姿勢

参加者は，本プログラムに自主的に参加することが望ましいが，参加することを躊躇している場合には，楽しそうなプログラム展開をオブザーバーとしてみることにより，プログラムへの参加を促進できるであろう。参加者が本プログラムに参加し，中断しないで継続して参加できるように，以下のような配慮をする。

(1) 本プログラムは参加者全員の積極的な参加により充実するものであるので，主体的な参加が望まれる。
(2) グループ討議において積極的な発言が望ましいが，どうしても発言したくないときには，発言を強制されることはない。
(3) 参加者の発言について，お互いに馬鹿にしたり，批判してはいけない。
(4) お互いの発言を尊重しあい，お互いにほめ，励ましあうことが大事である。
(5) うまく発言ができないときには，ファシリテーターが発言内容を代弁することができるので，ファシリテーターに支援してもらう。
(6) プログラムの場で聞いた話は，一人ひとりのプライバシーを大事にするために，外では話さない約束をする。

(4) 実施する場所

このプログラムを実施する場所としては，大まかに分けると「施設」と「地域」等が挙げられる。施設については，障害者自立支援法による施設の見直しがされた後には日中活動の場，地域においては「障害者地域生活支援事業」を実施している事業所などが想定される。

実際に本プログラムを実施するときには，特別の部屋を必要としない。参加者が入って座れるスペースがあれば実施可能であり，そこに机・いす・ホワイトボードなど，最低限必要な機材が置ければ十分である。具体的には，各種施設における訓練室，集会室，食堂など，障害当事者団体の会議室，公民館や福祉センター等における集会室などを活用できる。各種養護学校など，障害児のための学校等において，高等部卒業後の社会生活準備プログラムとしての活用も効果的であり，これらの学校の場において実施されることも期待される。

⑸ 具体的な実施方法

社会生活力プログラムにおける 25 のモジュールは，各モジュールに学習目標 1，学習目標 2，学習目標 3 が設定されている。学習目標 1 は，そのモジュールのテーマについて，参加者はどのように理解しているか，そのテーマに関連してどのような生活をしているかを自分で振り返ることを目的にしている。学習目標 2 は，学習目標 1 の学習をふまえて，そのモジュールについて十分に学習し，体験をしてみて，そのテーマについての理解を深め，かつ，その課題を実践できるような方法を学ぶ。学習目標 3 は，学習目標 1 と 2 の学習をふまえて，また，その学習課題を総括するために，一人ひとりが実際の生活において，自分で期間を設定した実践計画を立てて取り組む。学習目標 3 は，各モジュールの個別的実践および応用編として位置づけられている。

社会生活力を高める支援は，ケースワーク，グループワーク，カウンセリングなどの，社会福祉援助技術や臨床心理技術等を活用して実施するので，ファシリテーターはこれらの援助技術を十分に学習していることが望まれる。

本プログラムにおいては，参加者の主体性，自立性等を引き出すためにグループ討議，グループ学習，実際に行動に踏み出すことができるようになるための演習や体験学習，ロールプレイ，モデリングなどの方法を取り入れている。

また，参加者がどのモジュールを実施したいか，どのモジュールを選択するかの判断に使用したり，学習開始前と学習終了後に，自分の理解度を把握するために，各モジュールごとにアセスメントシートが用意されている。

これらの具体的な実施方法は次のとおりである。

A．グループ討議

本プログラム・マニュアルの中心的実施方法は，「グループ討議」である。ファシリテーターはマニュアルに沿って参加者に設問を提示したり情報を提供し，参加者が自分で考え，自分の意見を他の参加者の前で発表できることを大事にしている。すべての参加者が何らかの発言ができることを大切にし，グループ討議での話し合いが活発化することを目的に，各項目ごとに話し合いのヒントが挙げられている。しかし，この話し合いのヒントは，最初から参加者に示すものではない。話し合いのヒントは，あくまでもファシリテーターがグループ討議を促進していく際に，ファシリテーターが参考にするためのヒントである。

B．グループ学習

グループ学習は，参加者全体で何かを調べたり，参加者一人ひとりが課題を調べて，みんなにその成果を発表するというような方法を想定している。グループ討議は，参加者が集まった場所において話し合いをするが，グループ学習については，みんなが通常集まる場所ばかりでなく，自宅に帰ってから学習するとか，図書館に出向いて調べるとか，市町村役場に行って実際に聞いてくるとかが想定される。このような学習方法に徐々に慣れることにより，今後，地域において実際に生活していくなかで，発生した課題や困難なことに対応する力を身につけていくことを期待している。

C．演習

各モジュールにおいて，ワークシートなどが用意されている。これらの様式を使用して，自分の考え方，自分が知っていること，調べたことなどを記入する。それぞれが記入した後に，差し支えのない範囲でみんなの前で発表したり，ワークシートに記入した内容に基づいてグループ討議を行う。自分

でワークシートに記入することが困難な場合には，ファシリテーターが代筆したり他の参加者の援助を受ける等，参加者のなかでの協力態勢や工夫が求められ，これらのプロセスが参加者の学習にとって重要な成果をもたらす。

D. 体験学習

地域において生活する際には，買い物，市町村役場での各種の手続き，医療機関の利用，交通機関の利用，郵便局，銀行の利用など，さまざまな場を実際に利用できることが求められる。

25のモジュールにおいて，それぞれに関わりのあるこれらの実際の場についてグループで討議したり，学習した後に実際に電車，バスを利用して外出したり，市町村役場で手続きをしたり，郵便局や銀行でキャッシュカードを作成し，実際にATM（自動支払機）を使って金銭の出し入れの練習等をする。また，交番や消防署などを見学したり，そこでの業務について説明を受けることなども企画できる。

E. ロールプレイ

ロールプレイはさまざまな役割を自発的に演じることであり，役割演技ともいわれる。最近は，ある場面を設定する一種のシミュレーション（想定場面）として，さまざまな訓練の場で活用されている。具体的には，参加者が体験したことのない場面を設定し，実際に体験する前に練習をしたり，自分と違う立場の者の気持ちを理解するために行うとか，さまざまな実施方法が想定される。外出先で道に迷ってしまい，通りがかりの人に道を聞く練習をするなどのほか，さまざまな場面を工夫することが期待されている。

F. モデリング

モデリングとは，モデルを観察することによって，観察学習効果，抑制効果，反応促進効果などを期待する学習理論の一つの方法である。他者の行動や生活の仕方を観察することにより，それと同様の行動を行えるようになることを期待している。同じような障害をもつ先輩や友だちの話を聞いたり，生活をしている状況を見ることにより，自分でも実際にやってみたいとか，やれそうな自信をもって，具体的に実践できるようになることをめざして

いる。

G. アセスメント

アセスメントは，日本語に訳すと「評価」ともいえる。従来からの「評価」という用語は，専門家が対象者を診断して評価するというような意味合いにとられがちであり，このような意味にとらえると「医学モデル」に立つ援助になりがちであるので，本プログラムでは「アセスメント」という用語を用い，本人自身が自分のニーズ，能力，知識の状態をどのようにとらえるかを大事にしている。

25のモジュールのうち，どのモジュールを実施したいかを参加者本人が決定するための目安として，社会生活力プログラムを開始する前に，各モジュールのアセスメント表を使って，各モジュールの学習目標ごとにその理解度を1～3まで，自分でアセスメントする。

アセスメントの3段階評価については，理解の程度と，支援の必要な程度によって記入する。本プログラムは，1は理解が不十分（理解度が30％以下であり，かなりの支援を必要とする），2はだいたい理解している（理解度が30～70％であり，一部支援を必要とする），3は理解している（理解度が70％以上であり，ほぼ自立している）を目安としている。アセスメント結果と，本人の希望，ファシリテーターの助言等に基づいて，本人自身がどのモジュールを実施したいかを決める。

3） 自立を支援する社会生活力プログラムの構成

自立を支援する社会生活力プログラムは，①生活の基礎をつくる，②自分の生活をつくる，③自分らしく生きる，④社会参加する，⑤自分の権利を活かす，の5部門から構成されている。各部門に五つずつのモジュールを配置し，5部門のなかに25のモジュールがある。各モジュールは，参加者の希望とニーズにより，選択して実施する。5部門および25のモジュール，各モジュールにおける三つの学習目標とその学習課題は，表6-3のとおりである。

表6-3 「自立を支援する社会生活力プログラム」の構成と学習目標・学習課題

第1部　生活の基礎をつくる

モジュール1　健康管理
学習目標　1　健康な生活とは何かを知る
　　　　　　(1) あなたは健康ですか
　　　　　　(2) 身体の具合が悪いとき，どうしていますか
　　　　　　(3) 健康のために何に気をつけていますか
　　　　　　(4) 健康な生活の大切さを知る
　　　　2　健康な生活をするための方法を学ぶ
　　　　　　(1) 栄養のバランスを考えた食事のとり方を学ぶ
　　　　　　(2) 健康によい生活のリズムを学ぶ
　　　　　　(3) 適度な運動をする方法を学ぶ
　　　　　　(4) 清潔を保つ方法を学ぶ
　　　　　　(5) ストレス解消法を学ぶ
　　　　3　健康でいきいきした生活をおくる
　　　　　　(1) 健康な生活をする計画を立てましょう
　　　　　　(2) 計画を実践しましょう
　　　　　　(3) 実践したことをふりかえって話し合いましょう
モジュール2　食生活
学習目標　1　食事の大切さを知る
　　　　　　(1) どのような食事をしていますか
　　　　　　(2) 食事にはどのような種類がありますか
　　　　　　(3) 食事は健康にどのように関係しますか
　　　　　　(4) 食事について何に気をつけていますか
　　　　　　(5) 食事の大切さを知る
　　　　2　食事を用意する方法を学ぶ
　　　　　　(1) 食事を準備する手順を学ぶ
　　　　　　(2) 献立の立て方を学ぶ
　　　　　　(3) 食料品を購入・保存方法を学ぶ
　　　　　　(4) 調理の仕方を学ぶ
　　　　　　(5) サポートの活用方法を学ぶ
　　　　3　食事を楽しんで豊かな生活をする
　　　　　　(1) 楽しい食事をする計画を立てましょう
　　　　　　(2) 計画を実践しましょう
　　　　　　(3) 実践したことをふりかえって話し合いましょう
モジュール3　セルフケア
学習目標　1　セルフケアの大切さを知る
　　　　　　(1) セルフケアって何でしょう
　　　　　　(2) 自分のセルフケアをふりかえりましょう
　　　　　　(3) セルフケアで何に気をつけていますか
　　　　　　(4) セルフケアの大切さを知る

　　　　　2　セルフケアの方法を学ぶ
　　　　　　(1) 洗顔，歯みがきの仕方を学ぶ
　　　　　　(2) 入浴，シャワー，洗髪の仕方を学ぶ
　　　　　　(3) 爪きり，ひげそり，お化粧の仕方を学ぶ
　　　　　　(4) トイレの使い方を学ぶ
　　　　　　(5) 床屋，美容院の利用の仕方を学ぶ
　　　　　3　セルフケアによって気持ちのよい生活をおくる
　　　　　　(1) セルフケアの計画を立てましょう
　　　　　　(2) 計画を実践しましょう
　　　　　　(3) 実践したことをふりかえって話し合いましょう
　モジュール4　時間管理
　学習目標　1　自分の生活時間を考えて行動する
　　　　　　(1) 自分の生活時間をふりかえる
　　　　　　(2) 自分の時間管理で何に気をつけていますか
　　　　　　(3) これからの生活時間で気をつけなければならないことは何ですか
　　　　　　(4) 時間管理の大切さを知る
　　　　　2　まわりの人の生活時間を尊重することを学ぶ
　　　　　　(1) まわりの人に迷惑をかけたり，かけられた経験をふりかえる
　　　　　　(2) まわりの人の生活時間を学ぶ
　　　　　　(3) まわりの人の生活時間を尊重することを学ぶ
　　　　　3　時間を計画的に使って充実した生活をおくる
　　　　　　(1) 時間を有効に使う計画を立てましょう
　　　　　　(2) 計画を実践しましょう
　　　　　　(3) 実践したことをふりかえって話し合いましょう
　モジュール5　安全・危機管理
　学習目標　1　危険なことを知る
　　　　　　(1) 危険なことにあったことはありますか
　　　　　　(2) 身のまわりにはどのような危険なことがありますか
　　　　　　(3) 危険なことに対して注意していることはありますか
　　　　　　(4) 安全・危機管理の大切さを知る
　　　　　2　危険なことが起きたときの対処方法を学ぶ
　　　　　　(1) 身近に相談する人をもつことの大切さを学ぶ
　　　　　　(2) 交通事故が起きたらどうしますか
　　　　　　(3) 火事や地震が起きたときの対処方法を学ぶ
　　　　　　(4) 盗難にあったときの対処方法を学ぶ
　　　　　　(5) 犯罪に巻き込まれたときの対処方法を学ぶ
　　　　　3　近所の人たちとともに安心した生活をする
　　　　　　(1) 安全・危機管理に対応するための計画を立てましょう
　　　　　　(2) 計画を実践しましょう
　　　　　　(3) 実践したことをふりかえって話し合いましょう

第2部　自分の生活をつくる
モジュール6　金銭管理
学習目標　1　お金の価値を知る
　　　　　　　(1) 自分のお金をもっていますか
　　　　　　　(2) どのようなことにお金を使っていますか
　　　　　　　(3) お金がないと困ることは何ですか
　　　　　　　(4) お金の大切さを知る
　　　　　2　お金を計画的・安全に使う方法を学ぶ
　　　　　　　(1) お金は誰が管理していますか
　　　　　　　(2) 毎日のお金の管理はどのようにしていますか
　　　　　　　(3) お金を計画的に使う方法を学ぶ
　　　　　　　(4) お金を安全に管理する方法を学ぶ
　　　　　　　(5) お金をめぐるトラブルの対処方法を学ぶ
　　　　　3　お金を計画的に使い充実した生活をおくる
　　　　　　　(1) お金を計画的に楽しく使う計画を立てましょう
　　　　　　　(2) 計画を実践しましょう
　　　　　　　(3) 実践したことをふりかえって話し合いましょう
モジュール7　住まい
学習目標　1　どのような家に住みたいかがわかる
　　　　　　　(1) いま，どのような家に住んでいますか
　　　　　　　(2) いま，住んでいる家のよいところ，困っているところはどこですか
　　　　　　　(3) どのような家に誰と住みたいですか
　　　　　　　(4) 住まいの種類にはどのようなものがあるでしょう
　　　　　　　(5) どのような家に住みたいかがわかる
　　　　　2　住みたい家に住む方法がわかる
　　　　　　　(1) 住みたい家について調べる
　　　　　　　(2) 住みたい家で自分がしなければならないことを学ぶ
　　　　　　　(3) 住みたい家に住むための手続きを学ぶ
　　　　　3　住みたい家で快適に暮らす
　　　　　　　(1) 住みたい家で快適に暮らす計画を立てましょう
　　　　　　　(2) 計画を実践しましょう
　　　　　　　(3) 実践したことをふりかえって話し合いましょう
モジュール8　そうじ・整理
学習目標　1　そうじ・整理の大切さを知る
　　　　　　　(1) 自分の家の中や部屋はきれいですか
　　　　　　　(2) どのようにそうじをしていますか
　　　　　　　(3) どのように整理をしていますか
　　　　　　　(4) そうじや整理をしないと，家や部屋はどうなりますか
　　　　　　　(5) そうじ・整理の大切さを知る

　　　　　　2　そうじ・整理の方法を学ぶ
　　　　　　　　(1) そうじ用具の種類と使い方を学ぶ
　　　　　　　　(2) 場所ごとのそうじの方法と頻度を学ぶ
　　　　　　　　(3) 場所ごとの整理の方法と頻度を学ぶ
　　　　　　　　(4) 不用品やゴミの出し方を学ぶ
　　　　　　3　清潔で快適な生活をおくる
　　　　　　　　(1) そうじ・整理をする計画を立てましょう
　　　　　　　　(2) 計画を実践しましょう
　　　　　　　　(3) 実践したことをふりかえって話し合いましょう
モジュール9　買い物
学習目標　1　生活に必要な物を知る
　　　　　　　　(1) あなたはどのような買い物をしたことがありますか
　　　　　　　　(2) あなたは買い物をどこでしていますか
　　　　　　　　(3) 毎日の生活に必要な物は何でしょうか
　　　　　　　　(4) 買い物の大切さを知る
　　　　　　2　買い物の仕方を学ぶ
　　　　　　　　(1) 食料品の買い方を学ぶ
　　　　　　　　(2) 日用品の買い方を学ぶ
　　　　　　　　(3) 衣類の買い方を学ぶ
　　　　　　　　(4) 家具・電気製品の買い方を学ぶ
　　　　　　　　(5) 買う方法を学ぶ
　　　　　　3　買い物を楽しんで豊かな生活をおくる
　　　　　　　　(1) 買い物の計画を立てましょう
　　　　　　　　(2) 計画を実践しましょう
　　　　　　　　(3) 実践したことをふりかえって話し合いましょう
モジュール10　衣類管理
学習目標　1　服装の大切さを知る
　　　　　　　　(1) あなたはどのような服装をしていますか
　　　　　　　　(2) 服装について何に気をつけていますか
　　　　　　　　(3) 服装のチェックポイントは何ですか
　　　　　　　　(4) 適切な服装の大切さを知る
　　　　　　2　衣服の手入れの仕方を学ぶ
　　　　　　　　(1) 自分で洗濯する方法を学ぶ
　　　　　　　　(2) クリーニング店の利用方法を学ぶ
　　　　　　　　(3) 衣服の入れ替えや保管の仕方を学ぶ
　　　　　　　　(4) 衣服の補修や処分の仕方を学ぶ
　　　　　　　　(5) おしゃれに衣服を着る方法を学ぶ
　　　　　　3　衣類管理をして気持ちのよい生活をする
　　　　　　　　(1) 上手な衣類管理をする計画を立てましょう
　　　　　　　　(2) 計画を実践しましょう
　　　　　　　　(3) 実践したことをふりかえって話し合いましょう

第3部　自分らしく生きる
モジュール11　自分と障害の理解
学習目標　1　自分を知る
　　　　　　　(1) 自分のことを紹介しましょう
　　　　　　　(2) 自分の性格をどう思いますか
　　　　　　　(3) 自分の得意なこと，苦手なことは何ですか
　　　　　　　(4) 毎日の生活で大切にしていることは何ですか
　　　　　　　(5) お互いの個性を尊重することの大切さを知る
　　　　　2　障害について学ぶ
　　　　　　　(1) 自分の障害について学ぶ
　　　　　　　(2) いろいろな障害について学ぶ
　　　　　　　(3) 障害についての考え方を学ぶ
　　　　　　　(4) 自分の障害と必要なサポートについて学ぶ
　　　　　　　(5) 自分の障害を説明し，サポートを利用する方法を学ぶ
　　　　　3　障害とともに自信をもって生きる
　　　　　　　(1) 障害とともに自信をもって生きる計画を立てましょう
　　　　　　　(2) 計画を実践しましょう
　　　　　　　(3) 実践したことをふりかえって話し合いましょう
モジュール12　コミュニケーションと人間関係
学習目標　1　コミュニケーションと人間関係の大切さを知る
　　　　　　　(1) 今日は誰とどのような挨拶をしましたか
　　　　　　　(2) 会話をするとき，何に気をつけていますか
　　　　　　　(3) よいコミュニケーションができると，生活はどう変わりますか
　　　　　　　(4) コミュニケーションと人間関係の大切さを知る
　　　　　2　よりよいコミュニケーションの方法と人間関係を学ぶ
　　　　　　　(1) 相手や場面に応じたコミュニケーションの方法を学ぶ
　　　　　　　(2) ことばによらないコミュニケーションの方法を学ぶ
　　　　　　　(3) よい人間関係を築くためのコミュニケーションの方法を学ぶ
　　　　　　　(4) さまざまな人とのつきあいの仕方を学ぶ
　　　　　3　積極的なコミュニケーションと人間関係により豊かに生きる
　　　　　　　(1) よいコミュニケーションによって豊かな人間関係を築く計画を立てましょう
　　　　　　　(2) 計画を実践しましょう
　　　　　　　(3) 実践したことをふりかえって話し合いましょう
モジュール13　男女交際と性
学習目標　1　男女の違いを知る
　　　　　　　(1) 男女の違いを感じたときはいつですか
　　　　　　　(2) 男女のからだの違いは何ですか
　　　　　　　(3) 男女の役割の違いは何でしょう
　　　　　　　(4) 男女の違いを尊重することの大切さを知る

　　　　　　　　2　男女交際と性について学ぶ
　　　　　　　　　(1) 異性とのつきあい方を学ぶ
　　　　　　　　　(2) セックスについて学ぶ
　　　　　　　　　(3) 避妊・性感染症などについて学ぶ
　　　　　　　　　(4) 性の被害から自分を守る方法を学ぶ
　　　　　　　　3　男性・女性として自分らしく生きる
　　　　　　　　　(1) よりよい男女交際の計画を立てましょう
　　　　　　　　　(2) 計画を実践しましょう
　　　　　　　　　(3) 実践したことをふりかえって話し合いましょう
モジュール14　結　婚
学習目標　　　1　結婚とはどんなことかを知る
　　　　　　　　　(1) 身近に結婚している人はいますか
　　　　　　　　　(2) 結婚すると，独身のときと何が違ってきますか
　　　　　　　　　(3) 結婚するために必要な条件は何でしょうか
　　　　　　　　　(4) 自分はどのような結婚や家庭生活をしたいか考える
　　　　　　　　2　結婚生活について学ぶ
　　　　　　　　　(1) 家計，住む場所，家事について学ぶ
　　　　　　　　　(2) セックス，避妊，子育てについて学ぶ
　　　　　　　　　(3) 必要なサポートの内容について学ぶ
　　　　　　　　　(4) 結婚生活で起こるトラブルに対処する方法を学ぶ
　　　　　　　　3　助け合って幸せな結婚生活をおくる
　　　　　　　　　(1) 幸せな結婚生活をおくるために，計画を立てましょう
　　　　　　　　　(2) 計画を実践しましょう
　　　　　　　　　(3) 実践したことをふりかえって話し合いましょう
モジュール15　育　児
学習目標　　　1　育児とはどのようなことかを知る
　　　　　　　　　(1) 身近に育児をしている人はいますか
　　　　　　　　　(2) 子どもが生まれると，生活はどのように変わりますか
　　　　　　　　　(3) 育児にはどのようなことが必要ですか
　　　　　　　　　(4) 育児にともなう責任を知る
　　　　　　　　2　育児の方法を学ぶ
　　　　　　　　　(1) 育児の具体的な方法を学ぶ
　　　　　　　　　(2) 育児で起こるトラブルとその対応方法を学ぶ
　　　　　　　　　(3) 育児のサポートをどこで得られるかを学ぶ
　　　　　　　　　(4) 子どもを健やかに育てる方法を学ぶ
　　　　　　　　3　助け合って子どもを育てる
　　　　　　　　　(1) 助け合って子どもを育てる計画を立てましょう
　　　　　　　　　(2) 計画を実践しましょう
　　　　　　　　　(3) 実践したことをふりかえって話し合いましょう

第4部　社会参加する
モジュール16　情　報
学習目標　1　情報とは何かを知る
　　　　　　　(1) 天気やニュースをどのように知りますか
　　　　　　　(2) 何か知りたいとき，どのようにしていますか
　　　　　　　(3) 情報とは何でしょう
　　　　　　　(4) 情報の大切さを知る
　　　　2　情報を得る方法を学ぶ
　　　　　　　(1) どのような情報を利用したいか考える
　　　　　　　(2) どのように情報を得るか学ぶ
　　　　　　　(3) 緊急時に情報を得る方法を学ぶ
　　　　　　　(4) 情報に関するトラブルに対処する方法を学ぶ
　　　　3　情報を活用して豊かな生活をおくる
　　　　　　　(1) 情報を活用する計画を立てましょう
　　　　　　　(2) 計画を実践しましょう
　　　　　　　(3) 実践したことをふりかえって話し合いましょう
モジュール17　外　出
学習目標　1　外出の大切さを知る
　　　　　　　(1) どのような外出をしていますか
　　　　　　　(2) 楽しかった外出は何でしたか
　　　　　　　(3) どのような外出があるかを知る
　　　　　　　(4) 今後，どのようなところに外出したいですか
　　　　　　　(5) 外出の大切さについて知る
　　　　2　外出の方法を学ぶ
　　　　　　　(1) 外出のための方法を学ぶ
　　　　　　　(2) どのようにしたらその外出ができるかを学ぶ
　　　　　　　(3) 外出に活用できるサポートについて学ぶ
　　　　　　　(4) 外出先でのトラブルとその対処方法について学ぶ
　　　　3　外出を楽しんで豊かな生活をおくる
　　　　　　　(1) 楽しい外出のための計画を立てましょう
　　　　　　　(2) 計画を実践しましょう
　　　　　　　(3) 実践したことをふりかえって話し合いましょう
モジュール18　働　く
学習目標　1　働くことの意味を知る
　　　　　　　(1) 身近な人はどのような仕事をしていますか
　　　　　　　(2) あなたは働いたことがありますか
　　　　　　　(3) 働いてうれしいこと，楽しいこと，よいことは何ですか
　　　　　　　(4) 働いて苦しいこと，つらいことは何ですか
　　　　　　　(5) 働くことの大切さを知る
　　　　2　自分に適した仕事をさがす方法を学ぶ
　　　　　　　(1) 仕事の種類について学ぶ

　　　　　　　　(2) あなたがやりたい仕事を考える
　　　　　　　　(3) 相談できる専門機関について学ぶ
　　　　　　　　(4) 働き続けるために必要な態度や心構えについて学ぶ
　　　　　　　　(5) 障害者の就労支援の制度について学ぶ
　　　　　3　働くことにより豊かな生活をおくる
　　　　　　　　(1) やってみたい就労活動や仕事を考え，働くことに関する計画を立てましょう
　　　　　　　　(2) 計画を実践しましょう
　　　　　　　　(3) 実践したことをふりかえって話し合いましょう
モジュール19　余　暇
学習目標　1　余暇について知る
　　　　　　　　(1) 余暇をどのように過ごしていますか
　　　　　　　　(2) 楽しかった余暇活動は何ですか
　　　　　　　　(3) どのような余暇活動がありますか
　　　　　　　　(4) 関心のある余暇活動は何ですか
　　　　　　　　(5) 余暇活動の大切さを知る
　　　　　2　余暇を楽しむ方法を学ぶ
　　　　　　　　(1) やってみたい余暇活動について学ぶ
　　　　　　　　(2) 余暇活動を始めるときに必要な情報の集め方を学ぶ
　　　　　　　　(3) その余暇活動に参加する方法を学ぶ
　　　　　　　　(4) 余暇活動に活用できるサポートを学ぶ
　　　　　3　余暇を楽しんで豊かに生きる
　　　　　　　　(1) やってみたい余暇活動の実践計画を立てましょう
　　　　　　　　(2) 計画を実践しましょう
　　　　　　　　(3) 実践したことをふりかえって話し合いましょう
モジュール20　社会参加
学習目標　1　社会参加について知る
　　　　　　　　(1) どのような活動に参加していますか
　　　　　　　　(2) 楽しかった活動は何ですか
　　　　　　　　(3) 社会参加って何でしょう
　　　　　　　　(4) 関心のある社会活動は何ですか
　　　　　　　　(5) 社会参加の大切さを知る
　　　　　2　社会参加の方法を学ぶ
　　　　　　　　(1) やってみたい活動について学ぶ
　　　　　　　　(2) 社会活動を始めるときに必要な情報を集める方法を学ぶ
　　　　　　　　(3) 社会参加できる方法を学ぶ
　　　　　　　　(4) 社会参加に活用できるサポートを学ぶ
　　　　　3　積極的に社会参加する
　　　　　　　　(1) やってみたい社会参加の実践計画を立てましょう
　　　　　　　　(2) 計画を実践しましょう
　　　　　　　　(3) 実践したことをふりかえって話し合いましょう

第5部　自分の権利をいかす

モジュール21　障害者福祉制度

学習目標　1　福祉とは何かを知る
　　　　　　　(1) 募金や寄付とは何でしょうか
　　　　　　　(2) ボランティア活動とは何でしょうか
　　　　　　　(3) 福祉にはどのようなサービスがあるでしょうか
　　　　　　　(4) 福祉の大切さを知る
　　　　　2　障害者福祉の制度について学ぶ
　　　　　　　(1) 障害者福祉の理念を学ぶ
　　　　　　　(2) 障害者福祉に関する法律を学ぶ
　　　　　　　(3) 障害者福祉の制度について学ぶ
　　　　　3　障害者福祉の制度を活用して充実した生活をおくる
　　　　　　　(1) 障害者福祉の制度を活用するための計画を立てましょう
　　　　　　　(2) 計画を実践しましょう
　　　　　　　(3) 実践したことをふりかえって話し合いましょう

モジュール22　施設サービス

学習目標　1　施設サービスとは何かを知る
　　　　　　　(1) 現在，どのような施設サービスを利用していますか
　　　　　　　(2) 施設サービスとは何でしょう
　　　　　　　(3) 新たに利用したい施設サービスは何ですか
　　　　　　　(4) 施設サービスの大切さを知る
　　　　　2　施設サービスを利用する方法を学ぶ
　　　　　　　(1) 施設サービスを利用する手続きや相談窓口を学ぶ
　　　　　　　(2) 施設サービスを利用する方法を学ぶ
　　　　　　　(3) 利用している施設サービスの内容を学ぶ
　　　　　　　(4) サービスに不満があるときの対応の仕方を学ぶ
　　　　　3　施設サービスを利用して充実した生活をおくる
　　　　　　　(1) 施設サービスを活用するための計画を立てましょう
　　　　　　　(2) 計画を実践しましょう
　　　　　　　(3) 実践したことをふりかえって話し合いましょう

モジュール23　地域サービス

学習目標　1　地域サービスとは何かを知る
　　　　　　　(1) 現在，利用している地域サービスは何ですか
　　　　　　　(2) 地域サービスとは何ですか
　　　　　　　(3) 新たに利用したい地域サービスは何ですか
　　　　　　　(4) 地域サービスの大切さを知る
　　　　　2　地域サービスを利用する方法を学ぶ
　　　　　　　(1) 地域サービスを利用する手続きや相談窓口について学ぶ
　　　　　　　(2) 地域サービスを利用する方法を学ぶ
　　　　　　　(3) サービスに不満があるときの対処方法を学ぶ

        3　地域サービスを活用して充実した生活をおくる
            (1) 地域サービスを活用する計画を立てましょう
            (2) 計画を実践しましょう
            (3) 実践したことをふりかえって話し合いましょう
モジュール24　権利擁護
学習目標　1　権利とは何かを知る
            (1) 権利とは何でしょうか
            (2) 国民の権利と義務について調べましょう
            (3) あなたの権利が守られなかったことがありますか
            (4) 権利の大切さを知る
        2　権利をいかす方法を学ぶ
            (1) あなたに保障されている権利を学ぶ
            (2) 障害のある人に保障されている権利を学ぶ
            (3) 権利が侵害されたとき，どうするかを学ぶ
            (4) 権利擁護の相談ができる制度や機関について学ぶ
        3　権利を主張し力強く生きる
            (1) 権利を主張し力強く生きる計画を立てましょう
            (2) 計画を実践しましょう
            (3) 実践したことをふりかえって話し合いましょう
モジュール25　サポート
学習目標　1　サポートとは何かを知る
            (1) 毎日の生活の中で，自分でできること，できないことは何ですか
            (2) サポートとは何ですか
            (3) あなたはどのようなサポートを利用していますか
            (4) サポートを利用するときに気をつけていることは何ですか
            (5) サポートの大切さを知る
        2　サポートを依頼する方法を学ぶ
            (1) サポートを利用する手続きや相談窓口を学ぶ
            (2) サポートを依頼する方法を学ぶ
            (3) サポートに不満があるときの対処方法を学ぶ
        3　サポートを活用して充実した生活をおくる
            (1) サポートを活用する計画を立てましょう
            (2) 計画を実践しましょう
            (3) 実践したことをふりかえって話し合いましょう

第7章　社会生活力プログラムの実践

第1節　日本リハビリテーション連携科学学会と社会生活力支援研究会の発足

1. 日本リハビリテーション連携科学学会と社会生活力支援研究会の発足

わが国では1977（昭和52）年から，医学，教育，職業，社会等リハビリテーションの諸分野に従事する専門家が，人的・知的交流を図ることによりリハビリテーションの現状を把握し，将来への指針を求めることを目的に，毎年「リハビリテーション交流セミナー」が，1986（昭和61）年までの10年間，開催されてきた。さらに，1987（昭和62）年からは「総合リハビリテーション研究大会」として発展し，毎年1回，総合リハビリテーション研究大会が開催されている。このほかにも，現在はリハビリテーションに関連する多数の学会が設立されており，各領域における活発な学会活動が行われている。

戦後のわが国は，欧米先進国をモデルとしてリハビリテーションを展開し，行政主導によるリハビリテーション施策も徐々に発展してきた。しかし，制度上の壁もあって，関連諸科学の協調に円滑性を欠いたり，分野間やライフサイクルにおける分断が起きている。障害のある個々人のニーズに立脚した包括的な研究や，成果の活用に課題が残されている。このような課題意識に立ち，専門領域別のリハビリテーションの研究と実践の重要性を認識

しつつ，これらの枠組みを超えた新たな研究交流の場を用意するために，1999（平成11）年3月に，「日本リハビリテーション連携科学学会」（初代会長：三澤義一，現会長：澤村誠志）が設立された。

また，リハビリテーションの4分野のなかで最も理解度が低く，発展が遅れている「社会リハビリテーション」の活動を促進し，社会リハビリテーションの定義に明記された「社会生活力」を高める支援を具体的に推進するために，同学会の自主研究会として「社会生活力支援研究会」（代表幹事：奥野英子）が1999（平成11）年11月に発足した。なお，同研究会は2005（平成17）年に「社会リハビリテーション研究会」に名称を改称した。

2. 公開研究会，公開研修会，自主セミナーによる普及活動

1999（平成11）年11月に発足した「社会生活力支援研究会」において，わが国および海外における社会リハビリテーションについての研究活動を行うとともに，社会リハビリテーションや社会生活力についての理解を高めるために，公開研究会，公開研修会，大会期間中の自主セミナー等を十数回開催してきた。

公開研究会や公開研修会において，リハビリテーションの一分野としての社会リハビリテーションの位置づけ，社会リハビリテーションの概念・定義，わが国において取り組まれている社会リハビリテーションのプログラム，海外におけるプログラムの実践事例，「社会生活力プログラム」の基本理念，実施方法等を学ぶとともに，全国の施設での取り組み状況や課題等についてグループで討議する内容である。

4年間にわたる3回の公開研修会への参加者を対象とした質問紙調査から，社会生活力プログラムの認知状況は確実に高まってきたことは確認できたが，実際の取り組みについてはモジュールのなかの一部，すなわち，利用者が関心をもち，かつ，援助者として実施しやすく，行動を伴う実践的なモジュールへの取り組みが中心であった。利用者が自己を見つめ，内面について振り返り，社会とのコミュニケーションを図るというような内面的かつ社

会的な課題については，まだ取り組まれていない状況が明らかになった。このような現状の背景には，取り組み方法がわからない，取り組むための人員配置になっていないなど，大きな課題があると思われる（佐々木・奥野，2004）。

　重度障害者が自分の障害を正しく，客観的に捉え，自分のできることを増やすとともに，「自分でできること」と「支援を必要とすること」の区別ができ，必要な支援を権利として活用し，権利が守られない場合にはそれを訴えていけるようになるという，「社会生活力プログラム」の理念が理解され，さらに具体的な実施方法を普及していくためには，さらなる研修の機会が必要であることが認識された（奥野，2005）。

　全国の身体障害者更生施設を対象として，「社会生活力を高めるための支援プログラム」に関する調査を2002（平成14）年にも実施したが，1996（平成8）年に実施した調査結果と比較すると，社会リハビリテーションとしての取り組みが前進しているとはいえず，かえって後退している印象であった。しかし現実的に考察すると，1996（平成8）年度においては，まだ社会リハビリテーションのプログラムや社会生活力プログラムに関する正しい理解・認識がなされておらず，機能回復訓練を「障害の理解」のためのプログラム，避難訓練を「安全・危機管理」のためのプログラムであると認識しているなど，本来の「社会生活力」プログラムでないものを，プログラム有りと回答した可能性が大きく，その点を考慮する必要があると考える。

　1999（平成11）年に「社会生活力プログラム・マニュアル」が発行され，さらに同年度から開催してきた「社会リハビリテーションと社会生活力」についての理解を高めるための公開研究会や公開研修会の活動等を通して，社会リハビリテーションや社会生活力プログラムについてのより正しい理解と認識が高まってきた結果，本来の「社会生活力」の向上のプログラムとして，プログラムの有無を答えたため，「プログラム有り」がかえって減少したのではないだろうかと考える。しかし，このようなプログラムについ

ての理解は進んだが,「社会リハビリテーション」や「社会生活力を高める取り組み」は,全国的にはいまだ普及していない状況であることを認めざるを得ない。

全国の障害者関係施設は現在,「社会生活力」を高める必要性を実感しはじめた段階であり,毎年開催している公開研究会や公開研修会の参加者が増加してきていることから,徐々にその取り組みが推進されつつあるといえる。将来的には,これまでの公開研究会や公開研修会の参加者がそれぞれの施設において,利用者のニーズに合わせて「社会生活力」を高めるプログラムを着実に導入するとともに,それらの施設における取り組み状況についての実践報告や課題についての討議を,身近な場所で行えるようになるために,地域ブロックや都道府県において,「社会生活力を高める」ための研修会等が企画されることを期待したい。

第2節　障害者施設における「社会生活力プログラム」の実践事例

日本リハビリテーション連携科学学会の自主研究会「社会生活力支援研究会」が実施してきた公開研究会および公開研修会において,さまざまな施設における取り組み実践が発表され,年々,その取り組み状況が発展してきている。

わが国において現在,社会リハビリテーションのプログラムに積極的に取り組んでいる施設と考えられる①兵庫県立総合リハビリテーションセンター,②横浜市総合リハビリテーションセンター,③神奈川県総合リハビリテーションセンター,④大阪府立身体障害者福祉センター,また,鳥取県厚生事業団運営下の,⑤「鹿野かちみ園」,⑥「西部やまと園」,⑦「白兎はまなす園」の7施設について,公開研修会で発表された実践事例を検討した。これらの施設は,①〜④は身体障害者更生施設,⑤,⑥は知的障害者更生施設,⑦は知的障害者授産施設であった。

1. 兵庫県立総合リハビリテーションセンター

1) 施設の概要

　兵庫県立総合リハビリテーションセンターにおける身体障害者更生施設「自立生活訓練センター」は、身体に障害のある利用者に社会リハビリテーションを行うことにより、身体的、精神的、社会的および職業的に自立した社会生活を送ることを目的としている。「社会リハビリテーション」を行う施設であると、施設の目的に社会リハビリテーションに掲げている障害者施設は、全国的にも珍しい。各種の専門職員（医師、看護師、支援員、理学療法士、作業療法士および心理判定員等）が、利用者の利用目的に沿った訓練・支援を行っている。また、退所後の生活を実体験したり住宅改修の参考にできるハーフウェイハウス（中間住宅）や、障害者用改造自動車の運転訓練を行うコース等も整備されている。

　1993（平成5）年に開設された自立生活訓練センターの入所定員は150名であり、兵庫県立総合リハビリテーション中央病院、身体障害者授産施設、障害者職業訓練校、障害者能力開発センター、まちづくり工学研究所等が設置され、総合的なリハビリテーションセンターの敷地内に設置されている。

　総合リハビリテーションの機能としてヨコの連携を万全にし、効果的なリハビリテーションの推進を図っている。医師、看護師など医療専門職員を常時配置し、施設内における医療とリハビリテーション訓練機能を充実させている。入所した利用者の、①身体機能面、②社会的背景、③退所後の復帰目標等の状態やニーズを基に、各専門スタッフからの多面的な情報を取り入れて、個別のプログラムを組んでいる。

　利用者が地域社会のなかで自立して生活するための生活全般の支援や調整を行うために、①生活技術の向上、②リハビリテーション訓練、③グループワーク、④体育訓練、⑤所外訓練、⑥調理実習、等を職種間の連携により実施しているほか、⑦自動車運転習熟指導、⑧学習指導、も行われている。

2） 社会生活力プログラムの取り組み

　自立生活訓練センターは1993（平成5）年11月の開設以来，重度身体障害者の社会復帰に向けた「社会生活訓練」として，日常生活動作訓練，ハーフウェイハウスの利用，所外訓練（公共の施設や公共交通機関を利用し外出に必要な能力の向上をめざす），調理実習，教養講座による情報提供等を実施してきた。しかし，社会復帰のための通過施設として本来実施すべき「社会リハビリテーション」のプログラムを，どのように実施したらよいかわからなかった。開設3年を迎えたころより，利用者とともに社会リハビリテーションをとらえ直し，退所後の生活を考慮した生活支援プログラムのメニューや，利用者が主体者として取り組める個別訓練プログラムのあり方を検討し，その結果を実践に取り入れた。具体的には，①プログラムへのボランティアの活用，②クラブ活動とグループワークの充実，③退所後の生活の幅を広げるために余暇活用につなげる，余暇教育プログラムの実施等であり，これらの取り組みが「社会生活力プログラム」の導入へとつながった。

　2000（平成12）年1～3月の間，参加希望者70名を4グループ（4テーマ）に分けて，「社会生活力プログラム」を試行的に実施した。2000年3月末，参加利用者によって，同センター全利用者を対象に実践結果発表会が実施され，これらの結果をふまえて，2000（平成12）年度から「社会生活力プログラム」を本格実施した。

(1) 2000（平成12）年度の実施状況

　1999（平成11）年度の試行実施を振り返り，①個々のニーズを掘り下げるためにも，グループ分けを障害別に取り組んだほうがよい，②参加希望者のみでなく，利用者全員の参加が望ましくその意義もある，等の利用者からの意見をもとに，利用者全員参加を原則とし，障害別のグループ編成で実施した。プログラム実施者を職員（援助者）とし，利用者をプログラム参加者と位置づけ，全職員が援助者として各グループに入り，職員は事前の進行方法の検討や当日の軌道修正などの役割を担うこととした。利用者と職員のパートナーシップを大切にし，参加者の主体性・自立性・選択性を尊重して

いくこととした．利用者の自主性や主体性を伸ばすために，グループ討議やグループ学習を中心に進めることとした．また，全体を4グループに分けたが，取り組むテーマによっては集団が大きすぎるため，参加人数の多いグループはさらに小集団に分けた．また，年2回に分けて，グループ活動のまとめと実施結果の発表会を行った．

　2000（平成12）年度に実施した内容の反省点としては，①活動時間の拡大の検討が必要（週1時間では短い），②活動場所の確保，③不参加者や途中で抜け出す利用者への働きかけ，④毎月，新入所者が入所してくるので，新入所者への導入方法の検討が必要，⑤グループリーダーが退所した後のスムーズな引き継ぎの確立の必要性，等が課題として挙げられた．

(2) 2001（平成13）年度の実施状況

　グループ分け，参加者の位置づけ，進行方法，および発表会の実施は，2000（平成12）年度と同様とした．前年度の反省点をふまえ，①活動時間は毎月1・3・5木曜日の15〜16時，②活動場所は施設内だけでなく，リハビリテーションセンター内の他の施設（まちづくり工学研究所のセミナー室，ふれあい会館等）も使用する，③新入所者への導入は，各ケース担当者から本プログラムの主旨，参加グループ等について説明し，社会生活力プログラムの内容を解説してある「利用者用冊子」を渡し，新入所者の個別プログラムが決定次第，社会生活力プログラムに参加することとした．

　2001（平成13）年度に実施した内容の反省点としては，①全員参加を基本としているが，確実な全員参加とはなっていない，②活発な意見交換が行われる場合，時間が足りない，③グループによっては積極的に発言する人が少なく，プログラムの進行が遅れる，④活動場所の確保が難しい，等が挙げられた．

(3) 2002（平成14）年度の実施状況

　2001（平成13）年度に実施した内容の反省により，利用者がより興味をもって活動できるように，障害別ではなく，参加したいテーマを第三希望までアンケートによって聞き，テーマ別にグループ分けを行うこととした．参

表7-1　兵庫県総合リハビリテーションセンターにおける
　　　　社会生活力プログラムの取り組み

<前期>	
モジュール 1「健康管理」（3グループ）	11「コミュニケーションと人間関係」
2「時間・金銭管理」	15「就労・作業活動」
7「住宅」（2グループ）	16「余暇活動」
8「外出」	17「障害者関係の法律と施策」
	（8種類のモジュールを活用し，合計11グループ）
<後期>	
モジュール 1「健康管理」	11「コミュニケーションと人間関係」
2「時間・金銭管理」	12「性・結婚」
6「福祉用具」	14「近隣関係・地域活動」
7「住宅」	16「余暇活動」
8「外出」	17「障害者関係の法律と施策」
10「障害の理解」	
	（11種類のモジュールを活用し，合計11グループ）

加者の位置づけ，進行方法，および発表方法は前年度までと同様とし，利用者のリーダーシップにより進めた。前年度の反省点をふまえ，①活動時間は毎月第2・3・4・5火曜日の15〜16時，②新入所者への導入は，入所式のあとのオリエンテーション時に「利用者用冊子」とアンケートを渡し，全員に説明を行う，③前期発表会終了後に再度アンケートを取り，グループの再編成を行うこととした。2002（平成14）年度に取り組んだモジュールは表7-1のとおりである。

3）まとめ

兵庫県立総合リハビリテーションセンターの自立生活訓練センターでは，利用者への支援プログラムの一つとして「社会生活力プログラム」を位置づけ，実施している。利用者主体により，実施したいモジュールを利用者が決定し，一つひとつのテーマをグループで話し合い，学習していくなかでさまざまなことを学び，障害の受容を促進することにもなった。また，利用者出身の各自治体が提供している障害者福祉サービスを，各自が調べて比較検討することにより，自治体間の格差に気づき，提供されていないサービスを権

利として要求していくなど，権利主体者としての実践行動ができるようになるなどの利点も多くあった。しかし，毎年，反省として出てくる内容は同様のものであり，解決方法にも行き詰まってきている。共通の問題点とは，①時間の確保，②場所の確保，③活動途中での入・退所者への対応，④不参加者の参加への動機づけ等である。

　以上のように，社会リハビリテーションを実施するセンターと銘打っている「自立生活訓練センター」において，「社会生活プログラム」は重要なプログラムの一つと位置づけられており，2006（平成18）年度から障害者自立支援法が施行されたなかで，今後どのような形態で実施していくとより効果的かが検討課題となっている。

2. 横浜市総合リハビリテーションセンター

1） 施設の概要

　1987（昭和62）年に開設された横浜市総合リハビリテーションセンターにおける身体障害者更生施設は，入所30名，通所6名の定員で，小規模な施設である。横浜市総合リハビリテーションセンターは，設立目的が従来からのリハビリテーションセンターとは異なり，地域リハビリテーションの実施を目的に設立されているため，入所の部門は非常に限定されている。利用者の内訳は50％が脳血管障害，20％が事故による脊髄損傷等であり，年齢は40～50代が大半を占め，平均利用期間は8カ月で，急性期の医学的リハビリテーションを終了した中途障害者が，地域社会に戻って生活の再構築をしていくことを目的としている。当施設は機能回復訓練のみならず，障害をもって地域社会で生活していく力をつけていくために，「社会生活力プログラム」を実施している。

　1990年代後半から，わが国のリハビリテーションの分野において，高次脳機能障害が注目されるようになった。高次脳機能障害の原因は，脳血管障害や交通事故等による脳外傷などであり，高次脳機能障害は目に見えにくい

障害のために家族や周囲の人が対応に苦慮しており，福祉制度の対応も遅れている。横浜市総合リハビリテーションセンターの身体障害者更生施設においては，高次脳機能障害者の単身生活の支援にも積極的に取り組んできた。

2） 社会生活力プログラムの取り組み

本施設が実施している社会生活力プログラムは，①食事・入浴・排泄・栄養管理・健康管理・服薬管理など日常動作領域，②移動・家事管理・生活管理・コミュニケーション・余暇活動等の生活関連領域，③住宅の改造・家族支援・福祉制度活用・社会参加・自立生活の支援等の環境調整領域，の三つの領域に分けられる（表7-2）。

高次脳機能障害をもつ人が単身生活を送れるかどうかを判断するための評価項目として，①健康管理，②安全管理，③ADL・家事，④移動，の4分野を取り上げ，これらの四つの分野において，できることとできないことの評価を行う。できないことの原因に，高次脳機能障害がどの程度影響しているかを明らかにするために，この評価は身体障害者更生施設の職員だけではなく，総合リハビリテーションセンターの医師，看護師，理学療法士，作業療法士，言語聴覚士等のチームワークにより実施される。高次脳機能障害があるためにできないことは，ある程度訓練によって伸ばすことはできるが，そこには限界があるので，どのように障害をカバーするかの代償的アプローチを検討する。

代償的アプローチは，①住居，②日常生活，③社会参加，の3分野について検討する。住む家や生活拠点について調査をし，必要な場合には住宅改造を行い，住環境の整備を行う。また，日常生活を送るうえで自助具・福祉用具を導入し，ホームヘルパー等の利用が必要な場合，それらを手配する。家に閉じこもりきりにならないように，地域で利用できる社会資源を調べ，社会参加できる場所を確保する。これだけの条件が整うと，高次脳機能障害をもっていてもかなりの程度で単身生活の安定を図ることが可能となる。

3） まとめ

横浜市総合リハビリテーションセンターは，仕事に就くことが難しい重度

表 7-2　横浜市総合リハビリテーションセンターにおける基本的なプログラム内容

(佐々木, 1996)

プログラム項目 (評価項目)		プログラム内容	
		個別プログラム	グループ・全体プログラム
日常生活動作領域	食事・入浴 整容・起居 排泄	自助具の検討，宿舎での定着，自宅での定着（訪問），住宅整備	
	栄養管理 健康管理	健康相談，栄養相談 （調理実習との併用等）	
	服薬管理	仕分け，服薬時間等の定着	
生活関連領域	移　動	歩行，車椅子操作，公共交通機関の利用，通勤・通所プログラム，自動車運転についての情報提供等	グループでの移動プログラム，横浜駅への外出プログラム
	家事管理	買い物，調理実習，衣類管理（洗濯・収納等）　　　　　＊自立生活実習	横浜駅への外出プログラムでの買い物
	生活管理	住居管理，銀行利用，小遣い帳の利用等　　　　　　　＊自立生活実習	
	コミュニケーション	ワープロ，トーキングエイド，パソコン，パソコン通信の活用等	コミュニケーションプログラム（口話・書字）
	余　暇	社会資源の情報提供，施設見学	創作活動
環境調整領域	生活拠点 生活形態	住宅整備，公営住宅の情報提供，その他社会資源の活用等	
	家　族	援助方法の相談・助言，プログラム同行等	
	福祉制度	ヘルパー利用等の情報提供・調整等	セミナー
	障害受容	相談・助言	グループディスカッション
	社会性 自立生活		テーマ学習（体験学習－調理実習・買い物・交通機関利用・社会資源の活用－）

の障害のある人の地域生活を実現するために，「地域リハビリテーション」の概念でリハビリテーションサービスを提供している。本施設修了後は，単身生活の支援を実際に行うのは，介護保険のケアマネジャーや介護支援事業者や保健師，福祉事務所のケースワーカー等の地域の関係機関である。単身生活を安定させるケアプランを作成する際には，本施設が行った高次脳機能障害の評価とその補償方法を引き継いで活用している。当施設は，約半年間の入所期間に日常生活に現れる高次脳機能障害を評価し，総合リハビリテーションセンターに勤務する医師，理学療法士，言語聴覚士，心理職などと共同で総合的な評価が行われている。評価結果に基づいて，実際に電車に乗る訓練，職員が利用者の自宅に出向いて自宅での生活動作の評価，地域の社会資源を利用する方法を習得するため，グループでのプログラムと個別の対応により，「社会生活力プログラム」を実施している。単身生活が可能かどうかの鍵は，基本的な生活基盤である「健康管理」や「安全管理」ができるかどうかにかかっている。食事や入浴は，外部のサービスを利用すればそれほど大きな問題とはならない。利用者の高次脳機能障害が，環境調整や人的支援でおぎなえる程度のものであれば，高次脳機能障害のある中途障害者の単身生活は，「社会生活力プログラム」を活用することにより実現されている。

3. 神奈川県総合リハビリテーションセンター

1） 施設の概要

神奈川県総合リハビリテーションセンターの一部門として，1973（昭和48）年に肢体不自由者更生施設（定員30名）と重度身体障害者更生援護施設（同100名）が開設された。同敷地内の神奈川リハビリテーション病院と連携し，早期の社会復帰と社会参加を目標に，自立支援サービスを提供している。利用者の平均年齢は43歳であり，身体障害等級は1級55％，2級は34％と，重度身体障害者が中心である。社会福祉援助技術の一方法であり，社会リハビリテーションの実施方法としても重要な「ケアマネジメント」の手法を取り入れている。生活支援員が利用者の施設生活上の介護，日常生活

表7-3 神奈川県総合リハビリテーションセンターにおける課題別グループ

①生活学習グループ	⑤高次脳機能障害グループ
②単身生活を考えるグループ	⑥コミュニケーショングループ
③就労を考えるグループ	⑦若年者の社会生活力を高めるグループ
④自発性を高めるグループ	

表7-4 神奈川県総合リハビリテーションセンターにおける目的別プログラム

①生活技術	社会生活自立実習訓練，調理訓練
②外出訓練	屋外移動能力訓練，買物訓練，市街地移動訓練，公共交通機関利用訓練
③生活援助	集いグループ，援助外出

動作および社会生活力の評価・訓練，リハビリテーションプログラムの作成のほか，退所後の地域生活の支援に向けたケアプランを作成している。

2） 社会生活力支援プログラムの取り組み

神奈川県総合リハビリテーションセンター更生施設では，「社会生活支援プログラム」と呼称し，地域生活に向けた実際的・応用的な訓練として実施している。①課題別グループ・プログラムと，②目的別プログラム等から構成され，課題別グループ・プログラムは，利用者のニーズや処遇上の課題に基づく内容となっている。企画・立案は利用者を担当する生活指導員が行い，プログラムの実施は訓練課の職員が担当している。目的別プログラムは，利用者の個別ニーズに対応するものであり，企画・立案は利用者のニーズと希望を基に利用者を担当する生活指導員が行うが，具体的支援は訓練課と調整を行い，訓練担当職員と担当生活指導員によって実施されている（表7-3）。

目的別プログラムの具体例は，表7-4のとおりであり，3分野8種類の訓練プログラムが実施されている。

(1) 個別支援事例──A事例(30歳代の男性，脳性まひによる四肢体幹機能障害，言語障害，身体障害者手帳1級)

A事例から以下のようなニーズが出され，そのニーズに対応する個別プログラム（表7-5）が組まれた。なお事例については，プライバシー保護の観

表7-5　A事例の個別プログラム

①身体機能の向上	理学療法（立位の安定），作業療法（手指の巧緻性の向上）
②移動範囲の拡大	理学療法（電動車いすの操作評価），散歩訓練（電動車いすの操作体験），市街地移動訓練・一般交通機関利用訓練（電動車いすの操作応用訓練）
③単身生活の実現	単身生活を考えるグループへの参加，社会生活自立実習訓練，住宅探し，住環境整備
④就労の実現	就労を考えるグループへの参加，職能訓練（事務系作業），施設見学

点から，多少改変してある。本人のニーズを本人とともに明らかにし，これらのニーズを満たすためのプログラムを，約1年半の入所期間に実施することにより，本人の意欲的な取り組みが行われ，多面的な生活技術が向上している。実家から独立するための住宅が確保され，地域生活に向けた主体性と生活意欲が向上し，一般就労への一プロセスとして通所授産施設を利用することとなった。

⑵　個別支援事例――B事例（30歳代の男性，頸髄損傷による四肢まひ，身体障害者手帳1級）

　B事例から以下のようなニーズが出され，そのニーズに対応する個別プログラム（表7-6）が組まれた。施設入所当時は褥創があったために，同敷地内の病院への入院・静養期間が必要であったが，施設利用の9カ月間に，前期のような個別プログラムによって，本人を実施主体とし，生活支援員，看

表7-6　B事例の個別プログラム

①障害の理解	頸髄損傷による膀胱・直腸障害に対し，排泄方法の検討・試行褥創の予防・治療方法の検討・学習
②単身生活の実現	調理訓練，社会生活自立実習訓練，居住地・住宅探し，住環境整備，在宅福祉サービス・訪問介護の利用，福祉事務所との調整，文献学習
③復職の実現	復職相談・調整，職場環境整備，施設見学，文献学習
④ピアサポート	同じ障害をもつ当事者団体・自立生活センターの紹介，地域で就労している当事者の紹介，文献学習

護師，ソーシャルワーカー，職業カウンセラー，理学療法士，福祉事務所等による支援により，復職に向けた地域生活を実現した．

3） まとめ

神奈川県立総合リハビリテーションセンターの本施設では，利用者の社会的背景や障害に応じて指導体制を組み，生活支援員をキーパーソンとし，「社会生活力」の向上に向けたプログラムの開発・実施を行ってきた．生活支援員は介護を行うとともに，担当利用者のニーズのアセスメント，ケアプランの作成，リハビリテーションプログラムの推進，家族や関係者との連絡調整等の役割を担っており，施設利用者は，パートナーシップに立つ生活支援員等の支援により「社会生活力」着実に高め，地域での生活を実現してきたのである．

4. 大阪府立身体障害者福祉センター

1） 施設の概要

大阪府立身体障害者福祉センターは，1951（昭和26）年に肢体不自由者更生施設として設置され，当初は機能回復訓練等の医学的リハビリテーションが中心であった．1960（昭和35）年後半からは，知識教育，社会的能力の指導，心理・社会的リハビリテーションのプログラムが取り組まれた．1970（昭和45）年以降は，機能回復訓練や職能訓練だけではニーズを満たすことができなくなり，日常生活や社会生活に必要とされる適応的諸行動の習得や，職業場面に必要とされる諸行動の習得が求められるようになった．利用者のニーズを明らかにするために職員間で討論し，利用者の意向をふまえた日常生活の支援方針を立てることとした．

2） 社会生活力支援プログラムの取り組み

社会生活力支援プログラムを実践するために，社会生活に必要な知識，手続き，対処能力を項目化し，利用者が取り組む目標を明らかにする取り組みが行われた．検討の結果，「暮らす」「働く」「楽しむ」という三つの生活の側面を実現するために必要な項目を整理し，121項目が挙げられ，職員がそ

表7-7 大阪府立身体障害者福祉センターにおける社会生活援助プログラム

①暮らす	生活の場所の確保，住居の手続き，家計管理，対人関係，社会常識
②働 く	職能評価，情報収集・求職活動，職業準備訓練
③楽しむ	趣味活動，飲食，買い物，旅行

表7-8 大阪府立身体障害者福祉センターにおける「食生活プログラム」

①目　的	食事に関する知識・技能の習得，簡単な調理ができる。
②対　象	地域生活を目標とする利用者，自分で調理ができるようになりたい利用者
③内　容	栄養講座（生活習慣病の予防），食品管理（食品表示の見方と食品の管理方法），食生活に関連する知識を高めるための学習，便利な食品を使った調理，自分で計画した調理，もてなしをするための調理実習

れらを以下のような3分野，13大項目に整理した（表7-7）。

このようなプロセスにより組み立てられた支援プログラム項目（121項目）を，利用者一人ひとりがチェックすることにより，利用者のニーズアセスメントを行うこととした。アセスメントが平均1〜2回（1〜3時間）の面接により行われ，利用者一人ひとりのニーズが把握され，支援プログラムが企画・実施されている。支援プログラムの一例として，次のような「食生活プログラム」が作成された（表7-8）。

このような「食生活プログラム」を実施した結果，参加者の意欲や意識が向上し，プログラムへの参加態度が変化した。「楽しみ」としての取り組みをどのように取り入れていくか，また，利用者の疾患別の「食生活プログラム」のマニュアルの作成，食生活以外のプログラムの構造化とそのマニュアルの作成などが，今後の課題となっている。

3）まとめ

大阪府立身体障害者福祉センターでは，社会リハビリテーションの取り組みとして，個別性の重視，利用者のニーズに着目すること，生活者としての利用者，エンパワメントの支援，自己決定の尊重，権利擁護，社会資源の活用などを重視し，これらをケアマネジメントの手法で実現していくことを追求している。障害者ケアマネジメントは障害者の地域生活を総合的に支援す

る方法であるが，施設利用者にとっても，ケアマネジメントの手法により個別支援計画を立て，プログラム・モジュールを組み合わせて，利用者のニーズにあったサービスを提供していくことを，障害者更生施設が対応しなければならない課題と考えている。

5. 鳥取県厚生事業団の知的障害者施設

1） 鳥取県厚生事業団の概要

社会福祉法人鳥取県厚生事業団は 1970（昭和 45）年に設立され，「福祉サービスを必要とする県民が心身ともに健やかに育成され，社会，経済，文化その他あらゆる分野の活動に参加する機会を与えられるとともに，地域において必要な福祉サービスを総合的に提供されるよう援助すること」を目的としている。

同事業団は鳥取県からの委託により，知的障害者施設 6 施設，身体障害者施設 4 施設，高齢者施設 6 施設，身体障害者体育センター，障害者福祉センター，交流センター等を運営している。施設の種別としては，身体障害者対象には更生施設，授産施設，療護施設，知的障害者対象には更生施設，授産施設，通勤寮等がある。

日本リハビリテーション連携科学学会の「社会生活力支援研究会」による公開研究会・公開研修会には，2000（平成 12）年から 2004（平成 16）年までに，鳥取県厚生事業団の施設から各回に数名ずつ合計 26 名の職員が参加しており，そのうち，中堅職員は複数回にわたり参加し，社会生活力プログラム導入へ向けた準備が積極的に行われてきた。また，2001（平成 13）年度からは，鳥取県厚生事業団主催による鳥取県内の「社会生活力プログラム研修会」が開催され，それぞれの施設における社会生活力プログラムの取り組み実践を研究発表し，さまざまな施設の職員が一堂に会して研鑽する場となっている。知的障害者を対象とする三つの施設における取り組み状況は，以下のとおりである。

表7-9 鹿野かちみ園における社会生活力プログラム

①対象者	自立生活訓練棟利用者8名（男子4名，女子4名）	
②援助者	自立生活訓練棟担当職員4名ほか	
③時　間	火・金曜日16:00〜16:40，「調理実習」は毎月第3木曜日，「外出」プログラムは休日などを利用	

2） 社会生活力プログラムの取り組み

(1) 知的障害者更生施設——鹿野かちみ園

　知的障害者更生施設である鹿野かちみ園は，「可能な限り通常に近い生活，自立援助，地域社会への参加を利用者に提供する」という目標の実現に向け，1997（平成9）年度から日常生活訓練，自立生活訓練に取り組んできた。2001（平成13）年に，「社会生活力プログラム」が障害者の地域生活と社会参加を支援するための有効な手段であると知り，自立生活訓練のなかに「社会生活力プログラム」を取り入れはじめ，2002（平成14）年9月から「社会生活力プログラム・マニュアル」に沿って学習を開始し，その対象者，援助者，実施時間は表7-9のとおりである。

　本プログラムの担当者は，「自立生活訓練棟におけるこれまでの取り組みは体系的ではなかったが，社会生活力プログラムの内容を知ることにより体系的に取り組むことができるようになり，エンパワメントの視点や自己決定のあり方から学ぶべきものがたくさんあった」と述べている。「社会生活力プログラム」のマニュアルに沿って実施しはじめてから，利用者のなかには「今日は勉強会がある日だ」と楽しみにしている人も出てきて，週2日の学習日も定着してきた。職員にとっては，能力差がある利用者にどのような学習内容を提供していくかが一番の大きな課題であり，利用者の意見やニーズ，思いを引き出せないことが多く，職員ペースの進行になってしまいがちであった。

　実施方法は，グループ討議と実践学習が中心であるが，知的障害のある利用者だけで調べたり話し合うことは難しく，職員の援助がないと進まない。重度者にとっては，理解が難しい場面や自分の意見を相手に伝えることが困

難なこともあるが,「社会生活力プログラム」を通して,参加者がお互いの弱い面を助け合ったり,自分の力に気づいて,自信をもちはじめる可能性を感じている。利用者にとっては,外出や調理などの実践学習が大きな楽しみになっており,能力の高い人との組み合わせにより,重度者にも生活の質の広がりが可能になってきている。社会生活力プログラムは,その日に学習したものがすぐに身につくというものではなく,日々の生活のなかで継続していくことと,日々の生活に生かしていくことが重要と考えている。今後,知的障害者の地域生活を促進するためにグループホームの整備が進む予定であるが,グループホームでの生活に向けての準備プログラムとして,「社会生活力プログラム」が有効な一方法であると考えられている。社会生活や地域生活について,利用者が自分自身のこととして受けとめ,主体的な生活への意識が芽生えるよう,利用者主体のプログラムを実施するために,今後も「社会生活力プログラム」を基盤にして支援を実施していく方針である。

(2) 知的障害者更生施設——西部やまと園

知的障害者更生施設である西部やまと園は,地域のなかで生活したい利用者(男性3名,女性4名)の願いを受けて,個別ケアプランに基づき,2001(平成13)年4月から施設内の生活訓練棟を活用し,自立に向けて生活訓練を開始した(表7-10)。これまでは施設内での生活が多く,施設の外に出る機会が限られていたが,「社会生活力プログラム」を導入することにより,施設の外へ出る機会も増えた。さまざまなことを体験するなかで自信がもてるようになり,自主的な行動がみられるようになり,利用者同士でお互いに助け合う気持ちが生まれてきた。

そのためか,利用者間のトラブルも少なくなり,作業に対する取り組みの

表7-10 西部やまと園における社会生活力プログラム

①日中活動	生活訓練(身辺処理,買い物,対人関係) 作業訓練(施設外作業場,職場実習,園内作業)
②余暇活動	地域行事参加,クラブ活動参加,調理実習

意識が変化し，意欲がみられるようになった。施設で生活をしていると，自分でできる力があるにもかかわらず施設任せや職員任せになり，自ら行動しようという意欲が低下してしまう面があったが，いろいろな経験を重ねていくなかで，プログラムによる経験を応用できるようになった。また，他の利用者が実際に取り組んでいることを見聞きすることにより，自分もできるという気持ちになり，それによって体験することへの意欲となり，体験学習によって学ぶ，という繰り返しが効果として現れ，自分に自信がもてるようになり，積極的に参加するようになってきている。

また，知的障害をもつ人を対象とする生涯学習の場として，「オープンカレッジ」が開催されている。最初は職員とともに参加し活動していたが，自立心も出てきて自分たちだけでも参加できるようになった。このような活動を通して，利用者自身の意思表示，コミュニケーション，自己選択，自己決定力をつけることになることが期待されている。

地域生活移行の準備プログラムとして「社会生活力プログラム」は必要であるが，現在は社会生活力プログラムの一部にのみ取り組んでいるので，プログラム主体者としての利用者の希望や意見を受けとめて，さらに取り組みモジュールを拡大し，推進していきたいと考えている。

⑶　知的障害者授産施設──白兎はまなす園

知的障害者授産施設である白兎はまなす園は，2000（平成12）年度から生活訓練棟を活用し，自立に向けた生活訓練を開始した。2001（平成13）年度からグループホーム設立に向けた地域生活の推進活動を実施し，生活訓練棟利用者6名を対象に，地域生活移行プログラムとして「社会生活力プログラム」を実施している。利用者自身が，自らの生活を主体的に変えていくために，また，それぞれの課題やニーズの解決に向けて「社会生活力プログラム」を活用し，生活の主体者として取り組むことのできるプログラム実践のあり方を検討している。その対象者，援助者，実施時間および場所は，表7-11のとおりである。

援助者からの感想としては，「社会生活力プログラムの導入について，当

表7-11　白兎はまなす園における社会生活力プログラム

①対象者	グループホーム入居を希望する生活訓練棟利用者6名
②援助者	企画部地域生活推進班の担当支援員ほか
③時　間	1週間に2～4回程度（授産活動終了後の夜間および休日）
④場　所	生活訓練棟および地域

表7-12　白兎はまなす園における社会生活力プログラム参加者の感想

①簡単な調理ができるようになったことがうれしい。フレンチトースト，野菜炒めは得意だ。
②ご飯炊きは昔キャンプで飯ごう炊飯をしただけだったが，今度は自分でできるようになってうれしい。
③社会生活力プログラムをしたことが役に立っていると思う。特に，金銭管理や食事作りなどがよかった。これからもできないことを学習したい。調理ももっとできるようになりたい。

初は利用者が理解することが困難であったり，思いや意見が出てこなかった。しかし，プログラムを進めていくなかで，自立に向けての意欲が芽生え，それが日増しに強くなっていくのがわかった。さまざまな意見の交換や経験を分かち合うことで，自分たちが同じ方向に向かう仲間であることを意識するとともに，体験からの「学び」や自分たちで「解決していく力」が備わっていった。援助者も参加者と同じく，グループ学習，外出，調理実習等の実践から多くのことを学び，その方向が間違いではないことを実感できた。施設生活のなかでは見えなかった部分を発見することができ，コミュニケーションのなかから信頼関係も増し，パートナーシップやエンパワメントの視点がいかに大切かということが理解できた」等であった。知的障害をもつ参加者から出された素朴な感想は，表7-12のとおりである。

　知的障害がある場合，一つの学習目標を何回も繰り返して行う必要性や，実施方法を変えてみる必要性もある。それぞれの利用者の状況を把握し，多面的に支援する体制の必要性と，訓練ではなく「支援」を行うのだという職員全体の意識変革が必要である。これまでの指導方法が職員側からのお仕着せであったことを反省し，利用者の意思表示，コミュニケーション，意欲，

自己選択，自己決定の力を身につけていくことに結びつけようとしている。

　そのためには，利用者と同じ目線で一緒に考え，問題解決の方法を学習するという「パートナーシップ」の関係が大事であり，これらを通して，自己決定の機会を提供することにもなる。本園では地域生活移行プログラムの総合的なプログラムとして「社会生活力プログラム」の重要性を認識し，プログラムの主体者としての利用者の選択を尊重しつつ，個別ニーズに沿ったプログラムを実施している。

6. まとめ

　以上のように，全国の先駆的な施設における取り組み状況を事例ごとに述べてきたが，実施しているプログラムの内容，プログラムの対象者，実施上の問題点，実施効果，担当職員の認識，施設全体の認識状況などについて，以下にまとめる。

1）実施しているプログラムの内容

　兵庫県立総合リハビリテーションセンターにおいては，2000（平成12）年度から「社会生活力プログラム」に取り組みはじめ，その実施方法は「社会生活力プログラム・マニュアル」に準拠している。18のモジュールについて利用者の希望を募り，取り組むモジュールを決定し，これまで11種類のモジュールに取り組んできた。利用者の希望を聞く方式をとって，学習ニーズが高いもの選択していることが理解できる。

　横浜市総合リハビリテーションセンターにおいては，プログラムの名称を現在「社会生活力プログラム」としている。1999年以前の「社会生活技術訓練」から「社会生活力」へのプログラム名の変更は，利用者の主体性や自立性を尊重しており，適切であると判断された結果である。内容としては，従来から同センターで実施してきた①日常生活動作領域，②生活関連動作領域，③環境調整領域，の3分野に分け，それらの下位項目において，栄養管理，健康管理，服薬管理，外出・移動，家事管理，生活管理，コミュニケーション，余暇，住宅整備，障害受容，自立生活等のプログラムを取り上げ，

「社会生活力プログラム・マニュアル」で示されている実施プロセスと方法によって実施している。

　神奈川県総合リハビリテーションセンターでは，従来は「社会適応訓練」と称していたが，現在は「社会生活支援プログラム」と称し，課題別グループ・プログラムと個人対象の目的別プログラムを，利用者個々のニーズに応じて実施している。ここでの名称変更も，利用者の自主性，主体性を尊重し，地域生活への移行を志向したプログラムとして位置づけたためと考えられる。課題別グループプログラムとしては，①生活学習，②単身生活，③就労，④自発性を高める，⑤社会生活力を高める，⑥高次脳機能障害，⑦コミュニケーション，等のグループ活動がある。個別プログラムとして，①調理訓練，②外出訓練，③買物訓練，④交通機関利用訓練等を実施している。

　大阪府立身体障害者福祉センターは「社会生活力プログラム・マニュアル」を参考にしながら，同センター独自の取り組み方法を検討し，「暮らす」「働く」「楽しむ」という三つの視点をキーワードに掲げ，これらの三つの視点から121項目を作成し，利用者一人ひとりの要望とニーズを引き出している。これらのアセスメントから最も希望の高かった「食生活プログラム」を実施している。

　鳥取県厚生事業団が運営している身体障害者施設と知的障害者施設の10施設では，2000（平成12）年度から日本リハビリテーション連携科学学会の，社会生活力支援研究会主催の公開研究会および公開研修会に多数の職員を派遣し，「社会生活力プログラム」の導入に精力的に取り組んできており，今回紹介した知的障害者施設だけでなく，更生施設，授産施設，療護施設でも「社会生活力プログラム」が導入されている。「地域生活と社会参加を支援する」ために体系化された「社会生活力プログラム」を全面的に取り入れて，同マニュアルを参考としながら，各施設においてさまざまな創意工夫をして，利用者が希望するモジュールが実施されている。

　対象となった施設の多くで，個人のニーズに基づくプログラムを構成するなど，利用者の主体性を尊重する取り組みを始めており，これらの施設では

「社会生活力プログラム」の意義が浸透しはじめていると感じられる。

2） プログラムの対象者

これらの施設におけるプログラム利用者の障害種別とその程度はさまざまであるが，身体障害者については，現在のわが国の身体障害者実態調査による結果と同様に，脳血管障害による片まひ者や，高次脳機能障害者の割合が高くなっている。若い障害者については，周産期障害である脳性まひ，交通事故やスポーツ事故による脊髄損傷・頸髄損傷が多かった。障害程度は身体障害者手帳の1級，2級の者が多く，平均年齢は40〜50歳代である。鳥取県厚生事業団運営下の諸施設においては，中等度や軽度の知的障害者が対象となっていた。知的障害者を対象とするプログラムとしては十分でないため，「社会生活力プログラム」を応用して，対象者の個別のニーズに合わせて活用している状況である。

知的障害者の場合，最重度者，重度者については，コミュニケーションに困難があるため，グループ討議や体験学習を行うことが多い「社会生活力プログラム」を実施するには難しい側面がある。コミュニケーションが困難な対象のためのプログラムの実施上の工夫が必要とされる。

3） 実施上の問題点

実施上の問題点としては，①利用者側の課題，②職員（援助者）側の課題，③プログラムそのものの課題等がある。利用者側の課題としては，取り組む意欲がない利用者の存在，理解力・コミュニケーション能力による問題，援助者側の課題としては，介護業務等による変則勤務体制のため，日中のプログラムを実施できる職員を確保することが難しい，利用者の要望やニーズに応じて柔軟にプログラムを創意工夫することに慣れていない等の課題がある。プログラム自体の課題としては，マニュアルの内容がコミュニケーション能力や理解力に問題のない身体障害者を主対象に作成されているため，対象者の理解力・コミュニケーション能力等に問題のある高次脳機能障害者や重度知的障害者には，適用しにくいという問題がある。知的障害や高次脳機能障害をもつ対象者にも活用しやすいように，プログラムの修正や

マニュアル作成が期待されていた。

なお，2006（平成18）年4月に『自立を支援する社会生活力プログラム——知的障害・発達障害・高次脳機能障害等のある人のために』（奥野ら，2006）が発行されたため，今後は新たなマニュアルの活用が期待されている。

4） 実施効果

実施上の効果としては，利用者自身が主体的に生活に取り組もうという意欲が出てきた，利用者間の相互支援関係ができてきた，地域生活に移行したいという具体的な目標を立て，それを実現できるようになってきた等が，数多くの施設から実践報告されている。また，兵庫県立総合リハビリテーションセンターでは，「社会生活力プログラム」を進めるのは職員ではなく利用者自身であり，利用者のなかでリーダーを決め，役割分担をし，利用者主導によって実施されている。これらのプロセスが利用者自身のリーダーシップトレーニングともなり，これらの経験によって，リハビリテーションのプロセスを終えたあと，職場や地域社会での生活を再開したときに，指導力が発揮されている。社会生活力プログラムの一つの理念に「エンパワメント」があるが，これはまさにエンパワメントの理念による効果といえる。

5） 担当職員の認識

社会リハビリテーションのプログラムを実施しなければならないとの状況に直面したときに，どのように実施したらよいのか皆目見当がつかない状況もあったようである。プログラムを学ぶ研修会において，基本理念や具体的な実施方法等を学び，先駆的な施設における取り組みを学んだ結果，「社会生活力プログラム・マニュアル」を参考に取り組むための準備ができるようになった施設が多い。これまでは，施設側で決めたプログラムに参加することだけを強いてきた体制があり，利用者一人ひとりの要望やニーズを汲み取ることが難しかったようであるが，職員と利用者が十分に話し合い，何をしていくかを明らかにする過程で，職員と利用者との「パートナーシップ」の取り組みがいかに重要であるかを実体験したようである。これらのプロセス

が，利用者の社会生活力を高めるエンパワメントとなっていると考えられる。

6） 施設全体の認識

　1999（平成11）年当初は，社会リハビリテーションの取り組みの必要性について，施設管理者や施設職員全体に認識されていないことが多かった。社会福祉基礎構造改革，福祉サービスの第三者評価の導入，支援費制度の開始等の社会福祉制度上の変化に伴い，利用者一人ひとりのニーズに対応した個別支援計画を立て，地域生活への移行を支援していくことが求められるようになり，施設管理者や施設職員全体に認識の変化が出てきた。

　個別支援計画を立てる場合，従来から実施されてきた機能回復訓練，職能訓練および作業活動だけでは，地域生活を実現するための目標を達成できなくなってきたためであろう。このような状況下にあったことが，これらの7施設において，社会リハビリテーションや「社会生活力」を高めるためのプログラム実施の必要性についての認識が，年々高まってきた背景として大きいと考えられる。

第8章　社会リハビリテーションの課題と展望

　1960年代後半にリハビリテーションの一つの分野として「社会リハビリテーション」が国際的に存在し，その約20年後の1986年にRI社会委員会によって社会リハビリテーションが定義された。これらの歴史的変遷を文献や調査によって研究したが，これらを総括するとともに，社会リハビリテーションの課題と展望をまとめたい。

第1節　「社会リハビリテーション」を表題とする著書

　わが国において，「社会リハビリテーション」を表題とする著書は，これまでに5冊刊行されている。これらは，①小島蓉子編著『社会リハビリテーション』（誠信書房，1978年），②小島蓉子編『社会リハビリテーションの実践』（誠信書房，1983年），③小島蓉子・奥野英子編著『新・社会リハビリテーション』（誠信書房，1994年），④井神隆憲・杉村公也・福本安甫・鈴木國文編集『社会リハビリテーションの課題——QOLの向上を目指して』（中央法規出版，2000年），⑤澤村誠志監修『社会リハビリテーション論』（三輪書店，2005年），がある。これらの5冊は，1970年代後半から2005年の約30年間に出版されている。

　さらにさかのぼると，わが国におけるリハビリテーションの確立期初期にあたる1967（昭和42）年に，一粒社から出版された『リハビリテーション講座』（全5巻）の第3巻第6編に，「社会的更生」がある。「社会的更生」は，Social Rehabilitationの日本語訳として当時使われていた用語である。

表 8-1 「社会リハビリテーション」を表題とする著書

1. 仲村優一・児島美都子・松本征二（1967）「社会的更生」水野祥太郎・小池文英・稗田正虎・松本征二監修『リハビリテーション講座』第3巻第6編, 一粒社, pp. 49-224.
2. 小島蓉子編著（1978）『社会リハビリテーション』誠信書房
3. 小島蓉子編（1983）『社会リハビリテーションの実践』誠信書房
4. 小島蓉子・奥野英子編著（1994）『新・社会リハビリテーション』誠信書房
5. 井神隆憲・杉村公也・福本安甫・鈴木國文編集（2000）『社会リハビリテーションの課題——QOLの向上を目指して』中央法規
6. 澤村誠志監修, 相澤譲治・奥英久・黒田大治郎・高見正利編集（2005）『社会リハビリテーション論』三輪書店

この『リハビリテーション講座』第3巻第6編「社会的更生」を含めて，「社会リハビリテーション」を表題とするこれら6冊の著書は，表8-1のとおりである。

わが国において，「社会リハビリテーション」を表題とする著書6冊について，社会リハビリテーションの概念とその対象範囲がどのようにとらえられているかの観点から検討した。一粒社の『リハビリテーション講座』における「社会的更生」(1967) は，わが国における日本リハビリテーション医学会の創設 (1964)，「理学療法士法及び作業療法士法」の制定 (1965)，わが国で初めて開催されたリハビリテーション関係の国際会議であった「第3回汎太平洋リハビリテーション会議」(1965) を経て発刊され，「社会リハビリテーション」がわが国において最初にまとめられた著作である。

その後，本の題名に「社会リハビリテーション」を掲げている著書が5冊刊行されているが，これらの六つの著書は1960年代後半から2005年にかけて出版され，発行年，著者・著書名・出版社，記述されている社会リハビリテーションの概念・定義，社会リハビリテーションの取り組み課題をまとめると，表8-2（208-209頁参照）のとおりである。

これら6著書における，社会リハビリテーションの概念や定義の変化の状況を，①1960年代後半から1970年代前半，②1970年代後半から1980年代前半，③1980年代後半以降，の三つの時代に区分して整理すると，これら

表8-3 「社会リハビリテーション」を表題とする著書からみた社会リハビリテーションの概念の変化

1. 1960年代後半～1970年前半
   1968年のWHOによる「社会リハビリテーション」の定義により，社会リハビリテーションは障害者福祉の実践と同じように理解されている。
2. 1970年代後半～1980年代前半
   ①1972年のRIによる「社会リハビリテーションの将来のための指針」を受け，社会リハビリテーションは障害者をめぐる五つの環境を改善することと理解されている。
   ②小島（1978）は，障害者の全人間的発達と権利を保障することと，社会をリハビリテーションすることとの二つの側面を打ち出した。
3. 1980年代後半以降
   1986年にRI社会委員会による「社会リハビリテーション」の定義により，社会リハビリテーションは「社会生活力」を高めるプロセスであると記述されるようになり，わが国においてもその概念が2000年代になって徐々に定着しはじめた。

の変化は，正に，国際的な社会リハビリテーションの動向をそのまま反映していることがわかる（表8-3）。

わが国において，障害者のリハビリテーションの取り組みが開始された1960年代半ばから現在までの間に発行された「社会リハビリテーション」を主題とする著書6冊は，国際的動向を受け，1960年代は1968年のWHOによる定義に則り，「社会リハビリテーション」は「障害者福祉」の実践であるととらえられていた。その後に，1970年代後半から1990年代前半まで日本を代表してRI社会委員会で活躍していた小島は，1972年に採択された「社会リハビリテーションの将来のための指針」を受け，障害者をめぐる環境を変えることを，社会リハビリテーションの二つめの目的として加えたのである。

わが国にリハビリテーションが本格的に導入された1960年代半ば以降，現在までの約40年間に「社会リハビリテーション」を主題とする著書が6冊しか出版されていない事実により，わが国において社会リハビリテーションがいかにマイナーな分野であり，また，いかに認知されていないかの現実を認めざるを得ない。

表 8-2 「社会リハビリテーション」を表題とする著書

	発行年	著者・著書名・出版社	社会リハビリテーションの概念・定義	社会リハビリテーションの範囲・取り組み課題
1	1967年（昭和42）	仲村優一・児島美都子・松本征二共著『社会的更生』（水野祥太郎他監修『リハビリテーション講座』）一粒社	障害者の社会的適応を総合的なリハビリテーションの一局面としての社会的更生の一部をなすものであり、社会的適応は専門社会事業職員の援助のもとに、障害者がその社会環境に建設的な適応過程をとげることができるようにする過程である。	経済問題、家庭の問題、本人の適応の問題、まわりの人やコミュニティとの関係の調整、まわりの人やコミュニティとの関係の修正・調整、生活訓練、環境の調整、家族支援、理解を高めるための啓蒙活動、余暇活動、地域の組織化
2	1978年（昭和53）	小島蓉子編著『社会リハビリテーション』誠信書房	社会関係のなかに生きる障害者自身の全人間的発達と権利を確保し、一方、人をとりまく社会の側に人間の可能性の開花をはばむ社会障壁があればそれに挑んで、障害社会そのものの再構築（リハビリテーション）を図る社会的努力である。	個人および家族の社会能力の拡大を図るための支持的カウンセリング（相談援助事業）、心理的支持、所得保障制度や法的援助等制度の適用、家族・近隣・職場等社会的人間関係の調整、地域生活ニードの発見、社会資源の開発、社会調査、社会計画、社会リハビリテーションに協力するボランティア、住民参加による社会教育活動
3	1983年（昭和58）	小島蓉子編『社会リハビリテーションの実践』誠信書房	障害者を生活者として捉え、障害者の社会的人間としての生活、発達、労働等の諸権利が損なわれることなく行使されるよう障害者自身を支持するとともに、社会の側に、それらの諸権利の充足を阻むものの除去と促進する要因を豊富化するような諸環境の整備を社会的な努力で実現しようとする社会活動である。	施設実践（障害児療育施設におけるリハ、ケア、母子訓練、施設の社会教育的機能、療育音楽、ボランティア）、自立生活（脳性まひ障害者の自立生活、了後の精神薄弱者の生活、精神障害者の生活問題、自立生活プログラム）、在宅障害者生活の充実（家族援助、訪問指導、家庭奉仕員制度、介護保障制度、社会参

第 8 章　社会リハビリテーションの課題と展望

	年	編著者・書名・出版社	定義	キーワード
4	1994年（平成6）	小島蓉子・奥野英子編著『新・社会リハビリテーション』誠信書房	社会生活力を身につけることを目的としたプロセスである。社会生活力とは、さまざまな社会的な状況のなかで、自分のニーズを満たし、最も豊かな社会参加を実現する権利を行使する力を意味する。	条件があるならば、それを改革していくところの社会システムと人間に対する広範な社会発達援助の実践プロセスである。加、交通機関、スポーツ、レクリエーション、住生活の整備・改善、家庭生活（在宅障害者・老人、在宅重度障害者、結婚介助、障害者の生活意識、障害者運動、インテグレーション、生活障害、人権、生活環境、文化、芸術、自立生活、自立生活技術訓練プログラム、家族の障害受容、介護問題、福祉機器、女性障害者問題、ボランティア活動の組織化、社会リハビリテーションの支援方法、社会生活力を高めるための支援プログラム、国際協力
5	2000年（平成12）	井桁隆憲・杉村公也・福本安甫・鈴木國文編集『社会リハビリテーションの課題』中央法規	社会生活力を身につけることを目的としたプロセスである。社会生活力とは、さまざまな社会的な状況のなかで、自分のニーズを満たし、最も豊かな社会参加を実現する権利を行使する力を意味する。	障害者個人と家族への支援、長期入院への対応、加齢の問題、福祉政策や制度を活用する援助活動、教育や労働・衛生・環境問題、障害者の社会生活力の向上、能力向上プログラムを立案し、障害者とともに進める	
6	2005年（平成17）	澤村誠志監修、相澤治・奥英久・黒田大治郎・高見正利編集『社会リハビリテーション論』三輪書店	社会生活力を身につけることを目的としたプロセスであるとの前提のうえで、医学リハ、教育リハ、職業リハ、工学リハも包含するものとしてとらえ、「障害を負う人間」と「障害のある社会」をリハビリテートする二重の課題をもっているとしている。	リハビリテーション全体から他のリハビリテーション分野を除くすべてととらえると同時に、これらの分野を連絡調整する役割をもち、「障害を負う人」を障害者に限定せず、児童、高齢者も含む「社会生活上で何らかの障害に見舞われ、円滑な社会生活を営むために技術的・社会的・政策的な援助を必要としている者」とし、「障害者も非障害者も含む生活者全体」としている。

第 2 節　社会リハビリテーションの現在の到達点

　「社会リハビリテーションの概念と定義」については，わが国においても海外においても，1969 年の WHO による「社会リハビリテーション」の定義が，リハビリテーションの中核を担ってきたリハビリテーション関係医師に定着し，その影響が根強く「障害者福祉」との区別がはっきりしない状態が続いたが，1986 年に RI 社会委員会による「社会リハビリテーションは社会生活力を高めるプロセスである」との定義が出された後に，社会リハビリテーション独自のあり方が少しずつ理解されはじめていることが明らかになった。

　2002（平成 14）年 10 月に大阪において開催された，「アジア太平洋障害者の十年」最終年記念フォーラムにおいて，分科会「社会リハビリテーション」（Social Rehabilitation）が開催され，当時，RI 社会委員会委員長であったフィンランドのケンパイネン（Kemppainen, E.）は「社会リハビリテーションの概念」（The Concept of Social Rehabilitation）について発表し，「社会リハビリテーションという用語の意味するところは必ずしも明確ではない」としながら，社会リハビリテーションには，①社会的活動状況の改善，②あらゆる分野のリハビリテーションの社会的側面，③狭義の社会リハビリテーション，の三つの意味があるとした。そのうえでケンパイネンは，「社会リハビリテーションには特有な方法がある。社会的機能または社会的行動力は，環境とはまったく別個の問題である。リハビリテーションのプロセスにとって，環境がアクセシブルであるとか優しいということなどは，必ずしも十分条件ではない。社会的機能や社会的行動ができるようになるためには，社会リハビリテーション分野の特有な方法が必要とされる。
　奥野は，社会リハビリテーションの概念を社会リハビリテーションが発展してきた経過との関連において，さまざまな国際会議や社会リハビリテーションセミナーで発表してきており，そこにおけるキーワードは『社会生活力』

であるとし，社会生活力を高めるためにはどうすればいいかを考えるとき，われわれはそのための方法，サービス，プログラムを常に模索してきた」と述べ，「社会リハビリテーションは，社会生活力とそれを取り巻く諸条件の両方を改善することを目標としている」と結んでいる（Kemppainen, 2003；2004）。

　社会リハビリテーションは，障害のある人が社会生活力を高めるための支援であるとともに，障害のある人の人権や機会均等化を保障する環境を作るための取り組みでもなければならないことを，指摘しているのである。社会リハビリテーションの定義は，1960年代，70年代，80年代と大きく変遷してきたが，21世紀に入った現在，これまでの社会リハビリテーションの定義を総合化し，各時代に提唱された社会リハビリテーションの役割をすべて満たす努力が必要であると考えなければならない。

　「社会リハビリテーション」と「社会生活力」の重要性についての認識が，長年の概念の未整理，混乱の時期を脱して，リハビリテーションの他分野においても広がりつつある現状が明らかになってきたと考えられるが，社会リハビリテーションのこれまでの国際的および国内の発展の経過をまとめると，以下のとおりである。

(1) 総合的なリハビリテーションにおける社会リハビリテーションの分野は，1960年代に，国際障害者リハビリテーション協会（International Society for Rehabilitation of the Disabled）に社会更生委員会（Committee on Social Aspects of Rehabilitation）が設置されていたことから，1960年代前半に確立していた。しかし，その当時は，「リハビリテーションの社会的側面」（Social Aspect of Rehabilitation）とされており，「社会リハビリテーション」（Social Rehabilitation）という用語が使われたのは1960年代後半であった。これにより，1960年代前半にはリハビリテーションの一側面としてであったが，1960年代後半になって初めて，「社会リハビリテーション」が総

合的リハビリテーションの一分野として認識されるようになった。

(2) 1968年に「医学的リハビリテーションに関するWHO専門家会議」（WHO Expert Committee on Medical Rehabilitation）が開催され，そこでまとめられた「社会リハビリテーション」の定義が世界で初めての定義であった。1968年のWHOの定義は，「社会リハビリテーションは，障害者が家庭，地域社会，職業上の要求に適応できるように援助したり，全体的リハビリテーションの家庭を妨げる経済的・社会的な負担を軽減し，障害者を社会に統合または再統合することを目的としたリハビリテーションの過程の一つである」とされ，この定義により，「社会リハビリテーション」は「障害者福祉」の実践であるような理解が，海外諸国およびわが国においてもなされてきた。本定義は，現在も含め，海外諸国およびわが国に長く大きな影響を与えてきたといえる。

(3) 1972年に国際障害者リハビリテーション協会社会委員会が採択した「社会リハビリテーションの将来のための指針」において，社会リハビリテーションは，障害者をめぐるさまざまな環境を変えることが目的である，との概念が打ち出され，1970年代は，社会リハビリテーションは障害者にとって暮らしやすい社会に変革していくことであると理解された。社会をリハビリテーションすることが「社会リハビリテーション」であるという考え方は，1970年代に普及した考え方であるが，これは1982年の国連によって採択された「障害者に関する世界行動計画」において，リハビリテーションとは区別された「機会均等化」の概念に近いものであるといえる。1970年代の「社会リハビリテーション」の概念は，社会リハビリテーションの一面には触れているが，リハビリテーションの一分野としての「社会リハビリテーション」の独自性と存在意義を，主張できるものではなかった。

(4) 1978年に小島蓉子は「社会リハビリテーションは社会関係のなかに生きる障害者自身の全人間的発達と権利を確保し，一方，人を取り

巻く社会の側に人間の可能性の開花を阻む社会的障壁があればそれに挑んで，障害社会そのものの再構築（リハビリテーション）を図る社会的努力である」と定義し，「障害者の発達と権利の保障」と，「障害者にとってのバリアのない社会を再構築すること」の二つの側面を挙げた。しかし，前半の概念は社会リハビリテーションの概念というよりは，「リハビリテーション」そのものではないか，「社会リハビリテーション」は「リハビリテーション」と同じであるならば，独自の分野として主張することはできない，と当時，批判された。また，この定義の後半については，1982年に国連によって，リハビリテーションとは違う概念として整理された「機会均等化」の概念に相当するものとなった。

⑤　1986年に国際リハビリテーション協会（Rehabilitation International）社会委員会は，「社会リハビリテーションとは，社会生活力を高めることを目的としたプロセスである。社会生活力とは，さまざまな社会的な状況のなかで，自分のニーズを満たし，一人ひとりに可能な最も豊かな社会参加を実現する権利を行使する力を意味する」と定義し，「社会リハビリテーション」は「障害者福祉」と同義ではなく，「社会生活力」を高める実践であると，社会リハビリテーションの独自の視点が出され，「社会リハビリテーション」の概念が明確化・焦点化された。ここに初めて，総合リハビリテーションにおける一分野としての「社会リハビリテーション」の独自性が，打ち出されたと考えることができる。

⑥　諸外国において社会リハビリテーションがどのように理解されているかを把握するために，第3章でまとめたように1999～2000年に質問紙調査を実施したが，諸外国においても，社会リハビリテーションがさまざまに理解されていることが明らかになった。同時に，多くの国々において，1986年の定義について違和感がないという回答も寄せられた。「社会生活力」を高める具体的なプログラムに関する回答

や資料を十分に入手することはできなかったが，アメリカとフィンランドにおける実地調査により，社会生活力を高めるためのプログラムに関する基本的理念や実施方法等についての知見を得ることができた。「エンパワメント」や「パートナーシップ」の理念を基に，自分で考え，自分の意見を発言し，他者の意見を聞くというグループ討議や体験学習の方法が社会性を高め，自分に自信をもって，地域社会の活動に参加していく力である「社会生活力」を高めるために有効であることが，これらの国々の実践によって確認された。

(7) 1986年の定義のキー概念である「社会生活力」を高めるためのプログラムの体系化を目的に，重度肢体不自由者が地域社会において生活するための条件や，社会生活力の構成要素を明らかにする調査研究等のプロセスを通して，1999年に「社会生活力プログラム」とその実施方法を示すマニュアルがまとめられた。また，このプログラムやマニュアルに対する理解を高めるための公開研究会や公開研修会の諸活動を通して，「社会リハビリテーション」や「社会生活力」についての理解が高まってきた。これらの取り組みを通して，社会リハビリテーションの理解が，わが国において現在，根づきはじめているといえるだろう。

　総合的なリハビリテーションを構成する医学的リハビリテーション，教育リハビリテーション，職業リハビリテーションの分野と比較すると，「社会リハビリテーション」は「障害者福祉」である，概念がはっきりしない，具体的取り組みがわからない，プログラムがない，方法・技術がない等と批判される状態が続いてきたが，やっとその内容，方法論がみえてきたといえる。20世紀後半から，職業に就くことが困難な重度・重複障害者が増加するなかで，重度の障害者が充実した生活を営むための支援の必要性が高まっており（奥野, 2005），「ノーマライゼーション」の理念を実現するために，また，2006（平成18年度）から施行された「障害者自立支援法」において

も，地域生活への移行が障害者施設においては大きな課題となっている。

　このような障害者福祉の動向のなかで，一人ひとりのニーズにあった個別支援計画の作成が必須とされている。さらに教育の分野においても，地域での生活を目標にした「個別の指導計画」や，「個別移行計画」の策定が求められている。このような状況において，「個別支援計画」のなかに社会生活力を高めるためのプログラムを取り入れることの必要性は明白である。このような個別支援計画を立てて，一人ひとりの社会生活力を高めるための支援をする総合的な方法が，障害者ケアマネジメントである。また，教育リハビリテーションや職業リハビリテーションの分野においても，「社会生活力」を高める社会リハビリテーションのプログラムが今後，ますます重要な役割を果たすであろうと考えられる。

　しかし，このように明確化・焦点化された「社会リハビリテーション」の概念によるミクロな実践的取り組みと同時に，1970年代の社会リハビリテーションの概念であった，高齢者や障害者にとって暮らしやすい社会をつくっていくためのマクロな取り組みの重要性も，否定することはできない。障害のある市民の人権と機会均等化を保障するために，共生社会を実現するための取り組みも，社会リハビリテーションの分野にとって重要な課題であることを認識しなければならない。

第3節　リハビリテーションの最新の国際的動向をふまえて

　21世紀に入り，国際リハビリテーション協会等の活動を中心として，国際的にもリハビリテーションの見直しが行われ，また，国連においては，「障害者権利条約」の制定に向けた検討が行われてきた。これらの最新の国際的動向におけるリハビリテーションや，社会リハビリテーションの関わりついてまとめたい。

1. リハビリテーションを受ける権利

2005（平成17）年度に，わが国において初めての社会リハビリテーション学科が，神戸学院大学総合リハビリテーション学部に開設された。その開設記念式典に，国際リハビリテーション協会のトーマス・ラガウォール（Lagerwall, T.）事務総長が招かれ，「ハビリテーションとリハビリテーションを受ける権利——障害のある人のインテグレーションとインクルージョンを促進するために」のテーマで記念講演をした（Lagerwall, 2005）。ラガウォール事務総長はリハビリテーションに関わるグローバルな最新の動向を講演されたので，その一部を引用し，社会リハビリテーションと関わる重要なポイントを紹介したい。

　医学や福祉機器（assistive technology）などの発展や，障害当事者リーダーたちの運動によって，より多くの障害のある人びとが施設で生活するのではなく，地域社会のなかで生活できるようになってきた。しかし，個人の障害にのみ着目する狭い考え方は，障害を「医学モデル」でとらえていることになる。

　福祉機器は個人が社会に適応できるように支援するが，問題は社会の側にあること，社会は障害のある方々にとってバリアだらけであることを，これまで多くの人びとに気づかせることができなかった。これらのバリアをなくさなければならないのである。このような考え方は現在「社会モデル」といわれ，障害のある人びとを社会に受け容れて，統合化（インテグレーション）することの重要性が明らかになっている。

　さらに最近は，この「社会モデル」から「人権モデル」に変わってきている。市民権運動や婦人運動の影響を受け，障害のある人びとは自分の権利を主張しはじめた。米国において，1990年に制定された「障害のあるアメリカ人法」（The Americans Disabilities Act：ADA）は，アメリカで制定された障害者に関する初めての権利の法律であり，同法

はアメリカの社会に大きな影響を与えたばかりでなく，他の国々にも権利の法律の重要性を広めた。

20世紀初期に，障害者人権擁護運動が開始されるようになった。そのような運動を始めたエドガー・アレン（Allenn, E.）氏は，1922年にニューヨークにリハビリテーション・インターナショナル（国際リハビリテーション協会：RI）の前身である国際肢体不自由児協会を設立した。また，1931年には，同協会は「肢体不自由児の権利憲章」（the Bill of the Right of the Crippled Child）を採択した。

障害のとらえ方は，第一次世界大戦および第二次世界大戦によって変化した。多くの人びとが戦争の結果，障害をもち，このような戦傷者や軍隊で働いていた若い障害者にケアを提供するために，たくさんの社会資源が使われた。義肢，車いす，その他の福祉機器類が開発され，それらを使う障害のある人びとが社会に出ていけるようになり，障害のある市民が社会にいることが，一般の市民に見えるようになったのである。

国連によると，世界に障害のある人びとが現在約6億人いるとされており，この数字は，世界人口の10％は障害をもっているとの根拠により推計されている。開発途上国では，障害の発生率は3～7％と推測され，経済発展国においては，15～25％と推計されている。これらの障害発生率の相違は，障害をどのように定義しているかによって起きている。今後，WHOによる国際生活機能分類（International Classification of Functioning, Disability and Health：ICF）が活用されるようになれば，各国における障害の定義はより統一化されるであろう。

障害は機能障害の結果によってのみ起こるものではない。障害を「社会モデル」によってとらえることにより，社会参加を阻んでいる環境の側にあるバリアが，障害をもたらす主たる原因であるとの認識が高まってきている。ICFには「心身機能・構造」があるが，障害のある人びとと社会との関係の視点から，「活動」や「参加」に焦点を当てている。また，ICFは活動を制限したり，参加を制約している環境因子として，

以下の5項目を挙げている。

(1) 生産品と用具
(2) 自然環境と人間がもたらした環境の変化
(3) 支援と関係
(4) 態度とサービス
(5) 制度と政策

　人口統計学者は，ICFが開発途上国に適用されたとき，障害の発生率は，現在の推計より大幅に増えるであろうと確信している。世界人口の15％の人びとに障害があると推測した場合，世界に約9億人の障害のある人びとがいることになる。そうなると，障害のある人びとは，世界のなかで最も大きな少数集団（minority）となる。中国とインドの2国だけが，世界の障害者総数より大きな人口を有する国となるのである。
　障害のある人びとの5人のうちの4人は，アジア太平洋地域で生活していると想定されており，彼らの多くは貧困にあり，ひどい生活条件下に置かれている。
　日本は，世界においても，特にアジア太平洋地域において，資金援助国としての重要な役割を果たしてきており，これまでに，障害に関わるさまざまなプログラムに多大な貢献をしてきた。
　1999年には，リハビリテーション・インターナショナルは「新たな世紀への憲章」（The Charter for the New Millennium）を宣言し，そのなかで，国連による「障害者の権利条約」の採択を支援するよう加盟各国に要請した。同憲章はまた，「障害者がリハビリテーションサービスを利用できるようにする現実的で持続可能なアプローチとして，地域リハビリテーション（Community Based Rehabilitation：CBR）を，国内的にも国際的にも広く推進しなければならない。

リハビリテーションは，障害をもたらした事故や疾病が発生する前の生活に，できるだけ戻れるようにすることを意味している。国連の「障害者の機会均等化に関する標準規則」において，「リハビリテーションとは，身体的，精神的，かつまた社会的に最も適した機能水準の達成を可能とすることによって，各個人が自らの人生を変革していくための手段を提供していくことをめざし，かつ，時間を限定したプロセスである」と定義されている。

世界中にいる数百万人の人びとは，適切なリハビリテーションを受けられないために，社会から取り残され，孤立し，さらに，差別の対象となっている。

ILO・WHO・ユネスコによる共同声明において，「リハビリテーションサービスは，サービス利用者の同意と主体的な参加がない状態で，強制してはならない」と書かれている。リハビリテーションは現在，障害のある人びとやその権利擁護者が，障害者の社会参加を促進するために，どのサービスを受けるかを自己決定するプロセスである，と考えられている。リハビリテーションサービスを提供する専門職は，障害のある人びとに関連情報を提供し，障害当事者本人が，自分にとって何が適切であるかを自己決定できるようにする責任を課されている。

次の4項目は，リハビリテーションを現代的にとらえた場合に，重要であると考える課題である。

(1) 地域に根ざすこと

リハビリテーションのサービスは，その人が生活している地域で提供されなければならない。それにより，障害のある人びとは地域にとどまり，地域社会のなかで共に生活することができる。

(2) サービス利用者主導

障害のある人びとがサービス決定のプロセスに参加し，最終決定は本人ができるようにしなければならない。本人の意志に反した介入をしてはならない。

(3) 学際的取り組み

ソーシャルワーカー，言語治療士，技術者，教員など数多くの専門職がリハビリテーションに関わっている。

(4) チームワーク

これまでは，医者が介入について決定をしてきた。今日では，さまざまな専門領域を背景とする人びとによって構成されるチームが，障害当事者や，障害児の場合にはその家族とともに，話し合いをして，その同意に基づいてリハビリテーションサービスが提供されている。障害のある人は，介入を拒否することもできる。

国連の障害者権利条約が採択されることにより，将来のある日には，「障害」が人生の自然な一側面であることが認められるようになり，障害のある人びとが自分の権利を享受し，社会に完全に参加（インクルージョン）できるようになることを，私は夢見ている。この夢が，すぐに現実になることを望んでいるのである。

リハビリテーションに関する国際的代表機関である国際リハビリテーション協会のラガウォール事務総長は，リハビリテーションの意義と課題を以上のようにまとめている。

2. 21世紀のリハビリテーション

2004（平成16）年6月にオスロで開催されたRI（リハビリテーション・インターナショナル）による第20回リハビリテーション世界会議会期中に，RI欧州（RI-Europe, RIヨーロッパ地域委員会）によって「ランドマーク・スタディ──21世紀のリハビリテーション」（Landmark Study: Rehabilitation in the 21 st Century）の研究活動が開始された。その結果が，2005（平成17）年11月にバーレーンで開催されたRI総会において，アイルランドのマッカーニィ（McAnaney, D. F.）博士によって発表

されたので,リハビリテーションに関する最新の研究内容について,その一部を紹介したい(McAnaney, 2006)。

　1970 年代にカリフォルニア州バークレーで種がまかれた国際的な運動は,以来今日に至るまで非常に大きな課題を投げかけてきた。「自立生活運動」は過去 30 年以上にわたり,数多くの重要なマイルストーンとなったが,現在検討されている「国連・障害者権利条約」(UN Convention on the Rights of People with Disabilities)は,障害のある人びとのためのグローバルな取り組みとして,過去 2 世紀における最も重要な前進である。
　過去 30 年間に障害分野において達成された多くの重要な発展は,障害についての伝統的で,場合によっては近視眼的なアプローチに対する挑戦の賜物である。伝統的な考え方に挑戦するために,障害課題を政治的な課題とし,障害運動の戦略に対するメインストリーム(主流)の政治的な支持を動員してきた。このような考え方やアプローチを前進させたマイルストーンとしては,「国連・障害者の十年」(UN Decade for People with Disabilities)「障害のあるアメリカ人法」(Americans with Disabilities Act:ADA)「国連・障害者の機会均等化に関する標準規則」(UN Standard Rules for the Equalisation of Opportunities for People with Disabilities)「障害者差別禁止条項を入れる EU 条約の修正」や,先進諸国における障害者の平等と差別禁止に向けた対策の導入などを挙げることができる。数多くの障害理論家の戦略や考え方の焦点やエートスが,「インクルーシブ社会」(Inclusive Society)の概念に集約されたといえるであろう。このような運動がグローバルにまた比較的短期間に,世界中に大きな影響を与えたことは疑う余地はない。
　一方,リハビリテーションの専門職は,少なくともアメリカにおいては,20 世紀初頭以来存在し続けてきた。リハビリテーションは,第一次世界大戦によって障害を負った戦傷者を社会に再統合する必要性から

生まれ，その後，あらゆる年齢層やさまざまな障害のある人びとを対象とするようになった。リハビリテーション専門職の発展に重要な影響を与えたマイルストーンは，個別リハビリテーション計画を立ててリハビリテーションサービスを総合的に提供する，サービス利用者中心のアプローチを打ち出した『トータル・リハビリテーション』(Total Rehabilitation) (Wright, 1980) の発行であった。

　インクルーシブ社会へ向かう運動は，リハビリテーション領域で働く者にとって数多くの挑戦を投げかけてきた。リハビリテーションサービスは個々の利用者に焦点をあてて提供するが，インクルーシブ社会アプローチは，環境に存在する障害を引き起こす因子に焦点をあてている。障害の個別化に対する批判は，リハビリテーションそのものについての重要な概念に対する基本的な挑戦であり，これは障害のある人びととの機会均等化のために採られている21世紀の戦略に対する，リハビリテーションモデルの妥当性や適切性について，数多くの困難な課題を提起したのである。

　RI欧州における審議によって，インクルーシブ社会モデルにおけるリハビリテーションの意義を明らかにするための研究が開始された。リハビリテーション領域の資源とインフラが，社会の主流から外れ境界線にいる人びとがインクルージョンされるために，効果的に活用されているかどうかを明らかにするために，現在のリハビリテーションサービス提供システムがどの範囲まで適切であるかを明らかにすることを目的とした。

　これまで80年以上にわたって発展してきたリハビリテーションが，インクルーシブ社会において有用な役割を果たすことができるかどうかを問うことは，時期に適ったことである。この疑問を明らかにするために，「リハビリテーション」の用語が学術的な文献において，また現実の社会において，どのような意味にとらえられているかを検討する必要がある。さらに，リハビリテーションサービスが提供されなかった場合

に，障害のある人びとの機会均等や権利を保障することができるのかどうかを検討することも，重要な課題である。

さらに最近になると，リハビリテーションの定義を拡大し，環境上のバリアを明らかにし，それらを除去することもリハビリテーションに含めるような試みもあり，このような動向は前進といえる。しかし，リハビリテーションに関するすべての定義は，コミュニティや社会のレベルではなく，個人のレベルを前面に出している。

「リハビリテーション」の用語に関する議論は，リハビリテーションの用語のもとに行われている介入の特質と範囲に関する合意がなければ，意味がない。リハビリテーションを総合的にとらえる枠組みを作るためには，適切な障害モデルについての合意を必要とする。このような議論の現在の段階においては，障害の「医学モデル」に戻ることに対する支持はまったくない。他方，個人よりも社会を強調する「社会モデル」は，個人中心のプロセスを軽視することにならざるを得ない。「社会モデル」もまた，機能障害から生じる個人的な差異により，社会から孤立・差別・排除されている障害者と呼ばれる人びと，というとらえ方を前提にしている。その場合，リハビリテーションは，個人のレベルでの機能的能力や活動の問題を強調しているので，「社会モデル」は，リハビリテーションのもとに行われる戦略と介入の有効範囲を，十分にとらえることができない。

10年間にわたる審議と交渉の結果，WHOは障害を記述する新たな方法を検討し，障害をダイナミックなプロセスとしてとらえ，障害のある人を，建築物，法律・条例，社会の人びととの態度などを含む環境要因によって影響を受ける個人として位置づけた。この国際生活機能分類（International Classification of Functioning, Disability and Health：ICF）は，リハビリテーションの用語のもとで提供されるサービスを特徴づける，有効な基盤を提供してくれる。ICFの重要な特徴は，障害は障害のない状態から重度障害までが切れ目なくつながって

いるという前提に立っていることである．したがって，ICFは障害と非障害を分断する「医学モデル」や「社会モデル」とは異なっている．ICFの視点に立つと，すべての人びとは，障害のない状態から重い障害までの連続線上にいることになる．具体的な事例を挙げると，眼鏡を買うことのできない視覚障害者は，経済先進国において眼鏡を使用している人よりも重度な障害を体験することになる．

このように，機能障害をもつことは，必ずしもその人の生活上の活動が制限されることを意味するわけではない．また，ICFには参加の制約という概念が取り入れられ，活動が制限されている個人でも，必ずしも社会参加が制約されるのではないことを示唆している．このように障害をとらえることは，個人の生活に関わるプロジェクトとしてとらえる「リハビリテーション」の概念とも非常に合致し，効果的なリハビリテーションによる成果を明確化する基盤を提供してくれる．制限された活動レベルを挙げ，社会参加を促進するものとして，ICFは環境要因と個人要因を含めることにより，リハビリテーションをインクルーシブ社会との関連において明らかにすることができる．

EUによるデータの分析やアメリカのデータからの推測値からいえることであるが，障害の予防・早期介入や，適切な時期に安全に実施されるリハビリテーションが行われなかった場合には，社会に対する障害の影響や，障害のある人びとに対する社会の影響は，社会的，経済的，文化的にも，また個人レベルでも膨大な被害をもたらすことは疑う余地がない．

リハビリテーションが，より平等でインクルーシブな社会を実現するために重要な役割を果たすことができるかどうかではなく，リハビリテーションが構想され，構築され，サービス提供がなされ，現在必要な財源が確保されているあり方が，インクルーシブ社会の戦略によって打ち出された挑戦に立ち向かうに十分であるかどうかが重要なのである．RI欧州によるランドマーク・スタディによって到達した結論は，現在

のリハビリテーションサービスの状況と，リハビリテーションが果たさなければならない役割との間に，大きなギャップがあるということである。リハビリテーションを変革するための最も重要な鍵と，これらの挑戦に応えるための最も有効なメカニズムは「利用者参加」，すなわちリハビリテーションサービス利用者が，リハビリテーションの企画・開発・サービス提供・評価のプロセスに，個人として，組織として，そして国家レベルで，真に参加できるようにすることである。

　以下は，審議の過程で明らかにされたリハビリテーションの現状に関する結論である。

　⑴　リハビリテーションは新たな動向のなかで，その意義を失っていない。
　⑵　リハビリテーションはいまだ社会のメインストリーム（主要な部分）において，権利として十分に認知されていない。
　⑶　リハビリテーションは障害原因に関わらず，さまざまな機能障害のあるすべての人びとに役立つものである。
　⑷　リハビリテーションはサービス購買者や利害関係者（stakeholders）の大多数によって，費用対効果の視点から有効であり，必要であると考えられている。
　⑸　リハビリテーションという用語は，ハビリテーションのプロセスやハビリテーションのサービスを含むものとして認識されている。
　⑹　リハビリテーションは全体的なプロセス（holistic process）である。
　⑺　リハビリテーションは個別計画の原則に基づいて行われるものであるが，組織的に行われることが多い。
　⑻　リハビリテーションのゴールには，対象者の能力を高め，エンパワメントが含まれると理解されている。

(9) リハビリテーションは障害のある個人の能力を高め，活動の制限を減少させることは十分理解されてきたが，参加を阻むバリアを除去することを含むものであることについては，十分に検討されてこなかった。
(10) 機会均等化を実現するために果たすリハビリテーションの役割は，これまでほとんど強調されてこなかった。
(11) リハビリテーションは，価値ある仕事と考えられてきた。
(12) リハビリテーションの領域は，新たな挑戦やニーズに対応するために自ら変化し，他を変革できるのでなければならない。

21世紀におけるリハビリテーションのヴィジョンとして，以下のような五つの基本原則が合意された。

(1) リハビリテーションは，すべての市民にとっての権利でなければならない。
(2) リハビリテーションは，先進国および途上国において，コミュニティや労働の場において受けられるようにしなければならない。
(3) リハビリテーションサービスは，障害のある人と，障害のある人が生活をしている環境との両方を見据えた，全体的な視点に基づいて実施されなければならない。
(4) リハビリテーションは，サービス利用者のエンパワメントと利用者の権利擁護を目的としなければならない。
(5) リハビリテーションサービスとリハビリテーション専門職は，常にサービスの水準を改善・向上する努力をしなければならない。

リハビリテーションの企画・開発・提供のプロセスに利用者参加が効

果的に行われれば，以下のような効果が現れるであろう。

　(1)　リハビリテーションサービスは，地域のニーズにより合致したものとなる。
　(2)　専門職や一般市民の態度が変化する。
　(3)　サービスの開発，効果の評価，質の評価はよりエビデンスに基づいたものとなる。
　(4)　水準はサービスを利用する者に，より適したものとなる。
　(5)　リハビリテーションサービスは以下の点において，より利用者中心のものとなる。
　　①サービス利用者はリハビリテーションのプロセスにおいて，より中心的な役割を果たせるようになる。
　　②サービス利用者は，自分たちのリハビリテーションに関する資源をよりコントロールできるようになる。

さらに重要な視点は，以下のとおりである。

　(1)　障害のある人は自分の人生の専門家であることを認識し，個人的レベル，組織的レベル，システムレベルにおけるリハビリテーションのプロセスにおいて，利用者がより大きなコントロール力を発揮できるように支援する。
　(2)　サービス利用者を，リハビリテーションの訓練者や専門職として募集・養成する。
　(3)　サービス利用者が希望する場合には，質の高い発言権を行使できるようにし，彼らの主張を支持する。
　(4)　サービス利用者代表機関との良い関係を築き，パートナーシップを確立する。

1970年代にアメリカで開始された自立生活運動以降，リハビリテーションの否定運動が行われてきた。そのような歴史的経過のなかで，「リハビリテーション」の意義が薄くなってきたかのような最近の動向を憂えるなかで，以上のように，アイルランドのマッカーニィを中心とした研究グループは，21世紀におけるリハビリテーションの課題と展望をまとめているのである。

3. 国連による「障害者の権利条約」の採択

国連では，2001年から「障害のある人の権利に関する国際条約」（International Convenstion on the Rights of Persons with Disabilities）採択に向けた検討が行われてきたが，2006年12月13日に国連総会において「障害者の権利条約」（UN Convenstion on the Rights of Persons with Disabilities）が採択された。

同条約は21世紀における初めての人権条約であり，障害のある人に対するあらゆる差別を禁止する重要な法的規定である。具体的な領域としては，あらゆる生活の場面，リハビリテーション，教育，保健，情報・公的施設・サービスの利用可能性（アクセス）などが含まれている。また，批准した国における実施状況を監視するために，障害当事者を含む専門家委員会の設置も規定されていることが重要である。

これまでの，国連による障害者の権利に関わる取り組みの経過をまとめるとともに，リハビリテーションや社会リハビリテーションの関わる項目がどのように規定されているかを確認したい。

国連は1948年に，市民的政治的自由に関する権利，および，経済的・社会的および文化的な権利を内容とする「世界人権宣言」（Universal Declaration of Human Rights）を採択し，その後に，「人種差別撤廃条約」「子どもの権利条約」「女性差別撤廃条約」「難民条約」など，七つの人権条約が採択されている。

一方，障害のある人びとについては，1971年に「知的障害者の権利宣言」

(Declaration on the Rights of Mentally Retarded Persons)，1975 年に「障害者の権利宣言」(Declaration on the Rights of Disabled Persons) が採択された。1975 年の「障害者の権利宣言」は採択されてからすでに 30 年が経過するが，その内容は現在でも非常に新鮮であり，重要なものである。しかし，権利宣言には法的な拘束力がないために，障害のある人びとの権利を守り，平等を保障するためには必ずしも有効ではなかった。「障害者の権利宣言」が採択された 31 年後に，第 61 回国連総会（2006 年 12 月 13 日）において，「障害者の権利条約」が全会一致で採択されたのである。

　障害者の権利条約については，1987 年以降さまざまな国から条約策定が提案されたが，いずれも時期尚早との反対意見によって，検討が開始されなかった。1990 年にアメリカにおいて，障害のある人に対する差別禁止を内容とする「障害のあるアメリカ人法」(Americans with Disabilities Act：ADA) が制定されたことが，世界各国に大きな影響を与えた。その後，40 数カ国において障害者の差別を禁止する法律が制定され，アメリカ，イギリス，オーストラリアの 3 カ国においては包括的な障害者差別禁止法が制定されており，その他の 39 カ国では，憲法やその他の法律において差別禁止の条項が含まれている。

　このような経過のなかで，2001 年 9 月の国連総会においてメキシコが条約の提案を行った。これが契機となり，同年 12 月の国連総会において，障害者の権利条約案検討のための特別委員会設置が決議されたのである。2002 年 7 月に第 1 回国連障害者の権利条約特別委員会が開催され，その後毎年 1 回ないし 2 回，特別委員会が開催され，2006 年 8 月に開催された第 8 回特別委員会において，障害者権利条約案の合意が得られたのであった。これまでの検討経過において，政府機関のみでなく，民間機関や障害当事者の参画を可能とする工夫が行われたことも異例なことであり，非常に意義深いことであった。

　社会リハビリテーションは障害のある人の力を高めることが最大の課題であり，このような権利条約策定の過程に障害当事者の参画が可能とされたこ

表8-4 障害者の権利条約の構成

前文		第20条	個人の移動性
第1条	目的	第21条	表現及び意見の自由と，情報へのアクセス
第2条	定義		
第3条	一般的原則	第22条	プライバシーの尊重
第4条	一般的義務	第23条	家庭及び家族の尊重
第5条	平等及び非差別	第24条	教育
第6条	障害のある女性	第25条	健康
第7条	障害のある子ども	第26条	ハビリテーション及びリハビリテーション
第8条	意識の向上		
第9条	アクセシビリティ	第27条	労働及び雇用
第10条	生命に関する権利	第28条	十分な生活水準及び社会保護
第11条	危険のある状況及び人道上の緊急事態	第29条	政治的及び公的活動への参加
		第30条	文化的な生活，レクリエーション，余暇及びスポーツへの参加
第12条	法の下での平等の承認		
第13条	司法へのアクセス	第31条	統計及びデータ収集
第14条	身体の自由及び安全	第32条	国際協力
第15条	拷問又は残虐な，非人道的な若しくは品位を傷つける取扱い若しくは刑罰からの自由	第33条	国内実施及び国内モニタリング
		第34条	障害のある人の権利に関する委員会
第16条	搾取，暴力及び虐待からの自由	第35, 36条	締約国の報告，報告の検討
第17条	個人のインテグリティの保護	第37〜40条	委員会，会議等の規定
第18条	移動の自由及び国籍	第41〜50条	最終条項
第19条	自立した生活及び地域社会へのインクルージョン	選択議定書	

とは正に「エンパワメント」であり，そのような意味でも，障害者の権利条約が採択された経過は重要な意味をもっている。

障害者の権利条約は，世界人口の約1割，約6億5千万人とされる障害のある人びとに対する差別を禁止し，1981年の実施された国際障害者年のテーマであった「完全参加と平等」を促進するためのものである。条約は前文と本文50条から構成され，障害のある人による「すべての人権及び基本的自由の完全かつ平等な享有」をめざし，締約国は条約が認める障害者の権利実現のために「すべての適切な立法，行政措置」をとることが求められる。障害者の権利条約の全体構成は表8-4のとおりである。

「障害者の権利条約」*の第1条に目的，第2条に定義が規定されている。それらは，以下のとおりである。

第1条　目　的

　この条約は，障害のあるすべての人によるすべての人権及び基本的自由の完全かつ平等な享有を促進し，保護し及び確保すること並びに障害のある人の固有の尊厳の尊重を促進することを目的とする。

　障害のある人には，種々の障壁と相互に作用することにより他の者との平等を基礎とした社会への完全かつ効果的な参加を妨げることがある，長期の身体的，精神的，知的又は感覚的な機能障害をもつ人を含む。

第2条　定　義

　この条約の適用上，「コミュニケーション」には，音声言語及び手話，文字表記及び点字，及び触覚コミュニケーション，拡大文字，筆記，音声装置，利用可能なマルチメディア，平易な言葉，朗読者，並びにコミュニケーションの補助的及び代替的な様式，手段及び形態（利用可能な情報通信技術を含む）を含む。

　「障害に基づく差別」とは，障害の基づくあらゆる区別，排除又は制限であって，政治的，経済的，社会的，文化的，市民的その他のいかなる分野においても，他の者との平等を基礎としてすべての人権及び基本的自由を認識し享有し，又は行使することを害し又は無効にする目的又は効果を有するものをいう。障害に基づく差別には，あらゆる形態の差別（合理的配慮の否定を含む）を含む。

　「言語」には，音声言語，手話及び他の形態の非音声言語を含む。

　「合理的配慮」とは，特定の場合において必要とされる，障害のある

＊　「障害者の権利条約」の仮訳は，川島聡氏（新潟大学）と長瀬修氏（東京大学）によって行われているが，今後は日本政府としての正式な条約翻訳が出されると思われる。本稿においては，両氏による翻訳を多少改変したものを使用している。

人に対して，他の者との平等を基礎としてすべての人権及び基本的自由を享有し又は行使されることを確保するための必要かつ適当な変更及び調整であって，不釣り合いな又は過度な負担を課さないものをいう。

「ユニバーサルデザイン」及び「インクルーシブデザイン」とは，改造又は特別な設計を必要とすることなしに，可能な最大限の範囲内で，すべての人が使用することができる製品，環境，計画及びサービスの設計をいう。「ユニバーサルデザイン」及び「インクルーシブデザイン」は，障害のある人の特定グループのための支援機器が必要な場合には，これを排除してはならない。

以上が「障害者の権利条約」の第1条（目的）と第2条（定義）である。権利条約は障害のある人の権利を保障するための条約であるので，すべての条項が重要であるが，リハビリテーションや社会リハビリテーションに関わる最も重要な条項を選択して取り上げると，第26条である。

第26条　ハビリテーション及びリハビリテーション

1　締約国は，障害のある人が，その最大限の自立と，十分な身体的，精神的，社会的及び職業的な能力と，生活のあらゆる側面への完全なインクルージョン及び参加とを達成しかつ維持することを可能とするための，効果的かつ適当な措置（ピアサポートによるものも含む）をとる。このため，締約国は，特に保健，雇用，教育及び社会サービスの分野において，次のような方法で，包括的なハビリテーション及びリハビリテーションのサービスを組織・強化し，及び発展させる。

(a)　ハビリテーション及びリハビリテーションのサービス及び計画が，可能な限り最も早い段階で開始され，かつ，個人のニーズ及び長所に関する学際的な評価に基づくこと。

(b)　ハビリテーション及びリハビリテーションのサービス及び計画が，地域社会及び社会のあらゆる側面への参加及びインクルージョンを

支援し，自発的なものであり，かつ，障害のある人自身の属する地域社会（農村を含む）に可能なかぎり近くで，障害のある人に利用可能であること。

2　締約国は，ハビリテーション及びリハビリテーションのサービスに従事する専門職及び職員に対する初期訓練及び継続訓練を充実させることを促進する。

　締約国は，ハビリテーション及びリハビリテーションと関連する，障害のある人のために設計された支援機器及び支援技術の入手，知識及び使用を促進する。

　以上のような国連による「障害者の権利条約」は，条約の実施状況について国内及び国際的な監視機構を設置することが盛り込まれており，2007年3月から国連加盟国による署名手続きが始まり，20カ国が批准した時点で発効することになっている。今後，わが国においても，批准に向けた国内法の整備などが必要とされるであろう。

　この「障害者の権利条約」が採択されたことにより，今後，障害のあるあらゆる人々の基本的人権と，「完全参加と平等」の実現に向けて，リハビリテーションや社会リハビリテーションのサービスが適切な時期に提供され，より適切なサービスとプログラムが実施できるようになることが重要な課題であると考える。

　　　　　あ と が き

　「社会リハビリテーション」との関わりをもったのはいつごろだったのだろうかと振り返ってみました。1968（昭和43）年に大学を卒業し，日本障害者リハビリテーション協会で仕事を始めましたが，大学時代には，ボランティアとして，東京都新宿区戸山町にあった国立身体障害センター（現在の全国身体障害者総合福祉センター「戸山サンライズ」の場所）の英会話クラブの指導に通っていました。
　このようなボランティア活動を通して，機能訓練や自営業を営むための職業訓練を受けている身体障害のある方々とご縁ができました。大学入学後に，「社会福祉学科」を専攻すべきであったと後悔しましたが，英米文学科卒業のため，英語も生かして障害者福祉に関わる仕事ができる職場として，日本障害者リハビリテーション協会に就職しました。当時は，同協会は財政的に厳しく，職員は私一人であり，日給制で週3日分しか支払えないと言われました。同じ事務所にあった日本肢体不自由自協会の仕事も兼任し，貧しくも，楽しい職業生活がスタートしました。
　当時，日本障害者リハビリテーション協会は，わが国のリハビリテーション草創期に，海外からのリハビリテーションに関する情報を日本語に翻訳して紹介したり，国際リハビリテーション協会の加盟団体として海外とのパイプ役となり，諸外国のリハビリテーション関係者の受入プログラムを用意し，リハビリテーション関係施設の見学案内なども行っていました。また，海外で開催される国際リハビリテーション会議へ日本からの参加団を派遣するなど，わが国のリハビリテーションの確立に同協会は大きな役割を果たしてきたことを，今振り返ってみると実感いたします。
　本書でも引用していますが，海外のリハビリテーションに関するニュースや文献を日本語で紹介するために，1970年代に同協会から『国際リハビリ

テーションニュース』や『リハビリテーション研究』が発行され，私はその翻訳を担当していました。このような仕事により，わが国のリハビリテーションの発展過程の一端に関与できたことは，本当に幸せであったと思います。

またこのような仕事を通して，わが国のリハビリテーションの確立に大きな貢献をされた諸先生方とのご縁ができたことも，私にとって生涯の宝物となりました。たとえば，葛西嘉資先生（日本身体障害者スポーツ協会会長），太宰博邦先生（日本肢体不自由自由児協会理事長），松本征二先生（厚生省の初代更生課長，国連リハビリテーション課長）の諸先生方は，当時わが国において障害者福祉やリハビリテーションを発展させる偉大なリーダーでした。

当時の私の上司は日本障害者リハビリテーション協会常務理事の小池文英先生（整肢療護園園長）でしたが，小池先生は週2回，整肢療護園から池袋の協会事務局においでになり，協会の仕事について指示をして下さいました。このような時代に，リハビリテーションの分野で国際的に活躍なされていたのは津山直一先生，上田敏先生（医学的リハビリテーション），三澤義一先生（教育リハビリテーション），小島蓉子先生（社会リハビリテーション），小川孟先生（職業リハビリテーション）など錚々たる方々でした。すでに故人となられた小池先生，津山先生，初山泰弘先生（元国立身体障害者リハビリテーションセンター総長）は，整肢療護園を設立された高木憲次先生のお弟子さんであったことを考えると，わが国のリハビリテーション草創期に果たされた高木憲次先生の功績がいかに大きいかったかがよくわかります。

その後には，障害者福祉行政の発展に大きく寄与された板山賢治先生（「国際障害者年」当時の更生課長）や松尾武昌先生（全国社会福祉協議会常務理事，日本障害者リハビリテーション協会副会長），また澤村誠志先生（日本リハビリテーション連携科学学会理事長），松井亮輔先生（日本障害者リハビリテーション協会副会長），佐藤久夫先生（日本社会事業大学教授）

の諸先生方とは多くの国際会議に一緒に参加させていただき，たくさんのことを学ばせていただきました。お世話になった方々はまだまだたくさんおられますが，このような立派な先人達に囲まれて，私はこれまでの約40年間にわたり，障害者福祉や社会リハビリテーションに関わる仕事に従事することができました。

　本書は，二人の娘の育児をしながら日本女子大学大学院で取り組んだ修士論文を出発点とし，国立身体障害者リハビリテーションセンターでのソーシャルワーカーや，厚生省大臣官房障害保健福祉部での障害福祉専門官としての職務，国際リハビリテーション協会（RI）社会委員会委員として取り組んだ調査研究事業，さらに日本リハビリテーション連携科学学会・社会リハビリテーション研究会の研究活動を通して学んだこと等をまとめました。

　本書は筑波大学に提出した博士論文の一部を核に据え，新たな研究結果や最近の動向等を追加いたしました。博士論文をまとめるときには，筑波大学の斎藤佐和先生，中村満紀男先生，中田英雄先生，高橋正雄先生から貴重なご助言をいただきました。ここに改めて御礼を申し上げます。

　また，本書の発行にあたり，誠信書房の松山由理子さん，中澤美穂さんに大変お世話になりました。筑波大学東京キャンパスから，木立の美しい「教育の森公園」を歩いて5分の地にある誠信書房から本書を発行していただけることを，本当に幸せに思います。心から御礼申し上げます。

　最後に，大学卒業以来約40年間にわたり，私の勉学と職業生活をひたすら我慢をして見守ってくれた夫と，すでに成人した二人の娘に対しても，ここに感謝の気持ちを表したく思います。

2007年1月

　　　　　　　　　　　　　　　　　　　　　　茗荷谷の研究室にて

　　　　　　　　　　　　　　　　　　　　　　　　　奥　野　英　子

文　献

赤塚光子・石渡和実・大塚庸次・奥野英子・佐々木葉子（1999）『社会生活力プログラム・マニュアル——障害者の地域生活と社会参加を支援するために』中央法規出版

Andersson, B. (1989) Believe in Yourself and Your Possibilities. *Proceedings of the 16 th World Congress of Rehabilitation International, Japanese Society for Rehabilitation of the Disabled*. pp.581-582.

Biesteck, F.P. (1957) *The Casework Relationship*. Allen and Unwin.（尾崎新・福田俊子・原田和幸訳〈2006〉『ケースワークの原則（新訳改訂版）』誠信書房）

Carlton, J.,& Shreve, M. (1989) Independent Living Skills Curricula, Access Living of Metropolitan Chicago.

Cederstam, G.M. (1989) Social Rehabilitation: The Nordic Approach. *Proceedings of the 16 th World Congress of Rehabilitation International, Japanese Society for Rehabilitation of the Disabled*. pp.579-580.

中央法規出版（2005）『障害者自立支援法——新法と主要関連法新旧対照表』中央法規出版

第16回リハビリテーション世界会議組織委員会（1989）『第16回リハビリテーション世界会議報告書』日本障害者リハビリテーション協会，pp.417-425.

Dale, D.M.C. (1967) *Deaf Children at Home and at School*. University of London Press.

江草安彦（1982）『ノーマライゼーションへの道』全国社会福祉協議会，pp.45-57.

Gardeström, L. (1988) Achievements and Further Tasks for the Social Commission during the United Nations Decade of Disabled Persons 1983-1992. *RI Post Congress Seminar on Social Rehabilitation*. pp.11-24.

Gardeström, L. (1989) *Achievements and Further Tasks for the Social Commission during the United Nations Decade of Disabled Persons 1983-1992*. RI Post Congress Seminar on Social Rehabilitation.（小島蓉子訳「国連・障害者の10年（1983-1992）における社会委員会の成果と課題」『リハビリテーション研究』60巻, pp.22-25.）

Germain, C.B. (1992) Ecological Social Work.（小島蓉子編訳〈1992〉『エコロジカル・ソーシャルワーク——カレル・ジャーメイン名論文集』学苑社）

Helenius, H., Könkköla, K., & Matinvesi, S. (1989) Social Integration by Reorientation: A Theory and Method. *Proceedings of the 16 th World Congress of Rehabilitation International, Japanese Society for Rehabilitation of the Disabled*. pp.588-589.

Hulek, A. (1968)「国連の身体障害者計画」『国際リハビリテーションニュース』2巻,

pp.11-12.
井神隆憲・杉村公也・福本安甫・鈴木國文編集（2000）『社会リハビリテーションの課題――QOL向上を目指して』中央法規出版
International Society for Rehabilitation of the Disabled, ISRD（1970）「リハビリテーショ の将来の指針――世界会議において起草」『国際リハビリテーションニュース』7巻，p.3.
板山賢治（1980）「福祉サイドにおけるリハビリテーション行政の動向と課題」『総合リハビリテーション』8巻3号，pp.173-174.
板山賢治（1997）障害者の社会生活訓練プログラムの体系化と総合マニュアルの策定に関する研究（平成8年度厚生科学研究報告書）．
Japanese Society for Rehabilitation of the Disabled（1989）*Proceedings of 16 th World Congress of Rehabilitation International*. pp.579-589.
Japanese Society for Rehabilitation of the Disabled Persons（1994）The Asian and Pacific Decade of Disabled Persons, 1993-2001. Resource Material, p.31.
川島聡・長瀬修訳（2006）「障害者の権利条約草案の仮訳」
Kemppainen, E.（2003）「社会リハビリテーションの概念」『「アジア太平洋障害者の十年」最終記念フォーラム・大阪フォーラム報告書』「アジア太平洋障害者の十年」最終記念フォーラム組織委員会，pp.71-72.
Kemppainen, E.（2004）The Concept of Social Rehabilitation. E. Okuno（ed.）, Social Commission, Rehabilitation International, pp.7-9.
小島蓉子（1978 a）「総合リハビリテーションと社会リハビリテーションの関係」小島蓉子編著『社会リハビリテーション』誠信書房，pp.6-9.
小島蓉子編著（1978 b）『社会リハビリテーション』誠信書房，p.426.
小島蓉子（1982）「社会リハビリテーションの理念と枠組」『総合リハビリテーション』10巻2号，p.299.
小島蓉子編（1983）『社会リハビリテーションの実践』誠信書房
小島蓉子（1985）「社会リハビリテーションの概念の一考案――RI社会委員会の研究過程の一到達点に立って考える」『リハビリテーション研究』48巻，pp.39-40.
小島蓉子（1987）「社会リハビリテーションの発達史」『総合リハビリテーション』15巻4号，pp.263-268.
小島蓉子・奥野英子編著（1994）『新・社会リハビリテーション』誠信書房
国連（1976）「障害者の権利宣言」『リハビリテーション研究』2号，pp.38-39.
国際リハビリテーション協会社会委員会（1975）「社会的リハビリテーションの将来のための指針」『リハビリテーション研究』18巻，pp.16-21.
国際障害者年推進会議編（1983）『国際障害者年 国連・海外関係資料集』全国社会福祉協議会
Konopka, G.（1963）*Social Group Work: A Helping Process*. Prentice-Hall.（前田ケイ訳〈1967〉『ソーシャル・グループ・ワーク――援助の過程』全国社会福祉協議会）

厚生労働省社会・援護局障害保健福祉部（2003 a）障害者社会参加総合推進事業実施要綱
厚生労働省社会・援護局障害保健福祉部（2003 b）市町村障害者社会参加促進事業実施要綱
厚生労働省社会・援護局（2006）地域生活支援事業実施要綱
厚生省（2000 a）身体障害者更生援護施設の設備及び運営に関する基準（厚生省令54）
厚生省（2000 b）知的障害者援護施設の設備及び運営に関する基準（厚生省令57）
厚生省大臣官房障害保健福祉部企画課監修（1998）『身体障害者福祉関係法令通知集』第一法規
厚生省大臣官房統計情報部（1984）「WHO 国際障害分類試案（仮訳）」
黒田大治郎（2003）「リハビリテーションのサービス体系」福祉士養成講座編集委員会編集『リハビリテーション論　新版第2版』中央法規出版，pp.31-32.
Lagerwall, T.（2005）The Right to Habilitation and Rehabilitation: Promoting Integration and Inclusion of People with Disabilities.（奥野英子訳〈2005〉「ハビリテーションとリハビリテーションを受ける権利──障害のある人のインテグレーションとインクルージョンを促進するために」『リハビリテーション研究』125巻，pp.30-34.
Liberman, R. P., King, L.W., Derisi, W.J., & McCann, M.（1975）*Personal Effectiveness: Guiding People to Assert Themselves and Improve Their Social Skills*. Research Press.（安西信雄監訳〈1990〉『生活技能訓練基礎マニュアル──対人的効果訓練：自己主張と生活技能改善の手引き』創造出版）
松為信雄（2003）「外傷性脳損傷による高次脳機能障害者の職業リハビリテーション　特集：外傷性脳損傷における高次脳機能障害」『リハビリテーション研究』116巻，pp.17-21.
松井亮輔（1997）「職業リハビリテーション」新・社会福祉学習双書編集委員会編『リハビリテーション論』全国社会福祉協議会，pp.103-118.
松本征二（1954）『身体障害者福祉法の解説と運用』中央法規出版，p.12.
McAnaney, D.F.（2006）*Landmark Study: Rehabilitation in the 21st Century*.（奥野英子・上田敏訳〈2006〉「ランドマーク・スタディ──21世紀のリハビリテーション」『リハビリテーション研究』128巻，pp.33-37.）
三ツ木任一（1979）「東京における作業活動センターの展開　特集：社会リハビリテーション」『総合リハビリテーション』7巻12号，pp.923-927.
文部科学省：特別支援教育の在り方に関する調査研究協力者会議（2003）今後の特別支援教育の在り方について（最終報告）
内閣府障害者施策推進本部（2002 a）障害者基本計画
内閣府障害者施策推進本部（2002 b）重点施策実施5か年計画（障害者プラン）
仲村優一・児島美都子・松本征二（1967）「社会的更生」水野祥太郎・小池文英・稗田正虎・松本征二監修『リハビリテーション講座』第3巻第6編，一粒社，pp.49-224.
日本身体障害者スポーツ協会（1991）『身体障害者スポーツの歴史と現状』

日本肢体不自由児協会編（2002）『高木憲次――人と業績』日本肢体不自由児協会
日本障害者リハビリテーション協会（1968）『国際リハビリテーションニュース』No.1, pp.1-16.
日本障害者リハビリテーション協会（1970）『国際リハビリテーションニュース』No.7, pp.1-13.
日本障害者リハビリテーション協会（1973）『国際リハビリテーションニュース』No.19, pp.1-21.
日本障害者リハビリテーション協会（1974）『国際リハビリテーションニュース』No.21, pp.1-16.
日本障害者リハビリテーション協会（1975）『国際リハビリテーションニュース』No.25, pp.1-40.
日本障害者リハビリテーション協会編（1993）『アジア太平洋障害者の十年（1993年-2002年）関係資料集』日本障害者リハビリテーション協会，pp.75-93.
日本障害者リハビリテーション協会（1994）『30年のあゆみ――日本障害者リハビリテーション協会30年 戸山サンライズ10年』日本障害者リハビリテーション協会
Nirje, B.（1998）*The Normalization Principle Papers*.（河東田博ほか訳編〈1998〉『ノーマライゼーションの原理――普遍化と社会変革を求めて』現代書館）
織田晋平（2005）「脊髄損傷社の現状と課題 リハビリテーションの連携：障害当事者の視点から」『リハビリテーション連携科学』6巻1号，pp.75-76.
奥野英子（1980）「重度障害者の社会的自立を達成するための要因の分析――インテグレーションに向けて」日本女子大学大学院文学研究科社会福祉学専攻修士論文
奥野英子（1981）「重度肢体不自由者の社会的自立を実現させるための諸条件――事例の検討を通して」『国立身体障害者リハビリテーションセンター研究紀要』1巻，pp.181-188.
奥野英子（1993）「モジュール分析による社会生活力（SFA）訓練――日本モデルの試作」日本女子大学社会福祉学科紀要『社会福祉』34巻，pp.53-63.
奥野英子（1996a）「社会リハビリテーションの概念と方法」『リハビリテーション研究』89巻，pp.2-7.
奥野英子（1996b）「障害者福祉の新たな方向――障害者の地域生活支援と社会リハビリテーション」『総合リハビリテーション』24巻10号，pp.1020-1021.
奥野英子（1997a）「教育リハビリテーション」新・社会福祉学習双書編集委員会編『リハビリテーション論』全国社会福祉協議会，pp.27-30.
奥野英子（1997b）「社会リハビリテーション」福祉士養成講座編集委員会編集『リハビリテーション論』中央法規出版，pp.53-62.
奥野英子（1997c）「社会リハビリテーション」新・社会福祉学習双書編集委員会編『リハビリテーション論』全国社会福祉協議会，pp.23-26.
奥野英子（1998）「社会リハビリテーションの概念の変遷と定義 特集：社会リハビリテーションの実践」『総合リハビリテーション』26巻10号，pp.913-917.
奥野英子（2001）「リハビリテーションの概念」新版・社会福祉学習双書編『リハビリ

テーション論』全国社会福祉協議会, p.14.
奥野英子 (2002)「障害者ケアマネジメント 障害者ケアマネジメント増大特集: 新リハビリテーション技術」『総合リハビリテーション』30巻11号, pp.1131-1136.
奥野英子 (2003)「身体障害者ケアマネジメントの基本的枠組」身体障害者ケアマネジメント研究会監修『新版・障害者ケアマネジャー養成テキスト (身体障害編)』中央法規出版, pp.83-110.
Okuno, E. ed. (2004) Refined Concept and Programs of Social Rehabilitation. Social Commission, Rehabilitation International.
奥野英子 (2005)「これからの社会リハビリテーションの可能性」澤村誠志 (監修)『社会リハビリテーション論』三輪書店, pp.211-219.
奥野英子・関口恵美・佐々木葉子・大場龍男・興絽理・星野晴彦 (2006)『自立を支援する社会生活力プログラム・マニュアル——知的障害・発達障害・高次脳機能障害等のある人のために』中央法規出版
Rehabilitation International (1972) Rehabilitation Guidelines for the Future in the Medical, Vocational, Educational and Social Fields.
RIポストコングレス社会リハビリテーションセミナー国内組織委員会 (1988) RI Post Congress Seminar on Social Rehabilitation.
Rissanen, P. ed. (1983) Social Functioning Ability, Department of Social Policy, University of Tampere Working Papers, No.5, 227-228.
定藤丈弘 (1990)「自立生活 (IL) 運動と社会リハビリテーション 特集: 社会リハビリテーションの新しい動き」『総合リハビリテーション』18巻7号, pp.507-511.
斎藤佐和 (2003)「特殊教育体制から特別支援教育体制へ——「今後の特別支援教育の在り方について (最終報告)」の意義」日本リハビリテーション連携科学学会『連携通信』13巻, pp.14-15.
阪本英樹 (2005)「障害当事者の高度福祉専門人材養成こそが緊急課題 リハビリテーションの連携: 障害当事者の視点から」『リハビリテーション連携科学』6巻1号, pp.79-80.
坂本洋一 (2006)『図説 よくわかる障害者自立支援法』中央法規出版
佐々木葉子 (1996)「社会リハビリテーションの具体的展開——横浜市総合リハビリテーションセンターの実践から 特集: 社会リハビリテーションの最近の動向」『リハビリテーション研究』89巻, pp.15-24.
佐々木葉子・奥野英子 (2004)「社会生活力プログラム導入マニュアル試作のための基礎的研究——身体障害者更生施設における実践支援を通して」『リハビリテーション連携科学』5巻1号, pp.55-65.
澤村誠志監修, 相澤譲治・奥英久・黒田大治郎・高見正利編集 (2005)『社会リハビリテーション論』三輪書店
Schults, N. (1989) A Holistic Approach to Rehabilitation. *Proceedings of the 16th World Congress of Rehabilitation International, Japanese Society for Rehabilitation of the Disabled*. pp.583-587.

世界保健機関編（2002）『国際生活機能分類——国際障害分類改訂版』中央法規出版
身体障害者福祉審議会（1966）身体障害者福祉法の改正その他身体障害者福祉行政推進のための総合的方策（答申）
身体障害者福祉審議会（1970）昭和 41 年の本審議会答申以後の諸情勢並びに今後の社会 経済情勢の変動に対応する身体障害者福祉施策（答申）
身体障害者福祉審議会（1982）今後における身体障害者福祉を進めるための総合的方策（答申）
社会経済国民会議編（1980）『社会福祉政策の新理念——福祉の日常化をめざして』社会経済国民会議
総理府障害者対策推進本部（1993）障害者対策に関する新長期計画——全員参加の社会づくりをめざして
総理府障害者対策推進本部（1995）障害者プラン〜ノーマライゼーション 7 か年戦略
砂原茂一（1980）『リハビリテーション』岩波新書，pp.74-75.
Talbot, H.S.（1961）A Concept of Rehabilitation. *Rehabilitation Literature*, 22, 358-364.
谷口明弘（2005）「リハビリテーション連携における障害当事者の役割　リハビリテーションの連携：障害当事者の視点から」『リハビリテーション連携科学』6 巻 1 号，pp.76-77.
東大生活技能訓練研究会編（1995）『わかりやすい生活技能訓練』金剛出版
東京青い芝の会編（1979）『とうきょう青い芝　復刻版』東京青い芝の会
上田　敏（1987）「総合リハビリテーションの理念と課題」『リハビリテーション研究』55 巻，pp.7-11.
上田　敏（1994）「リハビリテーションの歴史」日本リハビリテーション医学会編『リハビリテーション白書——21 世紀をめざして　第 2 版』医歯薬出版，p.72.
上村数洋（2005）「水を獲る　リハビリテーションの連携：障害当事者の視点から」『リハビリテーション連携科学』6 巻 1 号，pp.77-79.
United Nations（1993）Standard Rules on the Equalization of Opportunities of Persons with Disabilities. UN General Assembly Resolution 48/96 adopted December 20, 1993.
UN Convention on the Rights of Persons with Disabilities（SG/SM/10797 HR/4911 L/T/4400, 13 December 2006）
WHO（1969）WHO Technical Report Series No.419, WHO Expert Committee on Medical Rehabilitation, Second Report, Geneva.
Wolfensberger, W.（1981）*The Principle of Normalization in Human Services*. The National Institute on Mental Retardation（中園康夫ほか編訳〈1982〉『ノーマリゼーション——社会福祉サービスの本質』学苑社）
Wright, G. N.（1980）*Total Rehabilitation*. Little, Brown and Company, Boston.
全国心身障害者をもつ兄弟姉妹の会東京支部編（1974）『ともに生きる——心身障害者をもつ兄弟姉妹のこえ』日本放送出版協会

索　引

ア　行

ILO 勧告第 99 号　*6*
ICIDH　*19*
ICF　*20*, *217*, *223*
アクセス・リビング　*60*, *72*, *73*, *75*
アクトン（Acton, N.）　*30*, *40*
アセスメント　*139*, *168*
アドボカシー（権利擁護）　*126*
アメリカ　*72*
アレン（Allenn, E.）　*217*
医学的リハビリテーション　*2*, *5*
医学モデル　*9*, *20*, *26*, *114*, *120*, *216*, *223*
医療サービス　*145*
インクルーシブ社会　*221*
エコロジカル・ソーシャルワーク（生態学的ソーシャルワーク）　*120*
ADA　*216*, *221*, *229*
演習　*166*
エンパワメント　*45*, *76*, *115*, *121*, *161*, *230*
大阪府立身体障害者福祉センター　*193*
オーストラリア　*68*
オランダ　*71*

カ　行

介護福祉士　*127*
介助サービス　*146*
カウンセリング　*125*
家事サービス　*146*
神奈川県総合リハビリテーションセンター　*190*
環境改善　*40*
完全参加と平等　*27*, *142*, *230*
機会均等化　*9*, *54*

基礎的生活訓練　*87*
ギッタメン（Gitterman, A.）　*120*
QOL（生活の質）　*113*
教育　*144*
教育リハビリテーション　*2*, *7*
共生社会　*89*
グループ学習　*166*
グループ討議　*166*
グループワーク（集団援助技術）　*121*
ケア（care）　*128*
ケアマネジメント　*123*, *127*, *134*
ケアマネジャー　*128*
ケアワーカー　*127*
ケアワーク（介護技術）　*127*
経済保障　*146*
ケースワーク（個別援助技術）　*119*
ケースワーク関係の 7 原則　*121*
ケンパイネン（Kemppainen, E.）　*210*
更生　*11*, *92*
更生訓練　*108*
更生施設　*131*
厚生労働省　*19*
交通・移動サービス　*148*
国際肢体不自由児協会　*217*
国際障害者年　*27*, *86*
国際障害分類試案　*19*
国際シンボルマーク　*40*, *41*
国際生活機能分類（ICF）　*20*, *217*, *223*
国際赤十字連盟　*44*
国際リハビリテーション協会　*5*, *29*, *48*, *216*
『国際リハビリテーションニュース』　*30*
国連・障害者生活環境会議　*41*
国連・障害者の機会均等化に関する標準規則　*221*

国連・障害者の十年　221
小島蓉子　51
コノプカ（Konopka, G.）　121
個別移行計画　215
個別支援計画　215
個別の指導計画　215
コミュニティワーク（地域援助技術）　123

サ 行

サポート　161,162
参加者　163,164
児童相談所　129
CBR　218
社会技術訓練　157
社会参加　117,161
社会生活技能　90
社会生活訓練　89
社会生活力　9,21,112,150,161
社会生活力支援研究会　179,180,195
社会生活力プログラム・マニュアル　181
社会適応訓練　43,81,99,106
社会的機能水準　4
社会的自立　143
社会的適応　3
社会福祉　38
社会福祉援助技術　119
社会復帰　98
社会保障　38
社会モデル　20,26,114,216,223
社会リハビリテーション　2,8
社会リハビリテーション研究会　150
社会リハビリテーションの将来のための指針　48,50
ジャーメイン（Germain, C. B.）　120
ジャンヌ・ダルク（Jeanne d'Arc）　1
住居　147
重度障害者法　25
手話通訳士（者）　139
障害児教育　7
障害者基本計画　79,80,88,89

障害者ケアマネジメント　136
障害者施策　18
障害者自立支援法　17,91,93,99
障害者対策に関する新長期計画　88
障害者適応訓練センター　60,71,72
障害者に関する世界行動計画　2,4
障害者の機会均等化に関する標準規則　4,219
障害者の権利条約　218,228
障害者の権利宣言　26,142,229
障害者福祉　17
障害者プラン　79,80,88,89
障害のあるアメリカ人法（ADA）　216,221,229
職業的自立　145
職業リハビリテーション　2,6
職業リハビリテーション法　24
自立　144,162
自立意欲　148
自立訓練　17,101
自立生活（Independent Living：IL）　9
自立生活運動　27,221
自立生活技術　157
自立生活技術訓練カリキュラム　73
人権モデル　216
身体障害者更生相談所　130
身体障害者雇用促進法　16
身体障害者福祉審議会　79,80,105
身体障害者福祉法　11,79,91
スウェーデン　57
砂原茂一　6
生活環境　147
生活技能訓練　63,69,71,157
生活訓練　103,157
生活指導　85,108
生活適応訓練　82,83,106
生活の質　161
生活モデル　26,113,161
精神保健福祉センター　130
精神保健福祉法　79,97

索　引　247

世界人権宣言　49,228
世界保健機関（WHO）　2,47,114
世界労働機関（ILO）　6
全米リハビリテーション協議会　2
総合リハビリテーション　33
『総合リハビリテーション』　15
総理府　88
ソーシャル・アクション　126
ソーシャルワーカー　118

タ　行

体験学習　167
高木憲次　11,15
地域ケア　124
地域社会　34
地域生活　42
地域リハビリテーション　68,123,187,218
知的障害者更生相談所　130
知的障害者の権利宣言　228
知的障害者福祉法　79,95
DPI　27
適応訓練　64,70,72
デンマーク　57
東京パラリンピック　12
特殊教育　7,16
特別支援教育　8,16
鳥取県厚生事業団　195
トレッカー（Trecker, H. B.）　121

ナ　行

内閣府　18
ニィリエ（Nirje, B.）　116
日常生活動作（ADL）　113
日本リハビリテーション連携科学学会　179,195
ノーマライゼーション　25,88,89,116,142,161
ノルウェー　57

ハ　行

バイスティック（Biesteck, F. P.）　121
発達障害者援助・権利法　25
パートナーシップ　74,77,115,147,161
ハビリテーション　216
ハミルトン（Hamilton, G.）　119
パールマン（Perlman, H. H.）　119
汎太平洋リハビリテーション会議　12
ヒューレック（Hulek, A.）　34
評価　168
兵庫県立総合リハビリテーションセンター　183
ファシリテーター　74,163
フィンランド　58,70,76
福祉事務所　129
福祉用具　147
ボーイスカウト世界連盟　44
ホリス（Hollis, F.）　119
香港　67

マ　行

マッカーニィ（McAnaney, D. F.）　220
慢性病者・障害者法　25
南アフリカ　69
モデリング　167
モニタリング　141

ヤ　行

横浜市総合リハビリテーションセンター　187

ラ　行

ラガウォール（Lagerwall, T.）　216
ランク（Rank, O.）　119
リッチモンド（Richmond, M. E.）　119
リハビリテーション　2,86,88,89,112,161,216,222
リハビリテーション確立期　15
『リハビリテーション研究』　15
リハビリテーション施設　131

リハビリテーション世界会議　*13*　　　療育　*11*
リハビリテーションセンター　*122*　　臨床心理技術　*119*
リハビリテーション草創期　*15*　　　連携　*86*
リハビリテーション発展期　*15*　　　連絡・調整　*58*
リハビリテーション法　*25 , 70*　　　ロールプレイ　*167*

著者紹介

奥野英子（おくの えいこ）

1968 年	青山学院大学文学部英米文学科卒業
1980 年	日本女子大学大学院文学研究科社会福祉学専攻博士課程前期修了
	日本肢体不自由児協会，日本障害者リハビリテーション協会，国立身体障害者リハビリテーションセンター主任生活指導専門職，厚生省障害福祉専門官を経て
現　在	筑波大学大学院人間総合科学研究科教授
	社会学修士（日本女子大学），博士（心身障害学，筑波大学），社会福祉士，介護支援専門員
著　書	『新・社会リハビリテーション』（共編著）誠信書房1994，『社会生活力プログラム・マニュアル――障害者の地域生活と社会参加を支援するために』（共著）中央法規出版1999，『障害者福祉とソーシャルワーク』（共編著）有斐閣2001，『自立を支援する社会生活力プログラム――知的障害・発達障害・高次脳機能障害等のある人のために』（共著）中央法規出版2006，『障害者福祉論』（編集・分担執筆）全国社会福祉協議会2007，『リハビリテーション論』（分担執筆）全国社会福祉協議会2007，『実践から学ぶ「社会生活力」支援――自立と社会参加のために』（編著）中央法規出版（近刊）ほか

社会リハビリテーションの理論と実際

2007年3月5日　第1刷発行

著　者　奥　野　英　子
発行者　柴　田　淑　子
印刷者　田　中　雅　博
発行所　株式会社　誠　信　書　房
〒112-0012　東京都文京区大塚 3-20-6
電話　03（3946）5666
http://www.seishinshobo.co.jp/

創栄図書印刷　清水製本　　落丁・乱丁本はお取り替えいたします
検印省略　　無断で本書の一部または全部の複写・複製を禁じます
© Eiko Okuno, 2007　　　　　　　　　Printed in Japan
ISBN978-4-414-60140-4 C3036

障害理解
心のバリアフリーの理論と実践
ISBN4-414-20217-5

徳田克己・水野智美 編著

障害や障害者に対する理解が進んだとはいえ、まだまだ社会には偏見が根強く残っている。偏見や差別は人が生まれつき持つものではなく、社会や育つ環境によって生まれることが確認されている。障害のある子どもと障害のない子どもを一緒に保育している幼稚園や保育園では、保育者や親の正しい「障害理解」があれば、障害児と共生する気持ちが育ち、いじめや差別することがほとんどないといわれる。本書では、具体的な事例に則して、豊富な写真や図版をもとに障害の正しい理解や接し方を伝える。

目　次
第1部　基本的事項
第2部　障害理解教育の理論
第3部　理解理解の内容
第4部　専門職に求められる障害理解の内容
第5部　障害理解教育・活動の実際
第6部　障害理解研究の枠組み

A5判並製　定価(本体2300円+税)

障害ある人の語り
インタビューによる「生きる」ことの研究
ISBN4-414-40360-X

熊倉伸宏・矢野英雄 編

もっとも重度の障害とされる脊髄損傷とポリオの患者に行なったインタビュー調査をまとめた。数多くの事例の中から、障害を持ちながらも生活に対する満足度が高くなった人の事例を取り上げ、その要因を考える。人が生きる意味について、多くのものを読み取ることができる。

目　次
第1章　障害を語る
　1．インタビューの方法　2．インタビューの実際　ケースA／ケースB／ケースC
第2章　障害の「語り」研究
　1．プロジェクトの目的と解説
　　障害福祉研究の始まり／「語り」研究への過程／障害の「語り」研究／面接場面での小さなエピソード／情報伝達の研究
　2．郵送法による質問紙調査
　　障害基礎調査／社会参加調査
　3．面接法による「語り」研究
　　ロング・インタビュー法による質的研究／情報伝達

四六判並製　定価(本体2500円+税)